21世纪海上丝绸之路研究丛书

21世纪海上丝绸之路
能源安全法律保障机制

RESEARCH ON ENERGY SECURITY OF
LEGAL SAFEGUARD MECHANISM:
A PERSPECTIVE FROM 21ST-CENTURY MARITIME SILK ROAD

刘超 等 著

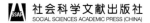

社会科学文献出版社
SOCIAL SCIENCES ACADEMIC PRESS (CHINA)

华侨大学 2014 年度"海上丝绸之路"专项研究重点课题
"能源海上丝绸之路安全保障法律机制研究"
(HSZD2014-05) 结项成果

目录
Contents

导　论

一　研究背景与意义

2013年9月和10月，中国国家主席习近平先后提出共建"丝绸之路经济带"和"21世纪海上丝绸之路"（简称"一带一路"）的重大倡议，得到国际社会高度关注。"一带一路"倡议致力于推动沿线各国发展战略的相互对接、互联互通和互利合作。"一带一路"建设秉持共商、共建、共享原则，坚持开放合作、和谐包容、市场运作和互利共赢。"'一带一路'是促进共同发展、实现共同繁荣的合作共赢之路，是增进理解信任、加强全方位交流的和平友谊之路。"

"21世纪海上丝绸之路"[①]是"一带一路"倡议中的重要"一翼"，是习近平主席在2013年10月出访东盟国家时提出的倡议。"海丝"倡议预期承袭和升级我国历史悠久的"海上丝绸之路"这一古代中国与外国交通贸易和文化交往的海上通道与合作机制，推动与相关沿线国家的经贸交流与合作，以海洋经济合作为重点，通过经济合作带动沿线国家走向全面合作，实现沿线各国的共同发展和共同繁荣。

2015年3月，国家发展改革委、外交部、商务部经国务院授权发布的

---

① 为行文简便，本书根据语境，将"21世纪海上丝绸之路"简称为"海丝"或"海丝之路"。

《推动共建丝绸之路经济带和 21 世纪海上丝绸之路的愿景与行动》，明确提出能源合作是"一带一路"建设中我国与沿线国家合作的重点领域，能源合作也是我国大力推行的"一带一路"倡议的重要引擎。2017 年 5 月，国家发展改革委、国家能源局发布的《推动丝绸之路经济带和 21 世纪海上丝绸之路能源合作愿景与行动》更是专题聚焦于"一带一路"建设中的能源合作，以"促进各国能源务实合作迈上新的台阶"为目标，系统提出了加强"一带一路"能源合作的合作原则、合作重点和中国的行动方案。在我国大力推进"海丝"倡议以推动我国与沿线国家能源合作的框架下，如何构建完善的能源安全保障法律机制，对于保障多双边能源合作机制、促进"一带一路"能源合作向更深更广发展，具有必要性和重要现实意义。只有构建完善的能源安全保障法律机制体系，才能为促进我国与沿线国家的能源合作确立明晰稳固的行为规则体系、权益分配与义务承担规则和纠纷解决机制，也才能在能源合作的基础设施建设、融资环境与软环境、能源运输等方面确立稳定的规则系统，对于推动能源合作、缓解我国能源危机以及保障我国能源安全发挥积极的推动作用。

检视能源安全保障法律机制及其实施进展，在《推动丝绸之路经济带和 21 世纪海上丝绸之路能源合作愿景与行动》《推动共建丝绸之路经济带和 21 世纪海上丝绸之路的愿景与行动》确立的"海丝"能源合作总体框架下，我国政府积极同沿线国家开展能源外交，签订了一系列条约以增强政治互信、经济互利、人文互通和多边互助，同时鼓励企业积极对外投资，促进能源基础设施互联互通，打造中国—东盟自贸区升级版。实践中，我国与"海丝"沿线国家之间能源合作已经取得相关进展，双方在能源投资、能源贸易以及能源基础设施建设方面都有了初期成果。但是，有关能源安全保障问题，目前仍然依靠国际法上的国际惯例、政府间协议以及适用其他合作框架中的规定。"海丝"沿线国家间的能源合作具有一定特殊性，需要专门的国际能源法律机制予以规制，其特殊性及其提出的专门法律规则需求包括以下几个方面：第一，能源合作主体多样性，包括国家、超国家组织、政府间国际组织、跨国非政府组织、跨国公司甚至个人，主体的多样性客观上需要一个跨国家的国际能源合作组织；第二，能源合作领域的广泛性，包含能源勘探、能源开发、能源投资、能源基础设施建设、能源企业收购等方面，且每个领域都需要有基础性和专业性的法律规则；第三，能源合作方式多层次性，既有国家间的双边能源合作，也有国家间的多边能源合作，还有政府间的合作协议和企业间的能源合作协议，但是由于政府风险难以预测，合作规则也难以有永久的定式。随着能源合作实践的深入开展，其需求也必将越来越多，这要求我们不能仅仅依赖于单一的、松散的、不成体系的能源合作协议或规定来规范和解决能源合作中出现的问题，而是需要借鉴国际上其他国家间有关能源安全合作的做法，建立起能源安全合作法律机制体系，包括能源合作基本协议、设立能源合作法律机构，以及在能源贸易制度、投资保护制度、能源紧急分享机制、信息共享机制、能源监督机制、争端解决机制等方面形成完整的法律规制，构建一套合理、高效的区域性能源合作法律机制。

二　研究对象与问题

"海丝"倡议的共建原则与框架思路，既为我国与沿线国家能源合作确定了目标与依据，同时也对我国与沿线国家的能源合作提出了机制与制度的具体需求，这要求我国必须协同沿线国家构建完善的促进能源合作、保障能源安全的法律机制体系。从保障我国能源安全的需求审视，当前的法律机制体系尚存在不少亟待应对的问题。

（一）能源合作与安全保障机制体系的不足

当前中国与"海丝"沿线国家之间还没有达成有关能源合作方面的基本协议。当前已经达成的一些协议，如《中国—东盟全面经济合作框架协议》《中国与东盟关于修订〈中国—东盟全面经济合作框架协议〉及项下部分协议的议定书》等，其中有涉及能源合作的一些规定，但并不具有系统性，呈现碎片化和原则化的特征，缺乏适用于沿线所有国家的具有统领地位的能源合作基本协议。当前国际区域能源合作正在向以能源利益集团为主的多元化方向发展，而世界能源格局的多元化又带来了能源区域利益集团的深化和瓦解，加剧了国际能源合作的波动性，缺乏能源合作方面的基本协议将使能源合作的许多基本问题处于空白状态。

（二）专门能源事务协调管理机构的缺乏

从当前"海丝"沿线国家之间的能源合作现状来看，尚不具有一个普遍性的能源协调管理机构。虽然当前有上海合作组织、中国—东盟"10+1"、亚太经合组织（APEC）、大湄公河次区域（GMS）经济合作、中亚区域经济合作（CAREC）等多边合作对话机制，但是由于"海丝"沿线的国家众多，没有一个组织是涵盖所有国家的。而"海丝"之所以是国家级的重大合作倡议，就在于它试图建立起中国与东盟、南亚、西亚、北非、欧洲之间的全方位、多层次、宽领域的能源区域与国际合作关系，从而摆脱对国际原油市场的极度依赖。成立一个跨国能源合作机构以具体负责执行和监督海上丝绸之路的能源合作基本协议、修订和完善海上丝绸之路的能源合作法律机制是不可或缺的，如此才能保证区域间能源合作的深入、稳定地展开。

（三）专门性能源合作机制的匮乏

"海丝"沿线国家之间的能源合作逐步从低端能源合作走向高端全产业链能源合作，能源合作领域和能源合作环节也取得一些拓展，形成涉及石油、天然气、煤炭、核能、风能、太阳能等多领域及涵盖能源生产、运输、加工等多环节的能源合作，虽然政府间协议对某些重要领域作了一些规定，但这些政府间协议基本都有政策不变期限的规定，也就是说并不是长久的合作机制。此外，在能源信息共享制度、能源紧急分享制度、能源安全运输保障制度和能源争端解决制度方面也没有统一的规定。

三 研究思路与重点

（一）问题意识与研究思路

本研究的问题意识主要缘起于以下几个方面内容，由此也决定了本书研究思路的展开。

1. 我国加强与"海丝"沿线国家的能源合作既是应对我国面临严峻的能源安全危机、保障我国能源安全的迫切需要，也是油气资源丰富的海上丝绸之路沿线国家对稳定的能源市场的需要。只有因应能源合作内在规律、规则完善的能源合作机制，才能有效保障与促进我国与"海丝"沿线国家的能源合作。

2. 当前对"一带一路"以及具体的"海丝"能源合作战略的关注重点多集中于经贸合作等方面，对"海丝"倡议实施过程中的法律问题重视不够。我们应该高度重视国内能源安全法律机制的缺陷和不足，只有完善国内能源法律制度以及妥善处理国内法与国际法律规范的衔接关系，才能从法律机制方面保障我国的能源安全。

3. 在"海丝"倡议的框架思路下，为实现与促进我国能源安全的法律保障机制完善，总体上而言应包括两个方面的内容：第一，与沿线国家的能源安全保障法律合作机制；第二，我国国内的能源安全保障法律机制的完善，只有构建完善的国内能源安全保障法律机制，才能同时实现国内层面能源安全保障以及与国际和区域性的能源安全保障法律机制的接轨与协调。

4. 在"海丝"的框架体系与政策预期审视下，我国当前的能源安全法律保障机制存在两类缺陷：第一，能源法律制度体系中能源基本法缺位、能源法律制度可操作性不强、相关管理部门缺位以及与环保制度衔接不畅；第二，在与"海丝"沿线国家能源合作法律机制上存在不足之处，缺乏能源合作的规制和协调法律机制、合作多为政府间对话而非正式的长效的法律保障机制等。这一制度缺陷，会极大地影响到我国与沿线国家开展能源合作的稳定性与实效性，亟待有针对性地通过制度建构予以填补。

5. 基于前述分析，我国应当相应地从以下两个层面完善我国能源安全法律保障机制：第一，完善我国涉外能源安全领域相关法律衔接制度，包括探索能源合作基本协议、设置能源合作法律机构和健全能源合作相关法律制度等；第二，完善我国国内的能源安全领域法律体系，包括尽快制定出台能源基本法以及从加强法律条文的可操作性、明确相关管理部门职权配置和有效推进机制的建立与环保制度的衔接等方面健全能源单行法律制度。

（二）研究重点领域

针对前述在"海丝"背景下能源合作机制现状以及剖析的机制缺陷，

本书提出以下针对性解决对策。

1. 探索能源合作基本协议

当前国际上主要的能源合作法律机制有 IEA 能源合作法律机制、OPEC 能源合作法律机制和欧盟能源合作法律机制。"海丝"沿线国家多为发展中国家，可以参考 IEA 或者欧盟的能源合作模式，因为这两种模式是建立在成员国之间平等互利的基础上，以维护各国能源安全为目的，各国政府均可参与平等协商，"海丝"的能源合作模式也应当如此。

作为沿线国家均遵守的能源合作基本协议，应当积极整合现有的双边合作协议，确立能源合作的原则、机构和机制，从而确立能源合作的法律制度框架，并使能源合作基本协议能够得到切实实施。总之，我们应当弥补当前的能源合作机制所呈现的零散性、碎片化以及不够正式等缺憾，构建系统的稳固的能源合作基本协议，该能源合作协议将以能源主权原则、能源安全原则、能源可持续发展原则、建立国际能源新秩序原则等国际上已形成共识的能源合作原则为基本原则，整合现有的零散的国家间和政府间的协议条约，形成完整的、专门的、沿线国家都将遵守的区域间能源合作基本法律机制，这也将为国家间的能源合作提供普遍规则，促进能源合作。这同时符合保障我国能源安全的价值目标和政策诉求目的。

2. 设立能源合作法律机构

专门的能源协调管理机构是能源合作的高级形式。国际能源合作从跨国的民间合作到政府间能源合作，由此形成多边外交的能源合作形式，国际能源区域性组织则是在多边外交会议制度基础上逐渐发展起来的一种更高形式的国际合作。在"海丝"能源合作法律机制框架下构建一个跨国多边的能源合作机构也十分有必要，能源合作法律机构职能的具体化、明确化、程序化，更有利于相关工作高效地完成。

设立专门的能源合作法律机构应当包括如下内容。（1）该机构的性质为政府间能源合作组织，而非超国家组织，其应当产生于国家间的多边条约，全部权力都来自主权国家的授予。其机构设置、活动范围和职能权限都是由各个主权国家通过谈判而确立，是国家自愿同意的主权行为。（2）该机构的具体职责是在协调各成员国的能源政策的基础上，制定能源合作的法律政策，提供能源合作的信息和建议，明确各成员国的权利和义务，协调各成员国之间有关能源合作的事务，解决能源合作的国际争端。

（3）该机构不仅要具备一定的在能源合作方面的决策权，还可以执行其他各项具体的能源合作，如国际能源交易、投资、技术等。

3. 健全能源合作相关法律制度

健全能源合作相关法律制度主要包括：能源贸易制度、投资保护制度、信息共享制度、能源紧急分享机制、能源监督机制、争端解决机制等。当前"海丝"框架下的能源合作在能源贸易制度方面，要着力解决投资贸易便利化问题，消除投资和贸易壁垒，构建区域内和各国良好的营商环境，积极同沿线国家和地区共同商建自由贸易区；在投资保护制度方面，加强双边投资保护协定、避免双重征税协定磋商，保护投资者的合法权益；在信息共享制度方面，加强与沿线国家信息互换、监管互认、执法互助的海关合作，以及检验检疫、认证认可、标准计量、统计信息等方面的双多边合作；在能源监督机制方面，推动签署双边监管合作谅解备忘录，逐步在区域内建立高效监管协调机制，完善风险应对和危机处置制度安排，构建区域性风险预警系统，形成应对跨境风险和危机处置的交流合作机制；争端解决机制以及决议的履行应当由前述内容所建议的能源监督机构督促实施。

第一章　习近平法治思想指引下能源安全法律保障的法理与机制

　　习近平法治思想的生态文明法治理论是习近平法治思想和习近平生态文明思想的重要组成部分，是一个内涵丰富、体系完备的理论体系，在价值论、关系论和方法论等几个层面综合实现了生态环境法治的理论创新。习近平法治思想的生态文明法治理论，为我国生态文明法治建设与"一带一路"特别是"海丝"的制度实施提供了理论指导与方法指引。

第一节　习近平法治思想生态文明法治理论之法理创新的内涵与启示

　　习近平法治思想的生态文明法治理论从多个维度实现了对生态文明法治理论的创新，是完善"一带一路"法律保障机制的理论基础。

一　习近平法治思想的生态文明法治理论法理创新的内涵

　　党的十八大以来，习近平总书记高度重视生态文明建设，并将生态文明与"一带一路"倡议结合起来，提出建设"绿色丝绸之路"。习近平总书记在地方政治生涯进行有关生态环境保护的理论探索与实践经验总结的基础上，为统筹推进新时代"五位一体"的总体布局、部署生态文明建设战略、引领美丽中国建设，提出一系列关于生态文明建设的科学论断和丰富论述，形成习近平生态文明思想。习近平生态文明思想作为习近平新时代中国特色社会主义思想的重要组成部分，是生态价值观、认识论、实践论和方法论的总集成，是指导生态文明建设的总方针、总依据和总要求。① 习近平生态文明思想是一个丰富、完整的系统，蕴含了丰富的法治要素与内涵，运用法治思维和法治方法推进生态文明建设是其题中之意，也是贯彻落实习近平生态文明建设思想的必然结果。②

2020 年 11 月 16 日至 17 日的中央全面依法治国工作会议将习近平法治思想明确为全面依法治国的指导思想。习近平法治思想是习近平新时代中国特色社会主义思想的重要组成部分，其从我国革命、建设、改革的伟大实践出发，深刻回答了新时代为什么实行全面依法治国等一系列重大问题③，包括在法治轨道上推进国家治理体系和治理能力现代化的中国特色问题。习近平法治思想的生态文明法治理论，既是习近平新时代中国特色社会主义思想的重要组成部分，也是马克思主义法学理论中国化的重大理论成果，是中国生态文明法治建设的理论指导。习近平法治思想的生态文明法治理论，延循马克思主义法学理论的基本逻辑，体现中国生态文明建设的时代特征，因应生态环境保护的现实需求，是从中国鲜活实践中提炼与构建的理论体系。习近平法治思想的生态文明法治理论从价值论、法律关系论和方法论等几个层面，指导了生态环境法理实现理论创新。④ 在价值论层面，从拓展人的全面价值、彰显和谐发展价值和引入生态安全价值等方面，创新了传统法律价值理论；在法律关系论层面，习近平法治思想的生态文明法治理论淡化了人与自然的主客体关系二元论，进而主张参与环境公共事务的主体"多元化"、彰显了多类客体之间的结构性；在方法论层面，习近平法治思想的生态文明法治理论秉持整体观方法、倡导协同

---

①　生态环境部党组：《以习近平生态文明思想引领美丽中国建设——深入学习〈习近平谈治国理政〉第三卷》，《人民日报》2020 年 8 月 14 日，第 9 版。

②　吕忠梅：《习近平新时代中国特色社会主义生态法治思想研究》，《江汉论坛》2018 年第 1 期。

③　李林：《习近平法治思想的核心要义》，《中国社会科学报》2020 年 11 月 23 日，第 4 版。

④　参见刘超《习近平法治思想的生态文明法治理论之法理创新》，《法学论坛》2021 年第 2 期。

治理方法、坚持底线思维方法。

习近平法治思想的生态文明法治理论在价值论层面的创新，主要体现在对人的全面发展价值、和谐发展价值和生态安全价值的高度关注。习近平法治思想的生态文明法治理论以维护和实现生态环境安全作为法律价值，这是对传统法律价值理论和价值表述的重大创新。生态环境法治建设以生态环境安全价值为目标指引，以"有效防范生态环境风险"作为法律体系完善和法治实践展开的重要价值目标。这要求我国生态环境法治进行相应的体制变革与制度完善。将生态安全价值确立为法律价值，既是完善"一带一路"建设法律保障机制必须追求和实现的重要价值，也是"21 世纪海上丝绸之路"能源合作中必须兼顾的特殊价值，需要有专门的价值实现机制。

通过法律规范保护生态环境、保障生态文明和"一带一路"能源安全建设，需要将环境社会关系转换为法律关系。法律关系是对一部分现实生活的撷取，它在一个连续统一的生活关系中提取出一部分，进行法律观察。① 环境法律关系是以环境法律规范为基础形成的社会关系，环境法律关系的理论与定位既源于现行环境法律规范体系的形塑，同时也反作用于生态环境法律规范，影响生态环境法律规范体系在生态文明建设中的实际效果。

习近平法治思想的生态文明法治理论针对生态环境保护与生态文明建设的特殊性，实现了环境问题阐释与应对的方法论的创新，这也为我国生态文明和"一带一路"建设中的制度建设与实施提供了方法论指导。

二　习近平法治思想的生态文明法治理论的启示与指引

"一带一路"倡议是习近平总书记基于中国经济社会发展新常态和国际经济格局新变化、新形势提出的"促进全球和平合作和共同发展的中国方案"，性质上是国家级顶层合作倡议，是中国在新时期深化与外部世界合作的宏大框架，《推动共建丝绸之路经济带和 21 世纪海上丝绸之路的愿景与行动》等政策文件将"一带一路"重大倡议的推进实施视为一项系统

---

① 〔德〕迪特尔·梅迪库斯：《德国民法总论》，邵建东译，法律出版社，2000，第51页。

工程。在这项系统工程中，"21世纪海上丝绸之路"是重要构成部分。不同于"丝绸之路经济带"在陆地上向西拓展，"21世纪海上丝绸之路"以海洋为纽带增进中国与沿线国家的共同福祉和共同利益，加强与21世纪海上丝绸之路沿线国家战略对接，全方位推动各领域务实合作。质言之，"一带一路"是国家级的合作倡议，以和平合作、开放包容、互学互鉴、互利共赢为精神价值和核心追求；"21世纪海上丝绸之路"以经济合作带动沿线国家走向全面合作，以"互利合作"为主题和目标。能源合作是"一带一路"倡议的重要组成部分，国家发展和改革委员会与国家能源局于2017年5月制定发布了专门的《推动丝绸之路经济带和21世纪海上丝绸之路能源合作愿景与行动》，系统阐释了"一带一路"能源合作的意义、原则、重点和中国采取的行动措施。在"21世纪海上丝绸之路"的合作框架中，能源安全与能源合作是重点领域与核心内容，推动我国与沿线国家的能源合作不但本身属于合作重点，而且是我国与沿线国家多领域全面深入合作的基础，健全的能源合作机制、丰富的能源合作领域有利于带动更大范围、更高水平、更深层次的合作。能源安全与能源合作均需要完善健全的法律保障体制机制。我国也制定了一些规范能源合作的国内法，签署和批准加入了一些有关能源合作的国际条约。但能源安全价值有着与时俱进的时代内涵，能源合作在变幻的世界格局和发展的国际形势下有不同的重点内容，这均提出了法律保障机制的全新需求，要求我们在新时代的法治体系更新和法理框架创新下，归纳海丝之路能源安全法律保障机制。

第二节　我国能源革命战略下能源安全法律保障的理路与需求

　　能源是人类生存和发展的物质基础，是国家国民经济发展的命脉，是国家发展战略的重要支撑。习近平总书记强调："能源安全是关系国家经济社会发展的全局性、战略性问题，对国家繁荣发展、人民生活改善、社会长治久安至关重要。"[①] 在我国全面依法治国背景下，适用法律机制保障

---

① 《习近平谈治国理政》，外文出版社，2014，第130页。

国家能源安全具有重要意义。我国当前"一带一路"倡议下以及"21 世纪海上丝绸之路"合作框架中，加强与沿线国家能源合作是重点内容，"21 世纪海上丝绸之路"能源合作的全面推进是我国新时代能源安全新战略的重要构成部分，也需要完善的法律机制予以保障。

一 我国能源安全法律保障的事理与法理

如前所述，安全是人的基本需求，法律作为人类创造的能够满足自己特定需要的一种工具和手段①，也需要以安全作为基本价值。伴随着人类迈入风险社会，现代社会对风险的无助使得安全议题进一步彰显，该议题的解决必须回归法律的安全屏障设计，法律的制度性安排必须凸显法律安全价值的核心地位，体现行动主体追求各种利益时的安全性需求，能为主体提供充分的安全感。② 传统法律所直接或间接实现的安全价值，主要包括个体的人身安全和财产安全、群体的财产安全与秩序。③ 人类进入全球风险社会（以环境风险事件普遍爆发为标志），人类个体和群体的安全需求有全新内涵，法律所维护的安全价值也要相应地拓展至包括生态安全的内容。习近平法治思想的生态文明法治理论因应人类进入环境风险社会的特殊性，明确提出维护生态安全这一价值目标，这一新的安全价值应当成为法律维护与实现的核心价值之一。

虽然安全一直是人类的内在需求，也是传统法律追求的基本价值之一，但有研究认为，能源安全在我国是 20 世纪末才提出来的新观念，它指能源可靠供应的保障，是国际政治和经济发展到新时期的产物。④ 在此背景下，关于能源安全的定义众说纷纭，传统能源安全理论以及能源经济学等学科研究大多从能源供应安全和能源使用安全角度进行界定。比如有学者认为，国家能源安全概念由两个有机部分组成：第一，能源供应的稳定性（经济安全性），是指满足国家生存与发展正常需求的能源供应保障的稳定程度，其范围涉及社会生产与居民生活的能源消费需求和国防军事活

---

① 葛洪义：《目的与方法：法律价值研究论析》，《法律科学》1992 年第 2 期。
② 张洪波：《以安全为中心的法律价值冲突及关系架构》，《南京社会科学》2014 年第 9 期。
③ 杨震：《法价值哲学导论》，中国社会科学出版社，2004，第 219~223 页。
④ 周凌云：《世界能源危机与我国的能源安全》，《中国能源》2001 年第 1 期。

动的可靠燃料供应；第二，能源使用的安全性，是指能源消费及使用不应对人类自身的生存与发展环境构成任何威胁。① 有法学学者也以认可这种对能源安全的界定为基础展开法律问题分析，并认为能源安全是能源供应安全和能源使用安全的有机统一。② 还有研究认为，中国的能源安全问题可以简单归结为价格波动风险和可获得性风险，价格波动风险又可以区分为进口成本提高和支付能力的不可持续，可获得性风险又可以区分为供应来源的稳定性和运输安全。③ 这种研究引入了国际视野和比较视角归纳中国能源安全的内涵、需求及当前面临困境，从世界能源格局宏观视野丰富了能源安全的内容与层次，而且把对外能源合作作为能源安全的重要内容。

　　近年来，我国能源安全新战略重新定义了"能源安全"的内涵，这既重塑了我国的能源法律机制的价值目标，也对我国的能源法律体系提出了新的要求。2014 年 6 月 13 日，习近平总书记在中央财经领导小组第六次会议上提出"四个革命、一个合作"能源安全新战略。具体而言，"四个革命"是指：推动能源消费革命，抑制不合理能源消费；推动能源供给革命，建立多元供给体系；推动能源技术革命，带动产业升级；推动能源体制革命，打通能源发展快车道。"一个合作"即为全方位加强国际合作，实现开放条件下能源安全。有研究进一步阐释了"四个革命、一个合作"的定位和相互关系，"能源消费革命是引领，达到高效率和智能化的高级能源消费形态；能源生产革命是关键，形成绿色低碳、安全高效的能源生产；能源技术革命是支撑，我国要成为能源强国，能源技术需取得重大突破；能源体制革命是保障，要建成现代化能源市场体系，还原能源商品市场属性，实现能源治理方式现代化；能源国际合作为平台，要增强能源国际合作的话语权，实现由参与者向贡献者、引领者转变"④。更进一步而言，在我国能源安全新战略推动的能源消费、能源供给、能源技术和能源体制四方面的"能源革命"中，最为核心的是能源供给革命与能源消费革命。所谓能源供给革命，即"建立多元供应体系，立足国内多元供应保安

①　张雷：《中国能源安全问题探讨》，《中国软科学》2001 年第 4 期。
②　杨泽伟：《我国能源安全保障的法律问题研究》，《法商研究》2005 年第 4 期。
③　张宇燕、管清友：《世界能源格局与中国的能源安全》，《世界经济》2007 年第 9 期。
④　张奇：《我国能源生产与消费革命的挑战与展望》，《国家治理》2018 年第 33 期。

全，大力推进煤炭清洁高效利用，着力发展非煤能源，形成煤、油、气、核、新能源、可再生能源多轮驱动的能源供应体系，同步加强能源输配网络和储备设施建设"。所谓能源消费革命，即"坚决控制能源消费总量，有效落实节能优先方针，把节能贯穿于经济社会发展全过程和各领域，坚定调整产业结构，高度重视城镇化节能，树立勤俭节约的消费观，加快形成能源节约型社会"①。为落实能源安全新战略和推动以能源生产和消费革命为核心的"能源革命"，国家发展改革委、国家能源局于 2016 年 12 月 29 日制定了《能源生产和消费革命战略（2016-2030）》，以推进能源生产和消费革命、增强能源安全保障能力。

概括而言，以"四个革命、一个合作"的能源安全新战略的提出为标志和起点，我国启动的能源安全新战略是一个规模宏伟、体系庞大的系统工程。这一系统工程包括"四个革命"和"一个合作"的二元结构。其中，"一个合作"是加强能源宽领域、多层次、全产业链等全方位国际合作，打造能源命运共同体。这也是我国"一带一路"推动国际合作的重点领域，"海丝"倡议与框架中，我国与沿线国家的全方位能源合作，本质上属于我国能源安全新战略的有机构成部分，能源革命对能源法治的完善从理念到制度提出了具体需求，能源法治建设要契合和贯彻国家的能源安全新战略，因此，基于能源革命战略出台或修改的法律本身即属于实现国家能源安全新战略的重要内容。笔者曾从具体新能源开发（能源供给）角度研究了能源革命的法律保证机制②。在更为具体的层面，《能源生产和消费革命战略（2016-2030）》确定我国能源安全新战略以安全为本、节约优先、绿色低碳、主动创新的战略取向，要"以绿色低碳为方向，坚持能源绿色生产、绿色消费，切实减少对环境的破坏，保障生态安全"。因此，如何在能源革命中保障生态安全，也是我国能源安全新战略的题中应有之义，作为能源革命核心的能源消费革命和能源供给革命，也需要"切实减少对环境的破坏，保障生态安全"。

---

① 《习近平谈治国理政》（第一卷），外文出版社，2018，第 130~135 页。
② 具体内容参见刘超《页岩气开发法律问题研究》，法律出版社，2019。

二　我国当前能源安全保障法律机制的梳理与反思

能源安全概念的厘清和界定是探讨能源安全保障法律机制的前提和基础，其在不同时代背景下具有不同内涵。最初的能源安全观是以石油安全为重心，随着 20 世纪 80 年代环境问题得到重视，能源安全观也从单一转向综合，综合的能源安全观包含能源供应安全和能源使用安全，即不仅要保持能源供给与需求的平衡，也要保证能源使用不对人类的生存和环境造成重要威胁。国内对能源安全的内涵尚未达成共识，有观点认为能源安全应当包括能源供应安全、能源经济效率、能源环境保护这三层含义。① 有学者主要从能源供需稳定方面对能源安全进行界定。② 还有学者对能源安全进行了非常宽泛的界定，认为能源安全既包括防止石油禁运、国家政治、经济危机而引起的供应中断，也包括整个能源市场和能源供应链条（如资源、运输及其网络、供应分配等）的安全，还包括能源生态环境安全、全球气候变暖影响人类生存发展的安全。③ 不同学者从不同维度对能源安全的内涵予以阐释，但总体而言，能源安全至少应包括能源供给安全、能源价格安全、能源运输安全和能源消费环境安全。在"21 世纪海上丝绸之路"的设计框架下，能源安全又被赋予了新的时代内涵：首先，能源安全应该坚持能源稳定供应，重视沿线国家为我国提供稳定的能源供应市场；其次，能源安全要坚持"能源输出"，我国通过对沿线国家油气企业的收购与投资在沿线国家建立炼油厂、发电厂以延伸油气产业的下游产业链并大力推动能源装备"走出去"；最后，能源安全还应遵循可持续发展原则，积极利用在可再生能源、低碳技术等领域的科技突破和产能优势去推动与沿线国家在水电、核电、风电、太阳能等清洁及可再生能源等方面的合作。

我国在"一带一路"建设合作发展中，需要有完善的能源安全法律保障机制以促进中国与"一带一路"沿线国家的能源合作。这一法律机制是复合体系，首先是国内有关能源安全的法律机制，只有做好国内立

① 杨泽伟：《中国能源安全问题：挑战与应对》，《世界经济与政治》2008 年第 8 期。
② 岳树梅：《国际能源合作法律问题研究》，博士学位论文，西南政法大学，2007。
③ 叶荣泗：《我国能源安全的法律保障》，《中国发展观察》2008 年第 1 期。

法的配套工作才能与其他国家的相关法律接轨与协调。而我国当前的能源安全保障立法存在诸多缺陷，下文将在梳理现行立法的基础上进行具体检讨。

（一）我国能源安全立法现状

我国能源安全法律保障体系是以《宪法》为统领、以《电力法》《煤炭法》《可再生能源法》《节约能源法》等能源单行法律为主体，并配套诸多行政法规和部门规章的法律体系。

1.《宪法》中关于能源安全的法律规范

宪法是我国的根本大法，具有最高法律效力，在能源立法领域，宪法也当然具有基础性和指导性作用。《宪法》中有关能源安全的条文主要体现在第9条关于自然资源权属关系的规定：矿藏、水流、森林、山岭、草原、荒地、滩涂等自然资源都属于国家所有。虽然条文中没有直接出现"能源"一词，但是"自然资源"这一广义的概念当然包含了"能源"，这为我国能源领域的相关立法工作提供了能源权属制度方面的立法依据。

2.《电力法》中关于能源安全的法律规范

《电力法》是保障我国电力能源安全的第一部能源单行法[1]，该法的施行不仅意味着国家开始重视电力资源，同时也体现了国家开始通过能源方面的立法来保障能源安全。《电力法》从保障电力能源的供应安全和使用安全两个方面对电力资源进行规制，具体表现如下。（1）在保障电力能源的供应安全方面。首先，《电力法》明确了保障电力供应安全的立法意图，将电力供应法律关系纳入《电力法》的调整范围，为保障电力供应安全提供法律依据；其次，在电力运输方面，规定电力设施受国家保护，任何单位和个人不得危害电力设施安全或者非法侵占、使用电能。此外，《电力法》还规定了保障居民与工业用电的连续稳定供应的内容。如规定了供电营业机构、供电企业向用户安全连续供电的义务，用户不得危害或扰乱供电、用电安全的义务。这些法律条款明确了电力供应者和电力使用者的权利和义务，保障了电力供应的良好秩序。（2）在保障电力使用安全方面。

---

[1] 刘进：《关于〈中华人民共和国电力法〉实施成效评述》，《环境与可持续发展》2015年第1期。

《电力法》强调了电力实业的技术性，防止电力使用对环境造成污染。此外，《电力法》还在第 34 条规定了供电企业和用户要切实做到电力的使用安全，并在第 59 条、第 62 条和第 64 条规定了保障电力能源安全的法律责任。第 59 条规定了企业在未保证供电质量或者未事先通知用户的情况下中断供电从而给用户造成损失的，要依法承担赔偿责任。第 62 条规定了电力建设项目使用国家明令淘汰的电力设备和技术的要责令停止使用，没收国家明令淘汰的电力设备，并处以 5 万元以下的罚款。这些法律责任的规定可以促使责任主体更好地履行义务。

3. 《煤炭法》中关于能源安全的法律规范

煤炭在我国能源消费中占有最高比重，煤炭资源安全与能源安全密切相关。《煤炭法》规定了有关煤炭生产开发规划与煤矿建设、煤炭生产与煤矿安全、煤炭经营、煤矿矿区保护、监督检查、法律责任，其在保障煤炭资源安全方面具有重要意义，主要表现在以下两个方面。（1）煤炭供应安全。煤炭生产是煤炭供应的前提，《煤炭法》对煤炭的生产安全提出了要求，主要规定在第三章，即第 20~38 条，如煤矿投入生产前，煤矿企业应当依照有关安全生产的法律、行政法规的规定取得安全生产许可证；煤矿企业应当加强煤炭产品质量的监督检查和管理；煤炭产品质量应当按照国家标准或者行业标准分等论级。此外，还规定了有关监督检查机制和法律责任制度机制，这些规定有助于预防煤炭能源供应安全危险，保证煤炭领域内机制的完善，为煤炭资源安全提供坚强的法律护盾。（2）煤炭使用安全。针对煤炭使用容易造成环境污染的特点，《煤炭法》第 11 条规定："开发利用煤炭资源，应当遵守有关环境保护的法律、法规，防治污染和其他公害，保护生态环境。"第 29 条规定："国家发展和推广洁净煤技术。国家采取措施取缔土法炼焦。禁止新建土法炼焦窑炉；现有的土法炼焦限期改造。"

4. 《可再生能源法》中关于能源安全的法律规范

《可再生能源法》是我国关于可再生能源发展的专门性立法。该法首先确立了可再生能源发展的立法目的，即"为了促进可再生能源的开发利用，增加能源供应，改善能源结构，保障能源安全，保护环境，实现经济社会的可持续发展"。立法的直接目的是促进可再生能源的开发利用，间接目的实现保障能源供给安全和能源环境安全。①此外，该法还构建了可再生能源总量目标制度、分类电价制度、费用分摊制度、专项资金制度，通过改善能源消费结构和增加能源供应量，保障能源安全。

（二）我国能源安全立法之欠缺

总体而言，我国现行的能源单行法从不同角度为我国能源的供应和使用安全提供了重要保障，但是，从保障能源安全的内在制度需求以及我国当前的能源现状综合观之，依然存在不少亟待完善的空间。

1. 能源基本法缺位

根据法学理论，法律体系的形成必须有"制度结构"和"规范层次"，即若干法律要构成一个法律体系必须有"结构"与"层级"的区别，同一位阶的法律不可能形成法律体系。②然而综观我国能源法律体系，同一位阶的单行能源法并不缺乏，缺乏的是统领整个能源法体系的基本法——《能源法》，缺乏以法律形式对于我国的能源使用、能源储备和能源节约以及新能源开发的能源发展战略、能源领域相关的基本原则予以确认，进而统筹全国的能源发展。虽然《能源法》的初稿在2007年已经形成，但时至今日却始终没有出台。能源领域基本法的缺失将导致能源法律的基本制度及指导能源领域法律规制的基本原则的缺位，各项能源领域的规制制度之间缺乏联系也会导致能源规制的效率较低，法律实施的效益也随之降低。从更宏观的价值而言，能源基本法的缺位会使得处于同一位阶的能源单行法有不同的立法目标，并不能在宏观上统摄于保障能源安全的统一价值目标内。

2. 原则性规定过多

法律中规定倡导性和鼓励性条款是必要的，它鲜明地代表着国家意志和态度。但是，原则性的规定往往难以使相关的权利义务主体产生确定的法律预期，从而难以达到期望的法律效果。例如《煤炭法》第18、19条规定了煤矿建设应当贯彻保护耕地、合理利用土地的原则以及"四同时"制度，即坚持环境保护措施与主体工程同时设计、同时施工、同时验收、

---

① 柯坚：《全球气候变化背景下我国可再生能源发展的法律推进——以〈可再生能源法〉为中心的立法检视》，《政法论丛》2015年第4期。

② 肖国兴：《〈能源法〉与中国能源法律制度结构》，《中州学刊》2010年第6期。

同时投入使用，但是这些规定实质上不涉及相关主体的权利、义务，强制力大大减弱。《节约能源法》虽然就工业节能、建筑节能等问题作出规定，但具体措施明显规制不足。该法第 31 条规定国家鼓励工业企业采用高效、节能的设备，采用热电联产、余热余压利用、洁净煤以及先进的用能监测和控制等技术，但是有关具体实施细节和方法手段都比较模糊，缺乏实际的可操作性。《可再生能源法》也出现类似问题，对于具备产业化、市场化条件开发利用的可再生能源十分重视并提供具体的政策与法律保障，但是对于那些不具备产业化、市场化开发利用的可再生能源，大多数是鼓励性或者是倡导性的条款。①

3. 相关管理部门缺位

在我国能源立法体系中，政府明显处于主导地位，但依然广泛存在管理主体缺位和管理主体职能模糊的问题。例如，《节约能源法》第 12 条第 1 款有关管理主体的规定是："县级以上人民政府管理节能工作的部门和有关部门应当在各自的职责范围内，加强对节能法律、法规和节能标准执行情况的监督检查，依法查处违法用能行为。"显而易见，该条规定并没有明确主管节能工作的主体，这就容易造成实践中主管主体缺位、相互推诿的现象。《可再生能源法》虽然规定了可再生能源管理主体的监督责任，也规定可再生能源企业违反可再生能源法的相关责任，但是责任形式大多以罚款为主，责任形式单一，惩罚力度较轻，如第 29 条规定："电网企业未按照规定完成收购可再生能源电量，造成可再生能源发电企业经济损失的，应当承担赔偿责任，并由国家电力监管机构责令限期改正；拒不改正的，处以可再生能源发电企业经济损失额一倍以下的罚款。"第 30 条也规定了经营燃气管网、热力管网的企业不符合入网技术标准，造成燃气、热力生产企业经济损失的，处以燃气、热力生产企业经济损失额 1 倍以下罚款。但是这能否充分发挥可再生能源制度的实效值得商榷。

4. 环境保护条款的缺失

"能源与生态环境协调发展"的基本理念贯穿于整个能源立法体系之中，体现于能源基本法和能源单行法之中，能源单行法的环境保护条款可

---

① 柯坚：《全球气候变化背景下我国可再生能源发展的法律推进——以〈可再生能源法〉为中心的立法检视》，《政法论丛》2015 年第 4 期。

以促进生态环境保护，为我国能源法生态化改革提供参考和根据。[①] 然而在当前能源单行立法中，尤其是颁布时间较早的法律都存在环保条款缺失的问题。例如，能源技术的进步是能源节约的前提，只有切实提高创新能源技术才能保障能源的节约和供应，虽然当前的《节约能源法》中对能源技术作了一些规定，但是对于如何促进能源技术发展以提高能源供应能力方面显得重视不足，能源和可再生能源技术和产品也还没有完善的行业节能标准，所以，真正实现节约能源目的以保障能源安全还需更强劲的法律推动。《可再生能源法》中也存在环境保护条款缺失的问题。能源法的开发利用以可持续发展为原则，虽然可再生能源相对于不可再生能源而言对环境的伤害更小，但是这并不意味着开发利用可再生能源不会对环境造成不利影响。例如，风电的风机塔要占用大量林地，造成林木的砍伐；核能利用可能会发生核泄漏事故；水力发电的开发将使整个河流流域的生态环境发生改变等等。然而《可再生能源法》并没有对开发利用过程中的生态环境保护问题进行规制，环境保护条款的缺失使可再生能源本身对环境保护的要求和期待得不到满足。

三 新能源开发环境风险类型化梳理——以可燃冰开发为例

如前所述，我国当前的能源安全新战略包括从能源消费革命、能源供给革命、能源技术革命、能源体制革命四个方面系统推动"能源革命"，其核心是能源消费革命和能源供给革命。其中，页岩气、可燃冰等新能源开发是推动我国实现"能源革命"的关键突破口，原因如下。（1）可以有力推动能源消费革命，矫正我国煤炭资源占主导地位的能源消费结构。（2）是实现环境治理的需要。从中国的现实情况来看，提高经济竞争力和促进经济增长都需要大量廉价能源作为支撑。中国能源禀赋特征加上煤炭的低价优势，使煤炭成为中国能源的主体结构。但是，煤炭带来的环境问题也是最大的，雾霾的一大诱因就是巨量的煤炭消费，煤炭燃烧产生的二氧化硫、氮氧化物、烟尘排放分别占我国相应排放量的 86%、56%、

---

① 张勇：《能源立法中生态环境保护的制度建构》，上海人民出版社，2013，第3页。

74%。① 因此，推动页岩气、可燃冰等新型清洁能源开发与我国减少煤炭消费、实现煤炭替代以减少二氧化碳排放目标高度契合。（3）是推动我国能源供给革命、增加能源自主供给以保障能源安全的需要。我国传统油气资源在巨大消耗下已经面临短缺危机，油气资源对外依存度高给我国的能源安全带来极大威胁。不仅如此，当我国油气资源能源严重依赖进口时，我国海上能源航道安全主要面临海盗等非传统安全因素构成的威胁和海权强国的战略意图的挑战。② （4）是响应党中央"向地球深部进军"能源战略转型的空间政治。"向地球深部进军是我们必须解决的战略科技问题……深海蕴藏着地球上远未认知和开发的宝藏，但要得到这些宝藏，就必须在深海进入、深海探测、深海开发方面掌握关键技术。空间技术深刻改变了人类对宇宙的认知，为人类社会进步提供了重要动力……必须推动空间科学、空间技术、空间应用全面发展。"③ 可燃冰储藏在高原冻土层和深海里，这种新型清洁能源试采试炼的创新应用技术在完善本国能源结构、进一步确保中国能源安全的同时，使我们掌握了更精湛的微观物质空间和地球深部空间的探索能力。这是将习近平"科学技术是第一生产力，创新是引领发展的第一动力"④ 新时代中国特色社会主义思想运用于能源转型的空间政治之典范。

因此，宏观战略层面上，必须在深化与境外能源合作和增加能源自主供给这两个层面并重。提高能源自主供给能力以实现能源安全，这需要推动页岩气和可燃冰等清洁新能源的勘探开发。我国页岩气储量世界第一，近几年来国家采取政策支持、实施招标、科技攻关、对外合作等措施推动页岩气的勘探开发。有研究梳理了我国页岩气开发的政策体系、实践进展、法律难题与现实困境⑤，认为我国页岩气开发前景乐观但现实却停滞不前。与此同时，近些年来对于可燃冰的研究进展较快，使得可燃冰有望

① 林伯强、李江龙：《环境治理约束下的中国能源结构转变——基于煤炭和二氧化碳峰值的分析》，《中国社会科学》2015 年第 9 期。
② 周云亨、余家豪：《海上能源通道安全与中国海权发展》，《太平洋学报》2014 年第 3 期。
③ 习近平：《为建设世界科技强国而奋斗——在全国科技创新大会、两院院士大会、中国科协第九次全国代表大会上的讲话》，人民出版社，2016。
④ 《习近平向世界公众科学素质促进大会致贺信》，《中国青年报》2018 年 9 月 18 日，第 1 版。
⑤ 刘超：《矿业权行使中的权利冲突与应对——以页岩气探矿权实现为中心》，《中国地质大学学报》（社会科学版）2015 年第 2 期。

成为人类的又一支柱能源。

可燃冰的科学名称叫天然气水合物，它是在一定条件（合适的温度、压力、气体饱和度、水的盐度、pH 值等）下由碳氢化合物气体（甲烷、乙烷等烃类气体）与水分子组成的类似冰的、非化学计量的笼形包合物。根据相关研究，可燃冰的资源潜力巨大，远远超过传统的石油、天然气等能源储量的总和，这意味着可燃冰有着巨大潜力和商业价值。[①] 科学家们较为普遍认为可燃冰有望取代煤炭、石油和天然气，成为 21 世纪"未来的新能源"。2000 年开始，全球已有美国、日本、印度等 30 多个国家积极投入可燃冰的科学研究或调查勘探。我国对可燃冰的研究滞后于美国、日本等国家，但 2007 年和 2009 年我国分别在南海和青藏高原永久冻土带钻获可燃冰实物样品后，对可燃冰的探测研究提速，大量研究证明我国有丰富的可燃冰存在。虽然可燃冰在性质上亦属于一种石化能源，但总体而言，可燃冰具有的高能量密度和高热值的特点，使之相较于传统石化能源，是一种清洁、低碳的优质能源。虽然可燃冰被学界普遍预测为传统油气资源的最佳替代能源，但迄今为止，尚未推进大规模商业开采，其关键原因在于可燃冰的形成机理和成藏特征决定了对其勘探开发存在更多的技术难题，可能带来更严峻的生态环境风险。因此，如何清晰认识、全面揭示和有效应对可燃冰开发过程导致的环境风险，是推进可燃冰从技术试采转向商业开发的关键。概括而言，可燃冰开发导致的环境风险主要包括以下几个方面。

（一）可燃冰开发引致地质灾害

可燃冰是由一定的天然气和大量的水资源在特定自然条件下形成的，也只有在低温和高压状态下才能稳定存在。可燃冰的生成过程实际上是一个水合物—溶液—气体三相平衡变化的过程，与自然环境条件处于一种敏感的平衡状态之中。这种生成条件和存在形式决定了可燃冰的稳定性较差，其开发会产生与常规传统型能源不同的特点：煤炭在矿井下是固体，开采后仍然是固体；石油在地下是流体，开采后仍是流体；而可燃冰埋藏

① 杜正银、杨佩佩、孙建安：《未来无害新能源可燃冰》，甘肃科学技术出版社，2012，第28页。

状态是固体，在开采过程中分子构造发生变化，从固体变为气体。[①]

可燃冰的开发过程会发生相变的特征，使得可燃冰开发过程会引发地质灾害。在可燃冰开发过程中，可燃冰的分解使海底沉积物的力学性质减弱，导致可燃冰层底部可能因重量负荷或地震等外界因素的扰动而出现剪切强度降低的薄弱区域，进而发生大片的水合物滑坡，并带动岩层流动或崩塌，发生地质灾害。这些地质灾害主要表现为：海平面升降、地震及海啸，这导致可燃冰分解，而可燃冰分解产生的滑塌、滑坡以及浊流可能进一步引发新的地震和海啸。

（二）可燃冰开发加剧全球温室效应

可燃冰的主要成分甲烷乃一种温室气体，且产生的温室效应比二氧化碳大21倍。虽然目前大气中甲烷总量并不高，仅仅占二氧化碳总量的5%，但甲烷对温室效应的"贡献率"却高达15%。[②] 因此，在关键技术尚未成熟的背景下大规模开发可燃冰，将势必会排放大量甲烷气体到大气中，极大加剧全球温室效应，导致海水、极地和地层气温升高，而这又会改变可燃冰赋存的低温环境，从而加速地层中的可燃冰分解，造成恶性循环，严重影响全球气候。

（三）可燃冰开发破坏生态系统

可燃冰与其所赋存的生态系统处于一种敏感的平衡中，温度的升降、压力的变化、沉积盆地与海平面的升降、上覆沉积物的增厚等因素，均会影响可燃冰的稳定性，导致可燃冰层的破坏。可燃冰冰层失稳所逸散的甲烷又进一步加剧破坏当地生态系统平衡，形成的正反馈效应引致其所在地域的生态破坏。

1. 海底可燃冰开发的生态破坏

进入海水中的甲烷会发生较快的微生物氧化作用，影响海水的化学性质，消耗海水中大量的氧气，使海洋形成缺氧环境，从而对海洋微生物的

---

① 陈月明、李淑霞、郝永卯、杜庆军：《天然气水合物开采理论与技术》，中国石油大学出版社，2011，第120页。

② 杜正银、杨佩佩、孙建安：《未来无害新能源可燃冰》，甘肃科学技术出版社，2012，第109页。

生长发育带来危害。[①] 具体到海底可燃冰开发过程中，由于可燃冰赋存的特殊机理，其开采的基本原理是围绕着如何人为改变可燃冰稳定存在的温度和压力条件以促使可燃冰发生分解出天然气，开发技术大体上有降压法、注热法和化学试剂法三类，每类开发技术均需要使用一些特殊化学试剂。这些化学品往往具有毒害性，影响水合物附近生命体的生活环境。这些动物不仅仅包括栖息于可燃冰附近的浮游动物等微型动物，也包括管状蠕虫和蚌类等大型底栖动物。[②]

2. 大陆永久冻土带可燃冰开发的生态破坏

大陆永久冻土带可燃冰开发过程中释放的甲烷由于没有巨厚的海水覆盖，会迅速进入大气圈，增强温室效应，加剧全球变暖，由此又进一步减少冰川覆盖面积，形成恶性循环。其造成的负面影响包括冻土退化、沙漠化、植物物种减少、高原水土流失等生态破坏。不仅如此，冻土面积的缩减还会对该区域的铁路、公路、水工建筑和油气管道及矿山安全带来极大的安全威胁。

四 能源开发环境风险规制法律制度反思——以可燃冰为例

当今世界普遍面临可燃冰开发的技术瓶颈和环境风险两大难题。大多数情况下，一种能源资源的可行性差不多是单纯基于经济考量，但是，在某些情况下，一种特殊烃类资源的可行性可由独特的当地经济和非技术的因素来控制。[③] 申言之，当能源稀缺、亟待推动能源生产革命之时，纵然可燃冰开发存在技术难题和环境风险，世界上可燃冰储量丰富的国家也只能选择加大投入以研发技术，并在勘探开发之前梳理与研究可燃冰开发的环境风险防控与规制措施。因此，在我国正积极推动可燃冰开发技术研发

① 杜正银、杨佩佩、孙建安：《未来无害新能源可燃冰》，甘肃科学技术出版社，2012，第105~106页。

② Roy Andrew Partain. "Avoiding Epimetheus: Planning Ahead For The Commercial Development Of Offshore Methane Hydrates", *Sustainable Dev. L. & Poly*, 2015, (15).

③ Timothy S. Collett, Arthur H. Johnson, Camelia C. Knapp, Ray Boswell：《天然气水合物：回顾》，载〔美〕T. 科利特、A. 约翰逊、C. 纳普、R. 博斯维尔编《天然气水合物——能源资源潜力及相关地质风险》，邹才能、胡素云、陶士振等译，石油工业出版社，2012，第63页。

并预期实现商业开发的政策诉求下，梳理与检视我国现行适用的可燃冰开发环境风险规制法律制度，是保障可燃冰健康有序开发的前提。

（一）我国现行法律制度梳理

我国自 2002 年才正式启动南海北部可燃冰调查，离大规模商业开发尚有差距。因此，我国法律体系中不但缺位关于可燃冰开发环境风险防控的法律制度，甚至可燃冰本身尚未进入法律体系关注的视野。但既然可燃冰本身属于一种能源资源，从法律逻辑角度，我们可以梳理我国现行法律体系中有哪些法律制度能够通过解释适用来规制可燃冰开发中引致的环境风险。

1. 环境保护法律制度解释适用

《环境保护法》是我国环境资源保护领域的基本法，我国《环境保护法》中规定的监督管理、保护和改善环境以及防治污染和其他公害等环境法律原则和制度体系，均可适用于可燃冰开发中的环境风险的预防与治理。

可燃冰分为大陆永久冻土带可燃冰与海底可燃冰两大类型。其中，海底可燃冰占绝大多数，从科学研究数据来看，当前海底可燃冰分布面积达 4000 万平方公里，占全球海洋总面积的 1/4。美国和日本首先展开了对海底可燃冰的商业开发。我国的可燃冰资源调查与评价工作也从海域开始，而开发海底可燃冰引发的最大的环境风险就是对海洋生态环境的破坏和污染。我国《海洋环境保护法》（2016 年修正）中规定的海洋环境监督管理、海洋生态保护和海洋污染防治的相关法律制度是防治可燃冰开发海洋生态破坏与环境污染的重要法律依据。具体而言，《海洋环境保护法》第 3 条第 1 款"国家在重点海洋生态功能区、生态环境敏感区和脆弱区等海域划定生态保护红线，实行严格保护"为可燃冰开发可能选择的分布区域划定了红线。第 24 条规定："国家建立健全海洋生态保护补偿制度。开发利用海洋资源，应当根据海洋功能区划合理布局，严格遵守生态保护红线，不得造成海洋生态环境破坏。"该条明确规定了开发利用可燃冰等海洋资源时要遵循的生态保护义务。《海洋环境保护法》第六章"防治海洋工程建设项目对海洋环境的污染损害"第 47~54 条规定的海洋建设工程的污染防治系列制度，也可以具体解释适用于可燃冰海上勘探、开采、运输以及放射性和有毒有害原材料使用过程中海洋环境污染的防治。

目前,对海底可燃冰开发引发的环境负面影响的最大的担忧是,由于可燃冰层本身缺乏稳定性和开采技术的复杂性,开发海底可燃冰会释放大量甲烷这种温室气体从而加剧全球气候变化。在改进海底可燃冰开发技术的同时,如何有效规制可燃冰开发中的温室气体排放就成为制定海底可燃冰开发政策和法律制度的关键。我国正在研究制定《应对气候变化法》,在此背景下,《大气污染防治法》(2018 年修订)第 2 条第 2 款规定:"防治大气污染,应当加强对燃煤、工业、机动车船、扬尘、农业等大气污染的综合防治,推行区域大气污染联合防治,对颗粒物、二氧化硫、氮氧化物、挥发性有机物、氨等大气污染物和温室气体实施协同控制。"该项规定表明,《大气污染防治法》已将温室气体纳入污染物质来管理。[①]《大气污染防治法》中规定的大气污染防治标准和限期达标规划、监督管理、污染防治措施、重点区域大气污染联合防治等制度均可根据具体情况解释适用于海底可燃冰开发中的温室气体排放行为。比如具体而言,从事可燃冰勘探开发的矿山企业勘探开发海底可燃冰的行为属于《大气污染防治法》第 18 条规定的"建设对大气环境有影响的项目",要按照该条规定履行环境影响评价、符合大气污染物排放标准,遵守重点大气污染物排放总量控制要求。《大气污染防治法》第四章"大气污染防治措施"中第一节"燃煤和其他能源污染防治"主要规定了能源利用过程中的大气污染防治,但第 34 条规定:"国家采取有利于煤炭清洁高效利用的经济、技术政策和措施,鼓励和支持洁净煤技术的开发和推广。国家鼓励煤矿企业等采用合理、可行的技术措施,对煤层气进行开采利用,对煤矸石进行综合利用。从事煤层气开采利用的,煤层气排放应当符合有关标准规范。"该条规定了对煤层气的开采利用和排放的大气污染防治义务,也可以同样解释适用于同属非常规天然气的可燃冰的开发利用行为。

2. 矿产资源法律制度拓展适用

可燃冰属于一种矿产资源,对其勘查、开发利用和保护工作可以纳入我国矿产资源法律体系,包括《矿产资源法》《矿产资源法实施细则》《矿产

---

① 曹明德:《中国参与国际气候治理的法律立场和策略:以气候正义为视角》,《中国法学》2016 年第 1 期。

资源勘查区块登记管理办法》《矿产资源开采登记管理办法》《探矿权采矿权转让管理办法》《矿产资源监督管理暂行办法》《矿产资源补偿费征收管理规定》《矿产资源登记统计管理办法》《国土资源行政处罚办法》等予以调整。

从立法价值角度审视，虽然我国矿产资源的法律法规直接规定的是矿产资源的权属制度，制定了探矿权、采矿权的有偿取得制度和许可证制度，以及规范了矿产资源的勘查和开采的相关程序，似乎规范重点并不在于矿产资源开发中的环境污染问题防治。但是，亦有不少规范可以直接规制矿产资源开发过程中的环境污染等问题，比如，《矿产资源法》第 11 条规定的"政府有关主管部门协助同级地质矿产主管部门进行矿产资源勘查、开采的监督管理工作"以及第 32 条规定的"开采矿产资源，必须遵守有关环境保护的法律规定，防止污染环境"等。① 这些规定不仅可以作为矿产资源管理部分直接规制可燃冰开发环境，同时也是可燃冰开发矿山企业被特许和行使矿业权过程中要承担的义务。

（二）现行制度内生逻辑与弊端

可燃冰作为被人类寄予厚望的新能源，尚处于科学研究、技术研发和开采试验阶段，一旦实际投入大规模商业开发，产生的环境问题当然会被纳入既有法律体系予以审视与规制。但是，前述梳理与归纳的制度体系在规制可燃冰开发环境风险时存在诸多困境。

1. 专门法律规范的缺失

可燃冰尚未进入商业开采环节的矿产资源，现阶段没有专门法律规范在所难免。在此制度语境下，可燃冰开发利用过程中出现的环境风险只能纳入前述梳理的环境保护与矿产资源法律体系中予以规制。可燃冰虽然被科学界乐观地视为新世纪替代能源，但对其开发利用所引致的生态环境风险也大大超越了传统油气资源开发利用的环境风险，这也是日本等国家虽然已经掌握了成熟的海底可燃冰开采技术，却一再推迟可燃冰商业开采时间的根本原因。因此，在进行可燃冰大规模商业开发之前，必须做好应对可燃冰开发所伴生的系列环境风险的法律制度准备。这种制度需求仅仅通

---

① 刘超：《页岩气开发中环境法律制度的完善：一个初步分析框架》，《中国地质大学学报》（社会科学版）2013 年第 4 期。

过扩大解释既有的环境保护与矿产资源法律规范是不够的。（1）可燃冰开发利用是一个关涉资源勘查、评估、开采、利用和管理的系统工程，在此过程中，每个环节均可以引致虽有差异但又内在联系的环境风险。现行法律体系中缺失专门的针对性的规制规范，不能有效规制该过程引发的所有类型的环境风险。（2）从新型能源商业开发中的环境风险规制路径昭示的经验来考察，美国在"页岩气革命"之后推动了页岩气大规模商业开发，在此过程中的页岩气产权分配与环境风险规制最早也被纳入传统油气资源产权配置与环境规制法律框架内，但难以充分因应页岩气开发所提出的产权分配与风险防范法律需求，于是美国石油天然气开发经营逐渐从天空原则、获取原则演进到强制联营原则[1]，环境风险规制法律也从对既有法律的拓展适用发展到针对气开发和水力压裂进行专门立法。[2] 这一制度经验也可为规制同为非常规天然气的可燃冰的开发行为提供有益借鉴。

2. 环境要素保护的路径偏离

我国当前的环境保护法律是以《环境保护法》作为基本法、以体系庞大的单行法作为主体内容形成的法律体系。环境保护单行法主要由环境污染防治法与环境要素保护法两大类型构成，依据环境要素的具体分类分别制定法律制度，从而形成近 30 部体系庞大的控制环境污染和生态破坏的单行法。但我国现行的这种环境风险规制路径偏离了可燃冰开发环境风险规制的法律制度需求，理由如下。（1）可燃冰开发过程中导致的环境问题包括地表水、地下水、大气污染，也包括对其赋存区域的野生动植物、环境景观以及生态环境的破坏，等等。这些环境问题相互交织、紧密联系，需要在整体予以审视的基础上系统应对和直接规制。而现行的法律规制路径直接针对单一环境要素予以保护和污染防治，这是一种间接与零散的规制路径，难以直接应对可燃冰开发导致的复合型的环境风险。（2）与前述我国现行环境单行法立法思路相对应，环境立法的零碎性导致当前世界各国

① 杜群、万丽丽：《美国页岩气能源资源产权法律原则及对中国的启示》，《中国地质大学学报》（社会科学版）2016 年第 5 期。

② Hannah Wiseman, Francis Gradijan1, "Regulation of Shale Gas Development, Including Hydraulic Fracturing", *Center for Global Energy*, *International Arbitration and Environmental Law*, January 20, 2012.

普遍实行的环境执法与环境问题治理体制也呈现分裂、漏洞、重叠和不协调。① 在此过程中导致的环境风险规制信息收集和决策成本的高昂、单一环境要素保护执法机构之间的不协调与抵牾、规制效率的低下等特征，均不利于可燃冰开发复合环境风险的综合规制。

3. 矿产资源法律规定环境义务的价值失衡

在我国矿产资源法律体系中，一切矿产资源属于国家所有，包括尚未探明的可燃冰等新型能源。一旦可燃冰进入商业开发领域，则符合法定资质的矿山企业要经由行政特许程序获得可燃冰矿业权，才能进行可燃冰的勘查和开采等工作。因此，以我国《矿产资源法》为主体的矿产资源法律体系中规定的矿山企业在行使矿业权中履行的环境保护等义务，就不仅是生态环境部门和自然资源部门在矿产资源开发过程中行使监督管理职权的法律依据，也是矿山企业享有和行使矿业权对应的法律义务。

但是，我国矿产资源法律体系的立法逻辑和制度价值使得矿山企业承担环境保护法律义务的制度设计存在价值失衡，难以有效规制可燃冰开发中的环境风险。（1）我国现行矿产资源法律将矿业权界定为实现国家矿产资源所有权的一种手段性权利，没有充分尊重矿业权的独立地位。这体现为《矿产资源法》及其配套法律规范对于符合法定资质矿山企业的标准设置，更多重视的是《探矿权采矿权转让管理办法》第 7 条规定及其指向《矿产资源勘查区块登记管理办法》和《矿产资源开采登记管理办法》相关条文中规定的，矿山企业的资格证书、工作计划、实施方案和资金来源等方面体现的申请者进行矿产资源的探矿开发的能力和实力，而没有将矿山企业履行矿业权全过程的环境保护的能力放置在同等重要的地位，这就使得一旦矿山企业获得可燃冰矿业权，很难有效预防与规制开发可燃冰全过程导致的环境风险。（2）正如有研究所检讨，《矿产资源法》第 26、31 条和 32 条也规定了勘探开发矿产资源时要有必要的技术装备、安全措施，遵守国家劳动安全卫生规定和环境保护的规定，防止环境污染。并且，矿权人行使矿业权当然还要适用《环境影响评价法》等环境法律的规定。但是，在对申请人法定资质的规定和审

① 〔美〕理查德·B. 斯图尔特、〔美〕霍华德·拉丁、〔美〕布鲁斯·A. 阿克曼、〔美〕理查德·拉扎勒斯：《美国环境法的改革——规制效率与有效执行》，王慧编译，法律出版社，2016，第 8~9 页。

查中并没有对这些生态环境风险预防技术、设备和义务的具体要求。①
当我们将履行环境保护义务作为矿业权行使的内生性义务予以审视时，
则可以看出现行矿产资源法律体系对于矿山企业履行环境保护义务的概
括规定难以全面表达与有效规制可燃冰等新能源开发全过程的环境风险。
现行法律在审批矿业权时，更重视的是矿山企业在勘查开采技术能力、
资金实力等方面体现的法定资质，而并不包括其环境保护与污染防治方
面的技术、设备与能力。

五　能源供给革命中新能源开发环境风险规制的法律需求

当储量丰富的新能源成为缓解我国能源危机、保障能源安全、推动能
源革命的不二之选时，我们必须权衡利弊，在有效规制和尽量减少伴生环
境风险的前提下，推动新能源的商业开发。这需要针对新能源开发引致的
环境风险和当前规制制度的缺陷，探究新能源开发环境风险规制的法律制
度需求。基于环境法律体系规制新型环境问题时存在的适度路径依赖的正
当性，页岩气、可燃冰等新能源可发中的环境危害会随着开发范围、程度
的拓展以及产业发展而不断凸显，这就要求在扩大解释既有法律规范的同
时，并重专门针对性立法。

（一）　可燃冰开发专门立法的证成与展开

基于可燃冰对满足人类能源需求的重要地位、可燃冰相较于传统油气
资源的特殊性以及可燃冰开发对于生态环境的严峻影响，我们应当未雨绸
缪，在从可燃冰技术研发和试开采转向商业开发之前，借鉴我国制定《煤
炭法》等专门立法的思路，逐步制定专门的可燃冰法律规范。笔者建议，
制定可燃冰专门立法的步骤与路径可以从以下几个方面展开。

1. 可燃冰在我国当前尚处于研究与试采阶段，可以先将可燃冰纳入一
些环境保护法律规范中正视其可能引致的生态环境问题，其立法路径可以
借鉴《大气污染防治法》（2018 年）第 34 条第 2 款将同为非常规天然气的
煤层气规定入法律的思路，该款规定的是"国家鼓励煤矿企业等采用合

---

① 刘超：《页岩气特许权的制度困境与完善进路》，《法律科学》2015 年第 3 期。

理、可行的技术措施，对煤层气进行开采利用，对煤矸石进行综合利用。从事煤层气开采利用的，煤层气排放应当符合有关标准规范"。

2. 我国已经将可燃冰批准为我国第 173 个独立矿种，预期通过系列政策支持推动可燃冰产业发展，建议我国可以制定可燃冰单行法律规范，即使难以做到如《煤炭法》一样制定专门法律，也可以借鉴石油天然气的立法思路，在当前学界和实务界虽有建议制定《石油天然气法》但难以实现的背景下，依然有《对外合作开采陆上石油资源条例》《对外合作开采海洋石油资源条例》《海洋石油勘探开发环境保护管理条例》等产业发展和环境保护的行政法规。

3. 一旦我国近几年能够按照预期实现对海底可燃冰的商业开发，则最理想的专门立法模式应当是借鉴美国在推动、保障和规制页岩气产业健康快速发展的立法路径，具体到海底可燃冰开发领域，应当注重以下几个层面：第一，基于大陆永久冻土带可燃冰和海底可燃冰在赋存条件、成藏模式、开采技术和环境致害机理等诸多方面均存在较大差异，则应当进行分别立法；第二，可以分别对海底可燃冰的开发规划、生产经营等产业发展内容进行立法，以及重点针对海底可燃冰开发开采方式（比如降压法、注热法和注化学试剂法等开采技术使用本身及其使用的化学试剂）导致的生态环境风险进行专门立法规制。

（二）体系化厘清可燃冰的权属制度

预防与规制可燃冰开发中的环境问题，前提是要体系化厘清可燃冰权属制度体系，因为权属明确清晰，不但能兼顾保障国家能源安全和推动可燃冰产业健康迅速发展的政策目标，也能明确可燃冰开发过程中各方主体在环境风险预防与环境问题治理中的权利义务、职权职责。具体而言，体系化的可燃冰权属制度应当包括以下几个层面。

1. 国家对于可燃冰的所有权以及控制权

根据我国《民法典》规定"矿藏、水流、海域属于国家所有"，我国一切矿藏资源概括地属于国家所有，包括已经成为独立矿种或尚未独立的潜在的矿产资源，因此，可燃冰当然属于国家所有。波兰通过具体制度规定页岩气的勘探、发掘、利用资源的控制权交由国家保留，国家对勘探者在其勘探活动中获得的珍贵地质信息也保留控制权。① 我们也可以借鉴波兰对于新能源权属的立法规定，确保国家实现对于可燃冰等新型战略资源的所有权和唯一控制权。

2. 完善可燃冰矿业权的规则体系

在我国《民法典》《矿产资源法》形成的制度体系中，符合法定资质的矿山企业可经由行政特许程序获得可燃冰的探矿权和采矿权，这是一种特许权。前述内容已梳理，我国矿业权制度设计实质上将矿业权定位为实现自然资源国家所有权的一种手段性权利，没有充分尊重其独立物权地位。这种制度逻辑不但不能充分保障可燃冰矿业权的物权效力，削弱矿业权人在投入资金和研发技术上的积极性，最终不利于可燃冰产业的发展，还使得相关职能部门对于矿业权主体的行为规制重点偏重于考察其是否有助于实现自然资源国家所有权，并没有重视对其行为的全过程控制，难以有效监督其全面履行环境保护义务。因此，可燃冰产业的快速健康发展还有赖于完善可燃冰矿业权规则体系。

3. 完善共生矿产资源的权益冲突解决规则

新型矿产资源经常与传统矿产资源伴生和共生，一旦可燃冰成为独立矿种并进入商业开发领域，则必然会产生可燃冰矿业权行使与共生矿产资源矿业权行使的冲突，比如，可燃冰开发可能对既存油气管道及矿山安全带来极大安全威胁。因此，在推动可燃冰开发之时，必须充分完善可燃冰与其共生矿产资源的权益冲突解决规则体系。

（三）层次化适用环境影响评价制度

环境影响评价是一项基本生态环境法律制度，是典型体现环境风险预防原则的特色制度。该制度要求对可能对人类环境产生影响的行为进行分析、预测和评估，提出预防或减轻不良环境影响的对策与措施。海底可燃冰开发可能带来极大的环境风险，稍有不慎就会引致难以逆转的生态灾难，这也是当前世界上已经掌握成熟开采技术国家在实质推进海底可燃冰开发中谨小慎微的最重要原因。因此，在海底可燃冰开发过程中必须高度

---

① Wojciech, Bagiński, "Shale Gas in Poland - the Legal Framework for Granting Concessions for Prospecting and Exploration of Hydrocarbons", *Energy Law Journal*, 2011, (32).

重视和层次化适用环境影响评价制度。我国已经进行了环境影响评价制度的体系化建设，专门立法包括《环境影响评价法》《规划环境影响评价条例》等，环境影响评价范围包括规划的评价和建设项目评价。正如有学者分析，我国环境影响评价对象从建设项目扩大到了规划，但此处规划仅包括综合性指导规划和专项规划，并没有把政策和计划纳入现行的环境影响评价制度。① 2014 年修订的《环境保护法》第 19 条依然将环境影响评价范围概括规定为开发利用规划和建设项目，因此，需要对海底可燃冰开发中环境影响评价制度的适用范围进行实质拓展和层次化解释。（1）首先是海底可燃冰开发建设项目的环境影响评价，即结合可燃冰具体赋存地区的特殊地理环境、地质构造、温压条件和可燃冰开发钻井建设、工艺流程、勘查开采技术，来科学分析、预测评估可燃冰开发工程建设造成的环境影响。（2）其次是将海底可燃冰开发的具体规划纳入环境影响评价，即综合多种因素和条件来综合评估拟纳入海底可燃冰区块的可燃冰开发计划和方案造成的环境影响。（3）最高层次是对可燃冰开发的战略进行环境影响评价，即对不同可燃冰区块是否要纳入开发规划、造成何种程度的环境影响，以及政府与海底可燃冰产业有关的政策和地方决策，甚至在更宏观的层面上将是否要发展海底可燃冰产业本身纳入环境影响评价范围内。

（四）针对性适用环境公众参与制度

可燃冰开发不仅是国家能源决策行为和行使自然资源所有权行为，也是会引致极大环境风险、影响环境公益的行为，与公众环境权益紧密相关，因此必须体系化保障可燃冰开发中的公众参与权利。我国 2014 年修订的《环境保护法》规定了"信息公开和公众参与"专章，明确规定了公众享有获取环境信息、参与环境保护和监督环境保护这三项程序性权利。原环境保护部（现生态环境部）于 2015 年公布的《环境保护公众参与办法》系统规定法律原则和制度来保障公民、法人和其他组织获取环境信息、参与和监督环境保护的权利。具体到可燃冰开发领域，需要揭示可燃冰开发环境风险与致害的特殊性，针对性适用环境公众参与制度，以平衡国家能

---

① 王社坤：《我国战略环评立法的问题与出路——基于中美比较的分析》，《中国地质大学学报》（社会科学版）2012 年第 3 期。

源安全保障与环境公益保护之间的关系。具体而言，首先是可燃冰开发环境信息公开，包括向公众公开可燃冰开发的相关背景资料和环境影响评价信息等，规定政府与矿山企业应当主动公开的相关信息事项，以及赋予公众可以申请政府和企业公开可燃冰勘查开采技术及其使用的化学试剂等数据的权利。其次，环境保护主管部门通过组织问卷调查、召开座谈会、专家论证会等形式邀请相关领域专家、可能受可燃冰开发直接影响的相关社会主体参与可燃冰开发决策讨论。最后，鼓励和提供条件保障公众以信函、传真、电子邮件、"12369"环保举报热线、政府网站等途径，向环境保护主管部门监督和举报可燃冰开发中的环境问题。

第三节　海丝之路能源合作安全法律机制论纲

一　海丝之路能源合作法律保障的现实必要性

促进我国与"一带一路"沿线国家的能源合作是我国"一带一路"倡议中非常重要的领域。因应当前社会经济发展过程中严峻能源危机、保障经济建设的能源安全以及促进能源投资贸易供应链的健康发展既是我国倡导"一带一路"的重要原因，也是建设"一带一路"中"21世纪海上丝绸之路"主要攻坚内容。[①] 2017年在北京举行的第一届"一带一路"国际合作高峰论坛之《"一带一路"国际合作高峰论坛圆桌峰会联合公报》中提出："加强环境、生物多样性、自然资源保护、应对气候变化、抗灾、减灾、提高灾害风险管理能力、促进可再生能源和能效等领域合作。"梳理和汇总形成的高峰论坛成果清单中有不少直接或间接关涉到能源合作的，包括国家发展改革委与国家能源局2017年5月共同制定并发布的《推动丝绸之路经济带和21世纪海上丝绸之路能源合作愿景与行动》。由此可见，如何有效推动我国与沿线国家能源合作，是"一带一路"倡议的题中

---

① 2015年3月，国家发展改革委、外交部和商务部经国务院授权、联合发布《推动共建丝绸之路经济带和21世纪海上丝绸之路的愿景与行动》，提出合作重点包括："加强能源基础设施互联互通合作，共同维护输油、输气管道等运输通道安全，推进跨境电力与输电通道建设，积极开展区域电网升级改造合作。"

应有之义，是我国全面推进该倡议的不可或缺的组成部分。与此同时，我们必须清醒地认识到，当今世界经济增长需要依赖能源驱动，能源供给与消费诸环节均决定了一个国家经济发展的质量与速度。申言之，通过政策推动和完善法制保障我国与沿线国家的能源合作，是实现我国能源安全的迫切现实需求。

受到资源禀赋、经济增长模式、能源消费结构以及地缘政治等诸多因素的综合影响，我国当前的能源安全遭遇巨大挑战，具体表现为以下几个方面。（1）我国当前能源消费的结构性矛盾突出。在当前能源消费结构中，不可再生能源如石油、煤炭等虽然较之以往比重有所下降，但通过横向比较可以发现，这些能源仍然占主流地位。近些年的《BP 世界能源统计年鉴》①的统计数据均显示，作为世界上最具增长潜力、最富经济活力、经济持续增长最快的新兴经济体，中国已经持续数年是世界上最大的能源消费国。尽管中国的能源结构持续改进，但煤炭仍是中国能源消费中的主要燃料，《BP 世界能源统计年鉴》（2019）数据显示，2018 年，煤炭在中国能源消费中占比为 58%。《BP 世界能源统计年鉴》（2020）数据显示，由于天然气和可再生能源的取代，2019 年全球煤炭消费量同比下降了0.6%，煤炭在全球能源结构中的占比下降到了 27%，但中国的煤炭消费量继续增加，2019 年同比增加了 1.8 千兆焦耳。在石油消费量上，2019 年，全球炼油厂的炼油量增速与 2018 年几乎持平，为同比日均增加 3 万桶，在其他大多数国家和地区，炼油量都出现了下降，这主要是石油消费放缓和液化天然气（Liquefied Natural Gas，LNG）增长强劲所致。中国再次成为例外，随着新炼油厂的增加，其炼油量以创纪录的同比日均 95 万桶的速度增长。根据《BP 世界能源统计年鉴》（2021）数据显示，受新冠肺炎感染影响，全球的能源需求总量下滑，欧美等主要资本主义国家能源消费的降幅较大，全球煤炭消费量下降，但中国和马来西亚两国的煤炭消费增长，中国煤炭消费增长了 0.5 艾焦。（2）石油供给矛盾突出。当前中国能源安全面临的主要问题不在于国际油价波动和低碳发展诉求带来的压力，而在

---

①　《BP 世界能源统计年鉴》是英荷壳牌石油公司编撰的能源统计年鉴。1952 年首次出版时为《1951 年的石油工业：统计年鉴》，1981 年改名，每年 6 月定期发布新一年的年鉴报告。该年鉴提供关于世界能源市场的优质、客观且全球标准化的数据，是能源经济学领域内广受推崇且具权威性的出版物之一，具有一定的参考价值。

于国内石油供求矛盾日益突出。[①] 我国自 2007 年以来石油产量就停滞不前，2015 年的增长量仅为 1.5%，石油供应缺口不断增大，目前，我国对外石油依存度已经超过 57%，2014～2015 年超过 60%，2020 年超过 70%。[②] 根据《BP 世界能源统计年鉴》（2019）数据统计，中国成为全球第一大油气进口国，2018 年，中国石油对外依存度达 72%，为近五十年来最高；天然气对外依存度为 43%。《BP 世界能源统计年鉴》（2020）数据显示，2019 年，全球石油贸易量同比日均减少 23 万桶，降幅为 0.3%，在此背景下，中国石油进口量依然增长（同比日均增加 90 万桶）。我国油气资源对外依存度很高，这种状况给我国能源安全带来极大威胁。（3）能源运输通道存在风险。我国进口能源运输通道可以分为陆上运输通道和海上运输通道，前者主要是是通往中缅地区和俄罗斯的铁路和管道运输，后者主要是经过霍尔木兹海峡、马六甲海峡等地区的油轮运输。油轮运输的稳定性与海上航道的安全性密不可分，一方面，海盗隐患短期内仍不会得到有效消除，而海上丝绸之路所经过的东南亚海域海盗活动猖獗；另一方面，国际关系和地缘政治等因素也极大地影响着能源运输安全，马六甲海峡作为亚非欧之间的油气输送枢纽，长期处于美、日、俄等外国势力的控制之下。

在此背景下，建设"21 世纪海上丝绸之路"的重大倡议被郑重提出，加强与沿线国家在能源交通基础设施互联互通（包括联通海陆的港口、海上能源通道）、能源投资贸易便利化以及区域油气供求市场对接等方面的能源合作，对于保障我国能源安全具有重要意义。这些政策措施是否能实现预期效果则有赖于完善的法治保障。只有以法律形式规范能源合作行为、规范各方在能源合作中的权利义务，才能明确共同的能源利益，对沿线国家形成有效约束机制。

二　海丝之路能源合作保障法律机制反思

（一）海丝之路框架下的能源合作法律现状

在中国与海丝沿线国家的合作中，与东盟国家的合作最具有代表性。

---

① 舒先林：《"21 世纪海上丝绸之路"与中国能源外交》，《国际展望》2015 年第 5 期。
② 谢克昌：《我国能源安全存在结构性矛盾》，《中国石油企业》2014 年第 8 期。

从地缘上看，东盟国家与我国是海陆近邻，与我国有着悠久的友好交往历史。从能源贸易上看，东盟是我国在国际上建立的能源重点开发区。自2002年以来，中国与东盟国家在合作投资、金融、贸易等多个领域就已正式步入轨道。2015年《中国与东盟关于修订〈中国—东盟全面经济合作框架协议〉及项下部分协议的议定书》的签署使双方之间的合作更上一个台阶，并且使东盟成为海上丝绸之路上能源合作的重点。以下将以东盟为例，从法律规范方面阐述中国与东盟国家之间的能源合作现状。当前的法律规范主要有国际条约和能源合作协议。国际条约多为双边国际条约，也有少数多边国际条约；能源合作协议可以分为政府间能源合作协议和企业间能源合作协议，这些合作协议多以共同投资的方式共同开发资源，也有以中国国有公司收购海外公司的方式来加强能源合作。

1. 多边国际条约

中国与海丝沿线国家之间达成的多边条约主要体现为中国与东盟国家的一系列政府间经贸合作协议。[①]《中国—东盟全面经济合作框架协议》和《中国—东盟全面经济合作框架协议投资协议》是我国与东盟之间能源合作与开发的基础性文件，为中国和东盟国家之间的能源合作奠定了法律基础。2015年，中国和东盟国家又签订了《中国与东盟关于修订〈中国—东盟全面经济合作框架协议〉及项下部分协议的议定书》，该议定书是我国在现有自贸区基础上完成的第一个升级协议，涵盖货物贸易、服务贸易、投资、经济技术合作诸多领域，也将促进《区域全面经济伙伴关系协定》谈判和亚太自由贸易区的建设进程，为加快建设更为紧密的中国—东盟命运共同体提供新的驱动力。

2. 政府间能源合作协议

主要有《南海各方行为宣言》《关于建设中缅原油和天然气管道的政府协议》《关于能源和矿产资源领域合作的谅解备忘录》《中印尼全面战略伙伴关系未来规划》《中印投资促进和保护协定》等。这些协定范围广泛，

---

① 中国和东盟国家在一些基础性国际法框架下如《联合国宪章》《联合国海洋法公约》《南海各方行为宣言》等进行合作。我国在《落实中国—东盟面向和平与繁荣的战略伙伴关系联合宣言的行动计划（2016—2020）》中提出将在《中国—东盟面向和平与繁荣的战略伙伴关系联合宣言》《东南亚友好合作条约》《南海各方行为宣言》《中国与东盟非传统安全领域合作谅解备忘录》等既有成就上进一步加强和提升我国与东盟国家之间的战略伙伴关系。

相比国际条约，更侧重于政府间的宣言性和政策性规定，可以为能源合作提供宏观指导。

3. 企业间能源合作协议

企业间能源合作协议是海丝沿线各国企业之间以及企业与政府组织之间签订的，以规定企业双方的权利义务为内容，涉及能源勘探、开采、运输等领域的具体化协议，是政府间合作协议的具体化表现。① 如中国广核集团有限公司与东盟能源中心签署的合作协议，南方电网与越南、老挝、缅甸政府签署的电力贸易协议等。企业间的能源合作协议以及企业与政府间的能源合作协议将一些原则性的国际规则具体化，为沿线国家的能源合作提供了可操作的法律依据。

（二）海丝之路框架下能源合作法律机制缺陷

我国已与沿线国家签署了多项能源合作意向和协定，有的甚至是政府间协定，区域内正进行着不同深度和不同角度的能源合作，但是这些协定仍然不能满足"21世纪海上丝绸之路"倡议框架下能源合作需求。

1. 现有能源合作机制协调性不足

当今国际社会还没有一个普遍性的国际能源组织，因而国际能源合作机制呈现分散化和多元化的特点。中国与东盟之间的能源合作法律制度既有双边的，又有区域性的，但这些制度缺乏有效的分工和协调机制。由于各国法律文化有所不同，法律制度也有着巨大差异，如出现法律冲突，将会严重影响能源合作项目的投资和运作。

2. 尚未形成稳固长效的法律机制

当前中国与东盟十国间的能源安全机制主要有国家间论坛、部长级会议以及贸易区等形式。② 这些能源部长会议的性质是国家间或者政府间对话，并非实质意义上的法律机制，受政治因素影响较大，不能保障能源合作的稳定性和可预测性。此外，当前政府间的协议多为政治性质的声明和谅解书，缺乏法律的强制性特征。海丝沿线国家众多，社会发展情况各异，有些国家政治动荡、政局不稳，这些因素都将严重影响与中国的外交

---

① 张小军：《丝绸之路经济带国际能源合作法律机制探析》，《生产力研究》2015年第9期。

② 主要有中印（尼）能源论坛、"10+1能源部长会议"、"10+3能源部长会议"、中国—东盟自贸区和大湄公河次区域经济合作等。

关系，并对"海丝"倡议的实施产生影响。只有建立稳定的法律机制才能减少由政治动荡带来的不利影响，推动能源合作战略的稳定实施。

3. 专门性能源合作法律机制缺位

中国—东盟自贸区目前尚未形成统一、有效的能源合作法律机制。现存协定虽然在矿产资源合作开发、能源投资等层面作出零散规定，却存在可操作性不强、针对性较弱以及内容不够体系全面等缺陷。如《关于建设中缅原油和天然气管道的政府协议》局限于能源陆上运输方面的合作；中印（尼）举行的能源论坛也仅为一个对话沟通机制，没有能源合作的基本协议或者能源合作法律机制。

三　海丝之路能源合作与安全保障法律机制体系完善

（一）完善国内能源安全领域相关法律制度

1. 制定能源基础法

任何制度设计都服务且服从于整体制度选择，在能源法领域，整体制度选择包括服务于能源安全价值目标的实现，使得能源法律体系成为保障能源安全的法律依据与制度支撑。而能源法领域的这一整体制度选择必须通过能源基础法（亦有学者称之为"能源基本法"）来承载与表达。能源基础法应是中国能源法律制度结构形成的基础，是中国能源法律制度与其他法律制度相链接的起点与归属，直接决定中国能源法律制度绩效与制度成本之比，决定中国能源法律的制度结构。① 而其中综合性的《能源法》作为能源基本法则是能源安全保障的核心制度，整个能源基本法都应该围绕保障能源安全这一目标来安排制度、作出规定。② 就法律功能而言，制定《能源法》不仅是为创建一部位阶高的法律，在形式上形成能源法律体系以及在内容上形成能源法律制度结构，更为重要的是，《能源法》还担负着创设产权交易、助力建设法治政府等推动能源发展转型的重任。③ 以此角度归纳，尽快出台能源基础法，可以统合能源法律体系，明确确立保

---

①　肖国兴：《〈能源法〉与中国能源法律制度结构》，《中州学刊》2010 年第 6 期。

②　谭柏平：《我国能源安全面临的挑战及法律对策》，《广西师范大学学报》（哲学社会科学版）2012 年第 6 期。

③　肖国兴：《〈能源法〉制度设计的困惑与出路》，《法学》2012 年第 8 期。

障能源安全的立法价值并对能源法律领域单行法起到指导作用，协调能源单行法的制度设计和安排。确立的能源安全立法价值也是对政府提出的法律义务，指引政府对稀缺能源的经济功能与生态功能作出权衡与抉择。

2. 健全能源单行法律制度

（1）加强能源安全保障法律规范的可操作性

前述内容已探讨我国能源单行法可操作性不强的主要原因在于制度设计上的缺漏，包括具体规制措施的缺失。我们应加快能源配套法律与实施细则的建设，缩小能源法律模糊空间，使之更具可行性。此外，相关政府职能部门可以在法律授权之下，针对能源法律在地方实施过程中存在的特殊或者空白之处，制定具有可操作性的实施细则。与此同时，还可以通过制定行政性法规，及时解决能源安全领域出现的新问题，克服法律的滞后性缺陷。

（2）明确相关管理部门职权配置

针对现有的行政职权分散的现状，我国应将负责监管能源事务的职权在现有基础上进行整合，建立有专门机构管理、分工明确的高效能源监督管理体制，以利于政策、法规的制定和实施，避免出现同一事务多方监管且监管意见不一致的情况，理顺各个部门之间的关系，简化行政程序，权责明晰。各部门在职责范围内对能源的开发勘探、运输、使用等环节进行监管，例如国家发展改革委、水利部、财政部、生态环境部、交通运输部等多家单位共同参与管理，既可各司其职，又能合理利用行政资源，提高工作效率。

（3）能源开发利用与生态环境保护制度的有机衔接

有的国家将环境保护作为国家能源安全的内生属性，比如，德国除了以《能源工业法》作为能源基本法，还出台了能源专门法和能源配套法规，并确立了能源供应安全、市场竞争和环境保护三大能源法律与政策目标。① 借鉴其他国家的能源立法经验，我国的能源法律体系需要在能源消费结构的转变过程中，在能源法律制度体系中引入生态环境保护的相关规定。首先，制定《可再生能源法》的实施细则，明确具体可再生能源配额

---

① 杨泽伟：《德国能源法律与政策及其对中国的启示》，《武大国际法评论》（第十一卷），武汉大学出版社，2009，第217~228页。

标准和利用比例，以立法方式促进可再生能源市场化；与此同时，配合财税优惠手段和政府公开化的强制采购与财政补贴，加强市场对于可再生能源的接受程度。其次，落实各能源法中的环保制度，配套实施各个部委的实施细则和各省、市、自治区的实施条例或办法等行政法规与地方立法，一方面抑制能源消费，另一方面实施节能标识，以此全面推进节约能源制度的实施。最后，针对能源使用过程中可能产生的环境污染物，应根据能源消耗领域的特征体现标准与执行措施的差异，明确排污标准和行政责任，增加污染环境的成本，使能源企业注重能源在开发、运输、使用过程中可能出现的污染问题，促进相关技术的发展和革新。

（二）完善涉外能源安全领域相关法律机制

1. 探索能源合作的基本协议

虽然中国与东盟之间的现有协定有部分涉及能源合作，但这些规定呈现碎片化和原则化的特征，缺乏适用于海丝之路沿线所有国家的能源合作基本协议。当前国际区域能源合作正在向以能源利益集团为主的多元化方向发展，而世界能源格局的多元化又带来了能源区域利益集团的深化和瓦解，加剧了国际能源合作的波动性。[①] 多元化世界能源格局条件下的现有的能源合作法律机制，对于构建海丝之路能源合作法律机制具有重要的借鉴意义。

当前国际上主要能源合作法律机制有国际能源署、欧佩克和欧盟所建立的典型机制。由于海上丝绸之路沿线国家多为发展中国家，与发达国家相比各方面还存在一定差距，参考 IEA 或者欧盟的能源合作模式更为现实。因为这两种模式建立在成员国之间平等互利的基础上，以维护各国能源安全为目的，各国政府均可平等参与协商。作为沿线国家均遵守的能源合作基本协议，应当积极吸收现有成果，整合当前的双边合作协议，确立能源合作原则、合作机构、合作宪章等基本问题，如 IEA 就以《国际能源宪章协议》作为成员国间能源合作法律机制构建的基础，只有这样才能确立能源合作的法律制度框架，并使能源合作基本协议得到切实实施。总之，该能源合作协议将整合现有的零散的国家间和政府间的协议条约，形

---

①　岳树梅：《"金砖国家"能源合作的法律机制构建》，《法学》2014 年第 2 期。

成一部完整的、专门的、沿线国家都将遵守的区域间能源合作基本法律机制，这也将为国家间的能源合作提供普遍的规则。

2. 设立能源合作法律机制的执行机构

不论是 IEA 还是欧盟均有专门的能源机构来监督和实施能源合作协议。借鉴其经验，在海丝之路能源合作法律机制的框架下，探索成立一个多边的能源合作机构，在多方协商的前提下使之成为能源合作协议的执行机构，赋予其具体化、明确化、程序化的职能，这有助于推动能源合作的高效运行。概言之，该机构应具有决策和执行职能，包括制定能源合作的法律政策、提供能源合作的信息和建议、明确各成员国之间的权利和义务、协调各成员国之间有关能源合作的事务、解决能源合作的国际争端等。

3. 构建健全的能源合作具体法律制度

随着海丝沿线国家之间的能源合作不断深化，合作范围也不断拓展，健全能源合作的相关法律制度成为现实之需。能源合作法律机制包括能源开发、能源贸易以及运输的整个过程的法律规制。

当前"一带一路"中能源合作体现在能源贸易制度方面，要着力解决投资贸易便利化问题，与沿线国家共同营造良好的贸易环境；在投资制度方面，要着力解决市场准入、投资待遇、征收税收等问题，保护投资者的合法权益；在能源运输安全方面，要着力解决海盗和海上恐怖主义的问题，完善海上能源运输通道安全的国际法律，建立区域安全合作机制；争端解决机制以及决议的履行应当由前文提到的能源监督机构督促实施。值得强调的是，这些制度应当法律化、体系化、完整化。

第二章　法律地理学视域下的"一带一路"

2013 年 10 月 3 日，中国国家主席习近平在印尼国会发表了题为《携手建设中国—东盟命运共同体》的重要演讲。习近平主席谈道："正如在中国家喻户晓的印度尼西亚民歌《美丽的梭罗河》所描述的那样：'你的源泉来自梭罗，万重山送你一路前往，滚滚的波涛流向远方，一直流入海洋'。中国和印尼关系发展，如同美丽的梭罗河一样，越过重重山峦奔流向海，走过了很不平凡的历程。"

习近平主席将中国和印尼的历史交往回溯到了 2000 多年前的中国汉代，强调两国人民通过远洋航海，"克服大海的阻隔，打开了往来的大门……留下了两国人民友好交往的历史佳话，许多都传诵至今"，"几百年来，遥远浩瀚的大海没有成为两国人民交往的阻碍，反而成为连接两国人民的友好纽带"①。并用"海内存知己，天涯若比邻"来诠释两国人民间的友好交往。在印尼的演讲中，借助"海洋"这一共同历史纽带，习近平主席首次提出建设"海丝之路"的倡议："东南亚地区自古以来就是'海上丝绸之路'的重要枢纽，中国愿同东盟国家加强海上合作，使用好中国政府设立的中国-东盟海上合作基金，发展好海洋合作伙伴关系，共同建设

---

① 习近平：《携手建设中国—东盟命运共同体——在印度尼西亚国会的演讲》，《人民日报》2013 年 10 月 4 日，第 2 版。

21 世纪'海上丝绸之路'。"①

第一节　空间：法律的现代性问题

经典国际法理论认为，"国家"是由领土、主权、人口同构的一个法律概念。作为国际社会最主要的构成性要素，为数不少的学者始终坚持国家是国际法上有权采取行动并承担法律责任的唯一主体。② 然而，现代国家构成的三要素其实质是围绕"空间"而建构的单一均质法权主体。领土是国家国境以内由领陆、领水、领空构成的全部空间区域；主权在政治哲学的意义上虽可以理解为"是国家/共同体（commonwealth）所有的绝对且永久的权力"③，但在法律实践层面却必须具体化为"管辖权行使"的司法操作技术，并由此派生了属地管辖、普遍管辖和船舶、航空器、驻外使领馆等"拟制领土"问题④；人口也不是民法上的自然人，而是具有公民权意涵的国民身份，是具有一个国家国籍的人。因此，现代法治所关注的"国家"很大程度上是一个空间性存在，围绕国家安全和国家利益所建构起来的各种知识体系和权力秩序，也就成为一套有关空间的治理技术。"这些空间的概念……对知识的管理、知识的政治、权力的关系，它们是穿越知识的途径，当人们对它们进行再现的时候，能够指引人们通过区域、地区和领土这样的概念来思考支配的方式。"⑤ 然而，现代法律的空间转向是一个地地道道的现代问题，并可能伴随某些自身难以克服的现代性危机。⑥ 而中国"一带一路"倡议及其实践，正在于认真对待并妥善处理了"空间"这一现代性现象，同时，超越了西方空间政治的迷思（spatial

---

① 习近平：《携手建设中国—东盟命运共同体——在印度尼西亚国会的演讲》，《人民日报》2013 年 10 月 4 日，第 2 版。

② Acquaviva G., "Subjects of International Law: A Power-Based Analysis", *Vanderbilt Journal of Transnational Law*, 2005, 38 (March).

③ 〔法〕让·博丹：《主权论》，李卫海等译，北京大学出版社，2008，第 7 页。

④ 周光权：《刑法总论》（第四版），中国人民大学出版社，2021，第 63~65 页。

⑤ 〔法〕福柯：《权力的地理学》，载《权力的眼睛：福柯访谈录（修订译本）》，严锋译，上海人民出版社，2021，第 169~180 页。

⑥ 季涛：《法律之思：法律现代性危机的形成史及其现象学透视》，浙江大学出版社，2008，特别是第二章、第三章。

myth），进而将空间问题纳入总体国家安全法治的框架中予以整体思考。

一 古典法制：无须空间的秩序

捡诸法律思想的谱系，空间最初并非法律理论或法律实践重点关注的对象。按照怀特海的论断："欧洲哲学最可信赖的一般特征在于，它是由对柏拉图一系列注脚构成的。"① 但柏拉图式的古典政治哲学几乎不关注空间问题。在《理想国》中，现代读者会看到一个奇怪现象：苏格拉底带领一群青年人通过交谈"在思想中构思和观察一个城邦一步一步地产生的情形"，"且让我们在思想中来从头开始创造一个城邦"，即"言辞中的城邦"②。在引导这些青年人讨论这个"言辞中的城邦"时，苏格拉底和他的对话者不关心身体和食物，一群人交谈了整整一宿，不饮不食，也没有生理需求。这是因为古典政治哲学关注的是彼岸世界的绝对理念，所以此岸世界中的身体和具体地理空间不重要。于是柏拉图笔下的苏格拉底可以用言与思（logos）建构一个理想国度，但这个国家建在哪？是建立在天上还是地上？是建立与海边还是山巅？我们不得而知。③ 这种无视地理空间和身体在场的哲学倾向，还可以从同时代阿里斯托芬所创作的《云》中可见一斑：哲学家们生活在"思想所"，苏格拉底则坐在半空的吊篮里，因为他必须"离开大地"，"若不把自己的心思和轻巧的思想悬在空中，并将之与同样的空气混合起来，便不能正确地窥探这天空的物体……"④ 与这种"空间缺场"相匹配的法理学思想就是斯多葛学派（Stoicism）主张的自然法，"寻求普遍的伦理法则是西方哲人自古希腊以来的智识追求，这种法

① 〔英〕怀特海：《过程与实在：宇宙论研究》（修订本），杨富斌译，中国人民大学出版社，2013，第70页。
② 〔古希腊〕柏拉图：《理想国》，顾寿观译，岳麓书社，2016，第74~76页。
③ 有意思的是，柏拉图生平最后一部著作《法律篇》尝试在大地之上建构一个现实的次优城邦"马格奈西亚"，为此他考虑了在哪建国，以及如何为农业生产和土地立法的问题。但次优的政制显然不符合城邦正义的"理念"（idea），柏拉图对应的方案是安排苏格拉底"退场"。《法律篇》中柏拉图对话录里的主要人物苏格拉底消失了，代之以雅典异乡人，克里特人克列尼亚斯和斯巴达人梅奇卢斯在交谈。对于古希腊人而言，雅典以外无哲学，无论是克里特人还是斯巴达人都不是理想的政治成熟的建国者。参见〔古希腊〕柏拉图《法律篇》（第二版），张智仁、何勤华译，商务印书馆，2016。
④ 〔古希腊〕阿里斯托芬：《云》，罗念生译，载《罗念生全集》（第四卷），上海人民出版社，2004，第228~230页。

则在传统上被称为自然法"①。因为它不受空间的限制，甚至不局限于俗世空间，因为自然就是"作为上帝意志的自然"，它以永恒法的形式作用于所有信徒的心灵秩序，"奥古斯丁认为心灵的这种秩序是自然的秩序，因而是符合正义的"②。

无独有偶，中国的古典法律思想同样不太重视空间问题，并把对政制的理解建立在"天下无外"的秩序范式想象中。这使得"中国"不像一个地理概念，而更接近于文化政治概念。对于古典中国的政治精英而言，中国或中国人不是一个固定的地理方位或本质主义的身份区隔，而是一种文化身份之认同（identification），关键在于是否认同并信守华夏文化与儒家的政教礼法。反之，即便出生于中国，如果背弃了华夏的先祖政制和文明礼俗，在文化上便堕落为"蛮夷"。这就是"孔子之作《春秋》也，诸侯用夷礼则夷之，进于中国则中国之"③。于是顾炎武才较真"亡国与亡天下奚辨"，"易姓改号，谓之亡国；仁义充塞，而至于率兽食人，人将相食，谓之亡天下……保天下者，匹夫之贱与有责焉耳矣。"④ 这种开放性的"文化中国"法理念确保了中华文明在形塑之初，就彻底摒弃了基于种族、血缘、地缘而产生的封闭身份，更不会产生大规模的种族或民族歧视政策。《论语·子罕》中记载："子欲居九夷。或曰：'陋，如之何？'子曰：'君子居之，何陋之有？'"《孟子·尽心上》对此的解释是："君子所过者化，所存者神。故君子居之，则能变其旧俗，习以礼仪……"⑤ 在此，中国儒家以礼乐教化参育"天下一家"的制度理想追求，成为有效应对"空间缺场"的法律文化回应。

二 现代法治：空间政治的法律表达

古典法制之所以不重视"空间"，一个大致合理的经济社会学解释是：

---

① 郑戈：《自然法的古今之变——李猛〈自然社会〉的思想史评析》，《社会》2016 年第 6 期。
② 张荣：《奥古斯丁对古典自然法的改造及其意义》，《福建论坛》（人文社会科学版）2019 年第 6 期。
③ （宋）韩愈：《原道·古文观止》，岳麓书社，1998，第 488 页。
④ （清）顾炎武：《日知录集释》（中），中华书局，2020，第 756 页。
⑤ （宋）朱熹：《四书章句集注》，中华书局，2011，第 95、327 页。

在传统的农业文明时代，人类尚未掌握航天和航海技术，具有经济价值和社会效应的仅限于与土地密切相关的地理空间。彼时中西世界普遍处在高度依赖手工耕作的小农业生产阶段，受到生产工具、水利交通设备、劳动能力和人口数量的限制，无法开展农业集约化规模经营。这意味着，当时土地固然具有一定的经济价值，但尚不完全具备现代经济物品的稀缺属性。尽管当时的部落、王朝与早期国家之间也会爆发战争，但"攻城略地"主要发生在中原王朝之间，且不具备现代政治"寸土必争"或"一寸山河一寸血"的主权意涵，不然历史也不会留下秦王用十五座城池换取赵国和氏璧的记载，而西方王室的婚丧嫁娶还会引发国家版图的领土变更。此时战争更多是为了获取土地上的人口和出产，这也进一步解释了为什么历史上少数民族在掠夺中原时很少提出领土要求，以及古代战争为什么不杀女人的原因。

"空间缺场"的现象随着地理大发现和现代民族国家的崛起逐渐退出了法制史，西方法治在某种程度上演变成围绕现代空间政治而展开的法律表达，而这一空间政治序幕的拉开又与本书主题"丝绸之路"息息相关。1453年奥斯曼帝国攻陷君士坦丁堡，东罗马帝国灭亡。崛起的奥斯曼帝国迅速扩张，极盛时疆域横跨亚欧非三大洲，占据巴尔干半岛、中东及北非大部分领土，西至直布罗陀海峡，东抵里海及波斯湾，北达奥地利和斯洛文尼亚，南越苏丹与也门，从而垄断了东西文明交流和商贸往来的要道——海陆丝绸之路。①

好望角的发现令欧洲人找到一条可能经印度洋进入亚洲贸易的新航道。1498年，葡萄牙航海家达·伽马绕过好望角和阿拉伯半岛，成功开辟了欧洲通往亚洲的新航路，成为历史上第一位从欧洲航海到印度的人。发现好望角的意义如下。（1）激发了西方对海洋探险的欲望，在追求掌握自然科学与先进技术——地理学、造船术与航海技艺的同时，极大限度拓展了欧洲人的空间意识，"陆地与海洋"或"路权与海权"由此成为西方空间政治意识的关键词。②（2）发现非洲不仅仅在于发现了一块未知的土地，

---

① 潘光：《欧亚陆上丝绸之路沿线的"文明断裂带"研究——兼论"文明冲突论"的双重性》，《俄罗斯研究》2016年第6期。

② 〔德〕施米特：《陆地与海洋》，林国基、周敏译，华东师范大学出版社，2006。

重要的是发现了一种全新的资本主义政治经济生产方式——殖民与奴隶贸易。① 土地由此超越了农业种植的经济逻辑，并衍生出推动法权秩序转型的政治逻辑。（3）启动了大航海时代和地理大发现的历史进程，从全球秩序的角度来说，使得西方欧洲文明逐渐走向全球政治经济舞台的中心，并给文艺复兴时代兴起的"古今之争"② 添上了一层"中西之争"的复调背景。相当长一段时期内，西方人几乎主导了所有关于文明话语的议题设置，为自己新的生活方式和经济生产方式开展正当性辩护。其中，"法治"就是这样一套话语方式，在孟德斯鸠笔下，西方成为法律自由的标准。（4）远洋航海耗资甚巨，需要国王和皇室的资金资助和政治支持，包括颁发合法抢掠和获得新发现殖民地的特许状（Charter）。科学家、探险者、商人与王室之间的密切合作，强化了王权，为后来的宗教改革（1520—1570 年）中王权与教权争夺世俗领导权奠定了基础。政教分离原则确立的背后，是国家实证法取代了古典自然法，法律管辖权从信徒的心灵秩序过渡到由国王权力所支配的现实空间秩序。更重要的是，大航海及其推动的地理大发现不是由一两个国家主导的个别行动，它广泛波及欧洲各主要国家，并直接促成了现代民族国家和国际法体系的形成。

三 法律与空间：潜在的悖论

主权、领土、人口三位一体的法权结构，其中地理/领土的因素发挥了至关重要的作用，它区别于传统国家的一个重要标志就在于由传统国家不确定的边陲地带转变为现代国家中明确划定的地理疆界。③ 但作为一个现代性问题，空间要素在法律体系中的异军突起将不可避免地带来某种现代性危机。

首先，现代法治对空间、管辖和法律实效等客观因素的看重，忽视了对道德、灵魂、宗教等主观要素的看护，特定情境下可能引发法治的价值

---

① 倪正春、许诺：《自由的悖论：早期殖民国家的双重标准》，《经济社会史评论》2019 年第 4 期。

② 胡鹏：《炮、枪与古今之争——〈亨利五世〉中的火药武器》，《国外文学》2022 年第 2 期；关于西方文明内部两次古今之争的文献综述，可参见王升平《施特劳斯与"古今之争"：一个文献述评》，《理论界》2010 年第 11 期。

③ 〔英〕吉登斯：《民族国家与暴力》，胡宗泽、赵力涛译，三联书店，1998，第 53~55 页。

危机。1648 年签订的《威斯特伐利亚合约》及其所形成的现代国际法体系发挥了"国家拯救者"的功能。通过对欧洲国家内部主权的相互承认，否认了国家之上还存在更高的权威，国家主权具有最高性、独立性和排他性。而法律作为主权者的命令，"是实际存在的由人制定的法，亦即我们径直而且严格地使用'法'一词所指称的规则，或者，是政治优势者对政治劣势者制定的法"①，它与道德、灵魂、伦理无关，恪守政教分离的现代宪法原则，担心"一旦宗教被带入国际公共生活之中就一定会造成不宽容、战争、破坏、政治巨变乃至于国际秩序的瓦解"②。然而，现代民族国家可以用法律将宗教放逐在公共政治生活之外，却无法彻底消除它。政教分离并非出自人类道德意识提升或宗教宽容精神影响，而是归因于国家与宗教之间的角力较量。当国际秩序稳定，国家建设得力，中央政府具有显著治理能力和政治权威之际，宗教力量便退守心灵世界，保留为公民的私人精神自由；反之，当国际秩序失范，国家建设失败，中央政府因治理能力缺失导致政治权威瓦解之际，宗教力量可能将结合各种本土或外来势力，扭曲为各式变态形态填补权威真空，造成宗教在国家治理与国际关系中的"复归"③。

其次，随着社会生产方式的转型，空间成为一种稀缺资源，在人类掌握新的空间开发技术之前，不同国家法律对有限空间的管辖规定和域外适用，容易引发法律冲突甚或司法霸凌。现代法律对空间的持续关注，促进了地理科学和土地测绘技术的发展，特别是在快速交通工具和通信手段的辅助下，地球"最后一公里土地"都已探测完毕。一旦意识到空间是有限的，对空间的争夺将可能成为部分国家发动战争的"国家理由"。第二次

---

① 〔英〕奥斯丁：《法理学的范围》（第二版），刘星译，北京大学出版社，2013，第 13 页。

② 〔英〕F. 佩蒂多、〔意〕P. 哈兹波罗主编《国际关系中的宗教》，张新樟译，浙江大学出版社，2009，第 34 页。此系学界通说，也是本书采纳的一般立场。但出于学术规范，有必要指出，近年来国际法学前沿研究开始反思这一观点。譬如李明倩通过细致的文献爬梳，认为和约中的"主权"实为神圣罗马帝国的"邦君权"，不全等于近代国际法意义上的"主权平等"原则；和约意义只在于各方突破了宗教统一性的约束，达成对现实的妥协从而接受了多样性的存在，并努力维持这一秩序框架。参见李明倩《〈威斯特利亚和约〉与近代国际法》，商务印书馆，2018。

③ 刘中民：《国际关系理论变革视野下的宗教与外交》，《国际观察》2017 年第 4 期；涂怡超、徐以骅：《21 世纪以来宗教与国际关系研究的发展——徐以骅教授访谈》，《国际政治研究》2017 年第 4 期。

世界大战以前，全球殖民体系的形成很大程度上与殖民国家对原料供给地和商品倾销地的"空间欲望"有关。① 第二次世界大战以后，殖民体系瓦解，独立后的国家主权和领土完整受到联合国及国际法体系的保护，但仍然无法排除少数国家通过"长臂管辖"的司法技术②，将国内法的管辖权和执法权延伸到其他国家领土，造成司法霸凌的法律后果。这种旧的法律空间意识，以"空间有限论"为前提假设，围绕控制、征服、占取、夺获有限资源空间做文章，只考虑"空间分配"的切蛋糕问题，无法思考并探索把蛋糕做大的"空间生产"问题，陷入"零和博弈"的思维陷阱。而中国"共建'一带一路'是经济合作倡议，不是搞地缘政治联盟或军事同盟；是开放包容进程，不是要关起门来搞小圈子或者'中国俱乐部'；是不以意识形态划界，不搞零和游戏，只要各国有意愿，我们都欢迎"③。

最后，现代性法律所理解的"空间"是物化的空间，将"空间"片面理解为静态化的物质构成或固化的均质空间，容易滑向"地理决定论"，无法察觉"随着全球化深入发展，太空、极地、深海、数字网络等新疆域的问题将继续涌现。在这些领域问题的治理中，谁能够表现出充足的治理能力和协调能力，谁就可能成为领域治理的领导者"④。这进而导致以追求"程序正义"著称的现代西方法治，恰恰在法律发展的过程中缺失了程序正义的向度。因为现代性法律对有限空间的重视，是基于空间利益分配和空间支配的"结果"，却无法想象和处理"从'这'到'那'""边缘/中心""内部/外部"等观念性边界的形成、流变和重组过程。⑤ 更无法理解类似"一带一路"或全球命运共同体这种超越传统国家领土边界的新的空间发展与空间整合方案，并部分导致少数国家和学者对"一带一路"倡议的误解。而"一带一路"倡议之所以追求"开创合作共

---

① 温权：《资本主义全球化的世界地理后果及其空间正义危机——从大卫·哈维空间政治哲学批判的宏观向度谈起》，《云南社会科学》2017 年第 6 期。

② 杨宇冠：《美国长臂管辖的起源、扩张和应对》，《法学杂志》2022 年第 4 期。

③ 习近平总书记在推进"一带一路"建设工作 5 周年座谈会的重要讲话，转引自张燕玲《共建"一带一路"开创国际合作新局面》，《人民日报》2018 年 10 月 30 日，第 7 版。

④ 秦亚青：《全球治理趋向扁平》，《国际问题研究》2021 年第 5 期。

⑤ R. B. J. Walker, *Inside/Outside*: *International Relations as Political Theory*, New York: Cambridge University Press, 1992, pp. 3-15.

赢的新模式",就在于它将在互联互通、共享共治的基础上,建构一种新的法律地理学。

第二节　"一带一路"的法理意蕴

"共建'一带一路'不仅为世界各国发展提供了新机遇,也为中国开放发展开辟了新天地。"① 显然,"一带一路"不是一项仅旨在实现中国国家利益的发展倡议,同时还是旨在促进世界各国共同发展和繁荣的互联互通事业。

"一带一路"(The Belt and Road)是"丝绸之路经济带"和"21世纪海上丝绸之路"的简称,当中的关键词共同指向"丝绸之路"这一中西文明交往的历史。首先这体现了一种"以物载道"的法律技艺。丝绸跨越了物质本体的形式,更多代表了一种先进生产方式,是"在与自然界做斗争的过程中最早的发明……并且在公元前二世纪,即以大量丝织品向外输出,开拓了闻名中外、延续千年的'丝绸之路'。我国蚕丝科学技术也从此传入欧亚各国"②。以"丝绸之路"的法律文化意象点明"一带一路"的价值意涵,彰显了作为一种先进生产关系的社会主义制度对推动生产力发展的促进作用,这对"一带一路"沿线国家产生重要的向心力和认同感。

其次是"五湖四海"。丝绸之路不再限定于同某个具体国家的对外交往,而是转变为中国与外部世界甚至民间组织,建构互联互通普遍关联的理想图景。"通过'丝绸之路',中国人民同西亚、欧、非各国人民之间,建立了历史悠久的友谊。"③ 正是丝绸之路超越了具体国别,成为一种中国与世界建构交往互信和共同体认知的文化符号,使得这一概念超越了历史,指向未来。中国与吉尔吉斯斯坦、哈萨克斯坦联合申报"丝绸之路:

---

① 习近平:《齐心开创共建"一带一路"美好未来》,《人民日报》2019年4月27日,第3版。
② 蒋猷龙:《儒法斗争与古代丝绸技术的发展》,《丝绸》1975年第3期。
③ 新疆维吾尔自治区博物馆:《吐鲁番县阿斯塔那——哈拉和卓古墓群清理简报》,《文物》1972年第1期。

起始段和天山廊道的路网"并获准列入世界遗产名录[①]，中国与俄罗斯基于"陆权与海权的认知建构"共建"冰上丝绸之路"，开辟北方海航道作为未来型的交通走廊，共同开发北极天然气资源。[②] 此外，通过建设丝绸之路沿线民间组织合作网络，加强沿线各国民间交流合作、促进民心相通。[③]

最后是"由文返质"，丝绸之路不再停驻于悠远历史、英雄传奇、考古探险、典章文物这些形而上的事物，逐步向市井生活、民间艺术、手工技艺和实用器物下沉，化作沁润人间烟火气息的丝路人民日常生活方式和文化交往轨迹。

习近平主席强调："我们推进'一带一路'建设不会重复地缘博弈的老套路，而将开创合作共赢的新模式；不会形成破坏稳定的小集团，而将建设和谐共存的大家庭。"[④] 当谈及"人类命运共同体"的未来命运时，他更是寄希望在国际大家庭的世代延续中，让建构公正合理国际新秩序的事业，经由世界人民的持续奋斗而获得成就，"伟大事业需要几代人、十几代人、几十代人持续奋斗"，"我们对于时间的理解，不是以十年、百年为计，而是以百年、千年为计。"[⑤]

正是这种放宽历史视界的胸怀，令国际社会相信："共建'一带一路'倡议不是地缘政治工具，而是务实合作平台；不是对外援助计划，而是共商共建共享的联动发展倡议。"[⑥]"一带一路"建设秉持的共商、共建、共享原则，将国际社会乃至人类命运共同体的福祉与中国的历史及未来牢牢地连接在一起。

---

① 陈同滨：《"丝绸之路：起始段和天山廊道的路网"遗产解读》，《中国文化遗产》2014 年第 3 期。

② 王志远：《"冰上丝绸之路"：马克思主义地理学视阈的认知建构》，《欧亚经济》2019 年第 4 期。

③ 《习近平致首届丝绸之路沿线民间组织合作网络论坛贺信》，《人民日报》2017 年 11 月 22 日，第 1 版。

④ 习近平：《携手推进"一带一路"建设——在"一带一路"国际合作高峰论坛开幕式上的演讲》，人民出版社，2017。

⑤ 转引自李拯《持续奋斗，书写千秋伟业》，《人民日报》2021 年 7 月 5 日，第 5 版。

⑥ 习近平：《共同开创金砖合作第二个"金色十年"——在金砖国家工商论坛开幕式上的讲话》，《人民日报》2017 年 9 月 4 日，第 2 版。

第三节　"海丝之路"的法理结构

一　"海丝之路"的法律地理学逻辑

法律地理学是以"空间"为本体所展开的法理学思考，中国语境下的法律地理学研究尤重关注"法律为空间赋义或空间的法律效果研究"①。它以马克思主义为理论根基，融合了空间社会学及后现代地理学对资本主义政治经济发展新方式之洞见，并切合对现代性危机与技术控制论的实践反思，提出一种新的以空间生产和空间正义为主要分析框架的理论范式，对我们理解当前"一带一路"特别是"海丝之路"的能源安全保障具有重要的启示作用。

如果马克思政治经济学的研究对象"首先是物质生产"，那么空间政治学研究的对象就应当是"空间的生产"。马克思主义认为，生产、分配、消费、交换具有同一性，共同构成社会再生产的各个环节，"一定的生产决定一定的消费、分配、交换和这些不同要素相互间的一定关系。当然，生产就其单方面形式来说也决定于其他要素"②。因此，空间政治所理解的"空间（再）生产"实际上包涵了空间生产、分配、交换、消费所塑造的法权关系整体。西方部分学者对"一带一路"倡议的误解，在很大程度上是因为割裂了生产、分配、交换、消费之间的一体化关联。

法律地理学以"空间生产"为理论原点，这就颠覆了前述现代性法律"空间物化"的缺陷，同时针对建构主义学派所关注的"观念性边界的形成和变动过程"，提出"空间观念的生产"或"空间赋义"作为回应方案。③更重要的是，"一带一路"倡议，特别是"海丝之路"所意涵的法律地理学图景，是一场由重新理解和建构国际新秩序的范式转换（paradigm shift），是基于"不可通约性"（incommensurable ways）而发生

---

① 韩宝：《理解法律地理学——关于法律的一种空间思考》，《交大法学》2019年第1期。
② 《马克思〈政治经济学批判〉序言、导言》，人民出版社，1971，第11~21页。
③ Henry L，*The Production of Space*，Translated by Donald Nicholson Smith，Malden，MA：Blackwell，1991，p.349.

的格式塔转换。"范式改变的确使科学家对他们研究所及的世界的看法变了。仅就他们通过所见所为来认知世界而言,我们就可以说:在革命之后,科学家们所面对的是一个不同的世界。"这导致竞争着的"范式支持者在不同的世界中从事他们的事业"①。"一带一路"的新型空间政治将"空间生产"理解为是由主权要件(生产)—人权要件(分配)—资本要件(交换)—绿色要件(消费)所型构的再生产过程。

二 主权要件:全球合作与全球治理

"一带一路"倡议是党中央主动应对全球形势深刻变化和我国发展面临的新形势新任务新要求,统筹国内国际两个大局,立足当下,谋划长远作出的重大战略决策。② 从"统筹国内国际两个大局"角度,在思考"一带一路"新型空间政治时,我们要区分国家理论和政府理论。从本国政治法律秩序维度观之,这是在政府权力逻辑主导下形成的"政治制度空间"③或"制度规则空间"④。但从向世界发出邀约,开启"一带一路"新航程、建构国际政治法律经济新秩序的立场考察,此乃国家主权引领下生成的"全球治理空间"。事实上,从党的十八大以来,以习近平同志为核心的党中央高度重视中国参与全球治理的进程,专门就"全球治理格局和全球治理体制"组织政治局集体学习,阐述中国参与全球治理的根本目的,就是服从服务于实现"两个一百年"奋斗目标、实现中华民族伟大复兴的中国梦。在此基础上,我们"提出'一带一路'倡议、建立以合作共赢为核心的新型国际关系、坚持正确义利观、构建人类命运共同体等理念和举措",是"加强全球治理、推进全球治理体制变革已是大势所趋"局势下的"顺

---

① 〔美〕托马斯·库恩:《科学革命的结构》,金吾伦、胡新和译,北京大学出版社,2017,第111、126页。
② 徐绍史:《统筹国内国际两个大局的战略抉择——深入学习习近平总书记关于"一带一路"战略构想的重要论述》,《求是》2015年第19期。
③ 殷洁、罗小龙:《资本、权力与空间:"空间的生产"解析》,《人文地理》2012年第2期。
④ 郭文:《"空间的生产"内涵、逻辑体系及对中国新型城镇化实践的思考》,《经济地理》2014年第6期。

应时代潮流"之举。① 基于"统筹国内国际两个大局"不同空间秩序的特殊性，应区分开辟国内"制度规则空间"和国际"全球治理空间"的不同原则。面对前者要"坚持以经济发展为中心，集中力量办好自己的事情，不断增强中国在国际上说话办事的实力；我们要积极参与全球治理，主动承担国际责任，但也要尽力而为、量力而行"。面对后者，"推动全球治理体系变革是国际社会大家的事，要坚持共商共建共享原则，使关于全球治理体系变革的主张转化为各方共识，形成一致行动。要坚持为发展中国家发声，加强同发展中国家团结合作"②。

　　正是依托"海丝之路"的创新空间机制，我国大力推动了东海、南海、印度洋及周边相关国家构建能源合作安全与共同安全机制，创造条件组建区域相关国家参与的能源联合开发机构，合作开发东海、南海油气资源，以确保各利益攸关方的基本权益。③ 依托"海丝之路"所开辟的空间治理秩序、主权合作图景和全球治理蓝图，"一带一路"倡议为沿线国家建构了一种"具有亚洲特色的安全治理模式"，在明确主权归属的前提下，以能源安全及能源合作为尺度，通过与沿线直接当事国友好协商谈判和平解决争议，搭建区域安全合作新架构，共同开发海洋资源，开辟了一片"和平之海、友谊之海、合作之海"④。

三　人权要件：迈向美好生活

　　政治主体在法律地理学中展示的权力意志体现为主权逻辑，相关受众在空间政治中呈现的权利分配要求和利益目标设定则演绎为人权逻辑。从"受众"角度考量，"一带一路"的空间生产目标，主要是借助国际社会特别是发展中国家及其人民的实践参与机制，建设人本空间，追求宜居、幸

①　习近平在中共中央政治局第二十七次集体学习时的讲话，转引自《推动全球治理体制更加公正更加合理》，《中国青年报》2015年10月14日，第1版。
②　习近平在中共中央政治局第三十五次集体学习时的讲话，转引自《加强合作推动全球治理体系变革　共同促进人类和平与发展崇高事业》，《中国青年报》2016年9月29日，第1版。
③　舒先林：《"21世纪海上丝绸之路"与中国能源外交》，《国际展望》2015年第5期。
④　习近平：《凝聚共识 促进对话 共创亚洲和平与繁荣的美好未来——在亚信第五次外长会议开幕式上的讲话》，《中国青年报》2016年4月29日，第3版。

福的美好生活。"人民幸福生活是最大的人权，中国共产党从诞生那一天起，就把为人民谋幸福、为人类谋发展作为奋斗目标。"① 中国共产党"为人民谋幸福、为人类谋发展"首先体现为一种求解人权本质的法理探索。

在西方的人权法理论中，人权被视为是"人之为人的自然权利"（natural rights）。自由主义法理学将这种自然权利诠释为每一个特定个体基于自由意志而产生的利益欲求，这种利益欲求经由国家实证法——特别是德国浪漫主义立法理念——的抽象提取，就变成了法教义学模式下蔚为大观的请求权体系，并营造出对西方"人权保障体系"的迷信。

为了打破这种西方人权话语体系的思想宰制，中国不仅将"尊重和保障人权"写进了宪法与党章，更重要的是，我们扬弃了"面向概念话语"的人权法治，而自主探索出一条"面向生活本身"的中国特色社会主义人权发展道路。"人民对美好生活的向往，就是我们的奋斗目标。"② "努力让人民过上更好生活。老百姓对美好生活的追求，就是我们的努力方向。"2017年7月，在迎接党的十九大专题研讨班开班仪式上，习近平总书记要求省部级主要领导干部，必须"牢牢把握我国发展的阶段性特征，牢牢把握人民群众对美好生活的向往"③。并在党的十九大报告中将此评价为新时代的社会主要矛盾："中国特色社会主义进入新时代，我国社会主要矛盾已经转化为人民日益增长的美好生活需要和不平衡不充分的发展之间的矛盾。"2018年12月，纪念《世界人权宣言》发表70周年座谈会在北京举行，习近平发来贺信，明确提出"人民幸福生活是最大的人权"。这种人权法理论上的重大突破，无疑与中国共产党领导的人权实践一脉相承。2021年，《中国共产党尊重和保障人权的伟大实践》白皮书中，中国政府将对人权本质的思考完整表述为："100年来，中国共产党坚持人民至上，坚持将人权的普遍性原则与中国实际相结合，坚持生存权、发展权是首要的基本人权，坚持人民幸福生活是最大的人权，坚持促进人的全面发展，不断增强人民群众的获得感、幸福感、安全感，成功走出了一条中国特色

---

① 《习近平谈治国理政》第三卷，外文出版社，2020，第288页。

② 中共中央文献研究室编《十八大以来重要文献选编》（上），中央文献出版社，2014，第70页。

③ 《人民对美好生活的向往就是党的奋斗目标——四论学习贯彻习近平总书记"7·26"重要讲话精神》，《人民日报》2017年8月3日，第1版。

社会主义人权发展道路。"①

正是源自对特定受众幸福生活需求的感同身受，"通向美好生活"的"一带一路"空间分配，变成创造工作机会、为当地心血管病患者实施超声引导经皮介入技术手术、规划孩子未来职业选择、紧急粮食援助、联合考古这些具体的生活技术。② 随着问题和视阈的切换，我们把从基层走向全中国的治理，递升为通过"一带一路"走向全世界的全球治理，"共建'一带一路'顺应了全球治理体系变革的内在要求，彰显了同舟共济、权责共担的命运共同体意识，为完善全球治理体系变革提供了新思路新方案"③。而这种空间治理思路与方案之"新"，就体现在通过人权逻辑的引导，它用具体时空下治理对象的美好生活愿望规范了治理主体的治理意志，使得治理成为基于空间、技术和愿望的多元共治。④

四 经济要件：资本服务社会

在马克思主义的经典理论中，资本是原罪的象征。"资本来到世间，从头到脚，每个毛孔都滴着血和肮脏的东西。"⑤ 然而，"马克思主义理论不是教条，而是行动指南，必须随着实践的变化而发展……回应人类社会面临的新挑战"⑥。改革开放以后，中国借鉴并利用来自其他国家的资本、先进科技和管理经验发展了社会主义生产力，为此邓小平在 1992 年的南方谈话中提出了"三个有利于"标准。资本和市场开始在资源配置中起到了重要甚至决定性作用，中央肯定了"发展资本市场是中国改革的方向"，当然，前提"就是'看不见的手'和'看得见的手'都要用好"。⑦ 中央政治局第十三次集体学习时，还提出要深化金融供给侧结构性改革，全面

---

① 中华人民共和国国务院新闻办公室：《中国共产党尊重和保障人权的伟大实践》，人民出版社，2021。
② 刘江伟：《"一带一路"，通向美好生活》，《光明日报》2019 年 4 月 26 日，第 9 版。
③ 《习近平谈治国理政》第三卷，外文出版社，2020，第 486 页。
④ 关于不同主体共同参与的多元共治，参见刘超《海底可燃冰开发环境风险多元共治之论证与路径展开》，《中国人口·资源与环境》2017 年第 8 期。
⑤ 《马克思恩格斯全集》，人民出版社，2016，第 777 页。
⑥ 习近平：《在纪念马克思诞辰 200 周年大会上的讲话》，人民出版社，2018，第 9 页。
⑦ 《习近平关于社会主义政治建设论述摘编》，中央文献出版社，2017，第 119 页。

把握新时代资本市场的发展方向，加快推进资本市场改革开放。① 这意味着，我们从政治经济学层面区分了"资本"与"资本主义"。中国不能走资本主义的老路，但不意味着我们不能利用资本，服务于新时代中国特色社会主义全面深化改革的历史实践。

党的十九大报告指出："积极促进'一带一路'国际合作，努力实现政策沟通、设施联通、贸易畅通、资金融通、民心相通，打造国际合作新平台，增添共同发展新动力。"② 并基于"资金融通"的资本逻辑，发起创办亚洲基础设施投资银行，设立丝路基金，筹建金砖国家新开发银行和上合组织开发银行等主要的资金平台，此外还通过"两优贷款"（优惠贷款和优惠出口买方信贷）、出口信贷、公司贷款、基建项目融资、国际开发金融机构融资、租赁融资、并购贷款、企业债券、可转换债和可交换债券、绿色债券、永续债、资产证券化（ABS）、产业基金、战略融资、定向增发等多元金融工具及方式③，加大对"海丝之路"沿线国家特别是发展中国家和最不发达国家的援助力度，加快缩小南北发展差距，支持多边贸易体制，推动建设开放型世界经济。

"资金融通"的经济逻辑对于"一带一路"的法律地理学具有三重意义。其一，资金融通是实现"一带一路"目的的策略机制。"共建'一带一路'倡议，目的是聚焦互联互通……共建'一带一路'，关键是互联互通。"④ "互联互通"不是一个抽象的信念，而是一组互通的行为策略，即党的十九大报告致力实现的"政策沟通、设施联通、贸易畅通、资金融通、民心相通"。这"五通"之间不是一个前后相继的过程，而是一个多维一体的立体构成。其中资金融通是确保设施联通的基础，又是促进贸易畅通的保障和催化剂，它与政策沟通息息相关，通过深化利益共同体，促进政治互信与合作共识并达成长远合作预期，力求在长远的丝路空间生产中实现民心相通。

---

① 易会满：《努力建设规范透明开放有活力有韧性的资本市场》，《人民日报》2019年9月11日，第16版。
② 《决胜全面建成小康社会，夺取新时代中国特色社会主义伟大胜利——在中国共产党第十九次全国代表大会上的报告》，人民出版社，2019。
③ 王琰：《"一带一路"海外基建项目的融资模式分析》，《国际融资》2018年第3期；徐奇渊、杨盼盼、肖立晟：《"一带一路"投融资机制建设：中国如何更有效地参与》，《国际经济评论》2017年第5期。
④ 《十九大以来重要文献选编（中）》，中央文献出版社，2021，第16~18页。

其二,"资金融通"的经济逻辑能以"资金转型"的姿态推动能源结构转型。不同能源结构所展现的对于能源量级和技术的不同运用能力,甚至将检验人类适应制度变革和拓展宇宙文明空间的生存本能。中央实施"一带一路"倡议的一项重要考量,就是推动能源结构转型,"要抓住新一轮能源结构调整和能源技术变革趋势,建设全球能源互联网,实现绿色低碳发展"①。国家发展改革委、国家能源局发布的《能源生产和消费革命战略(2016-2030)》将此明确为中国能源革命的战略取向:紧紧把握时代脉搏,坚持安全为本、节约优先、绿色低碳、主动创新的战略取向,全面实现我国能源战略性转型。事实上,这种"能源转型"的迫切需求与其说是一个"中国问题",毋宁说是一项普遍的"全球共识"②。而能源结构转型的实质为资本转型。"资本转型是能源转型的关键,因为能源结构的形成、能源效率的提升、能源替代的实现皆为资本的投放与使用。资本转型驱动着能源转型从资源产业向技术产业转型。"③

其三,"一带一路"的资金融通推动人民币国际化,从而构成对"美元霸权"的挑战。国家参与全球治理能力既涉及基础要素(如土地面积、人口数量、自然资源、能源储备)与军事科技构成的硬实力(hard power),也包含思想文化、意识形态和金融衍生手段这些软实力(soft power),以及根据国际局势、问题领域和对手身份,灵活运用与配比组合软硬两种实力的"巧实力"(smart power)。④ 目前美元依然在全球金融体系中占据强势支配地位,但随着欧元的崛起和欧元区支付结算系统的形成,以及近年美国国际地位的日渐衰弱和货币超发带来的综合风险,越来越多的有识之士开始主张新的货币构想来分担美元责任,分散美元风险。⑤

---

① 《十八大以来重要文献选编(下)》,中央文献出版社,2018,第734页。

② 刘亮、王建强:《全球能源转型进程加快推进》,《中国石油报》2021年9月28日,第5版;张胜、陈之殷:《碳达峰、碳中和,一年来探索彰显成效——来自2021全球能源转型高层论坛的声音》,《光明日报》2021年9月26日,第2版。

③ 肖国兴:《能源资本转型的法律抉择》,《法学》2021年第7期。

④ Joseph S., Nye JR, "Smart Power: In Search of the Balance between Hard and Soft Power", *Democracy: A Journal of Ideas*, Fall 2006, NO. 2.

⑤ 诺贝尔经济学奖得主、"欧元之父"罗伯特·蒙代尔(Roberta Mundell)提出过"亚元"(ACU)的构思,据说亚洲开发银行曾启动相关设计,但因合作难度后来不了了之。参见王芳、陈岚兰《统一"欧元"后还要建立"亚元"吗?——与"欧元之父"对话》,《书摘》2002年第4期;周先《亚洲货币问题——罗伯特·蒙代尔教授中南财经政法大学演讲观点概述》,《中南财经政法大学学报》2006年第6期。

人民币作为国际流动性的一部分，虽还不足以取代美元全球结算货币的地位，可正如"巧实力"是一种软硬实力的巧妙配比而非绝对均值，中国完全可以借助巧实力，利用自己在某一问题范畴的"领域优势"参与相关领域国际规则的制定与变革。美元尽管强势，但在"一带一路"的协议体系之下，人民币跨境使用在规避汇率风险、节省汇兑成本方面具有不可比拟的相对优势。事实也的确如此，"在对人民币国际化参与主体调查中，'一带一路'相关国家企业约有71%打算使用或提升使用跨境人民币结算比例。境外受访企业中拟提升人民币结算使用比例的企业占比平均为69%，'一带一路'相关国家企业使用跨境人民币的意愿更强"①。2021年，王毅外长代表中国与伊朗签署《中伊25年全面合作协议》，约定绕开美元结算体系，双方涉及的石油交易将以人民币结算。

五　绿色要件：完善全球能源结构

在中央提出的"一带一路"倡议框架中，能源安全与合作是当中的重中之重。《推动共建丝绸之路经济带和21世纪海上丝绸之路的愿景与行动》在建构互联互通"五通"体系时，认定"基础设施互联互通是'一带一路'建设的优先领域"，要求"强化基础设施绿色低碳化建设和运营管理"，当中包括"加强能源基础设施互联互通合作，共同维护输油、输气管道等运输通道安全，推进跨境电力与输电通道建设，积极开展区域电网升级改造合作"。而贸易畅通明确"投资贸易合作是'一带一路'建设的重点内容"，包含"加大煤炭、油气、金属矿产等传统能源资源勘探开发合作，积极推动水电、核电、风电、太阳能等清洁、可再生能源合作，推进能源资源就地就近加工转化合作，形成能源资源合作上下游一体化产业链。加强能源资源深加工技术、装备与工程服务合作。"这种投资贸易摒弃了"利润最大化"的商业原则，要求"在投资贸易中突出生态文明理念，加强生态环境、生物多样性和应对气候变化合作，共建绿色丝绸之路"。

---

① 钱箐旎：《人民币国际化步伐加快——"一带一路"相关企业使用人民币意愿更强》，《经济日报》2020年4月13日，第7版。

要妥善应对环境保护、生物多样性和气候变化这类新型的全球风险，必须开启主权国家之间的广泛合作和全球治理。随着全球性挑战增多，加强全球治理、推进全球治理体制变革已是大势所趋。这不仅事关应对各种全球性挑战，而且事关给国际秩序和国际体系定规则、定方向；不仅事关对发展制高点的争夺，而且事关各国在国际秩序和国际体系长远制度性安排中的地位和作用。而能源合作与能源安全的重要性就体现在，它不限于满足某一个或少数几个国家的能源消费问题，而是基于习近平法治思想对"完善全球能源治理结构"所做的制度创新。国家发展改革委与国家能源局发布的《推动丝绸之路经济带和 21 世纪海上丝绸之路能源合作愿景与行动》将其视为"合作重点"的压轴之重：完善全球能源治理结构。以"一带一路"能源合作为基础，凝聚各国力量，共同构建绿色低碳的全球能源治理格局，推动全球绿色发展合作。

此处对于"全球能源治理格局"的界定非常明确，它不是基于能源霸权逻辑而激发的国际能源博弈[①]，而是进入新时代后，中央统筹国内、国际两个大局，用"绿色要件"铺陈"一带一路"空间政治的治理结构设计。具体而言，对内回应"绿色发展"这一建设现代化强国之主要目标，通过贯彻绿色原则，确立绿色发展、生态安全、生态伦理价值理念，协调发展与环保、交易安全与生态安全、代内公平与代际公平之关系[②]；对外筹谋"凝聚各国力量，共同构建绿色低碳的全球能源治理格局，推动全球绿色发展合作"，这意味着在合作原则上，坚持绿色发展。高度重视能源发展中的环境保护问题，积极推进清洁能源开发利用，严格控制污染物及温室气体排放，提高能源利用效率，推动各国能源绿色高效发展。

正是由于中国政府的不懈努力，这种基于绿色发展而形成的全球能源治理结构，已由中国对"一带一路"的倡议变成"一带一路"能源合作伙伴关系各成员国之间的合作原则与务实行动。2019 年 4 月 25 日，"一带一路"能源合作伙伴关系在北京成立，30 个伙伴关系成员国共同发布《"一带一路"能源合作伙伴关系合作原则与务实行动》，在保护生态环境、保障能源安全并促进可持续发展的共识基础上，明确了新的国际能源合作的

① 潘旭明：《美国能源霸权透析》，《美国问题研究》2012 年第 2 期。

② 吕忠梅：《中国民法典的"绿色"需求及功能实现》，《法律科学》2018 年第 6 期；刘超：《论"绿色原则"在民法典侵权责任编的制度展开》，《法律科学》2018 年第 6 期。

目标、原则和务实行动方案。

由是观之，绿色逻辑勾勒的"海丝之路"法律地理学图景，对内契合了正在进行绿色转型的"美丽中国"图景："我们要倡导简约适度、绿色低碳的生活方式，拒绝奢华和浪费，形成文明健康的生活风尚。要倡导环保意识、生态意识，构建全社会共同参与的环境治理体系，让生态环保思想成为社会生活中的主流文化。要倡导尊重自然、爱护自然的绿色价值观念，让天蓝地绿水清深入人心，形成深刻的人文情怀。"[①]

---

① 《十九大以来重要文献选编（中）》，中央文献出版社，2021，第 25 页。

第三章 海丝之路能源合作环境法律风险与防范

"如果说能源安全的内涵是反映能源安全的一种'状况',那么能源安全的外延则是反映各种能源安全风险的'冲击'以及以国家为单位的系统'响应'问题。"① 海丝之路能源合作内容丰富且主体范围广泛,涉及我国与沿线各国之间能源勘探开发、能源运输、能源基础设施建设等各种形式,但同时也面临不同程度的环境风险,这使得环境保护问题成为打造"绿色丝绸之路"的重大挑战。《推动丝绸之路经济带和 21 世纪海上丝绸之路能源合作愿景与行动》(以下简称《能源合作愿景与行动》)明确提出能源合作要坚持绿色发展原则,高度重视合作中的环境保护问题,严格控制污染物及温室气体排放,以持续推进能源合作,促进各国能源协同发展。因此,必须在能源合作中贯彻生态文明理念,加强能源领域的生态环境保护合作,有效防范且缓和环境风险。

从我国投资企业角度出发,能源合作的首要目的是追求经济利润最大化。企业普遍认为对于海丝之路沿线发展中国家而言,经济发展是其第一要义忽略了一些生态环境敏感的国家对于协调经济利益和环境利益的需要,导致以获取利润为主要导向的我国企业在能源投资、经营活动中承担了较高的环境风险。换言之,企业投资经营活动在促进当地经济增长的同

① 史丹:《中国能源安全的新问题与新挑战》,社会科学文献出版社,2013,第3页。

时，也增加了污染物排放，对生态环境产生了不可逆的负面影响。从形成机制角度而言，在制度层面接纳并应对环境风险的不确定性，是环境风险对法律作为一种安全机制的内生需求。出台环境法律法规、制定严格的环境标准、执行环境监督管理制度，是通过安全机制控制环境风险的必要体现。[①] 随着各国环境法律不断完善，我国在与海丝之路沿线国家展开能源合作时也面临了管理制度日益严格、环境纠纷逐渐增多、环境标准不同等不确定性带来的环境法律风险。而防范环境法律风险是应对环境风险、促进我国对外能源合作长期稳定发展的基础前提和必要条件，如此才能保障我国能源内需与进出口安全。

第一节　海丝之路能源合作环境法律风险

遵守国际法律和能源资源国的环境法律法规是海丝之路能源合作需要承担的基本义务，也是相关企业应当负担的必要成本。根据国际律师协会关于"法律风险"的相关论述[②]，海丝之路能源合作中环境法律风险主要是指我国能源企业在对外能源合作中因为不严格遵守环境相关法律法规而应当承担的法律责任以及经济利益受损、名誉贬损等其他可能性。海丝之路能源合作以保障我国能源安全为根本目的，主要涉及能源投资、能源贸易以及能源运输等多种形式。在能源合作的不同形式中，环境法律风险的表现虽各有侧重，但毫无疑问的是，这些风险一旦转化为实际环境损害，将对国际环境利益、沿线国家的环境公共利益和当地社区居民的环境权益造成不利影响，企业不仅要受到行政甚至刑事制裁、进行民事赔偿，还将直接影响我国和海丝之路沿线国家的能源合作进展，不利于保障我国能源安全。

---

① 郭红欣：《环境风险法律规制研究》，北京大学出版社，2016，第 22~23 页。
② 法律风险主要是指以下原因给企业造成的损失：（1）有缺陷的能源交易；（2）提出索赔或发生合同终止等事件，导致企业承担法律责任或其他损失；（3）未能采取适当措施保护企业资产；（4）法律的变化。See Shoushuang Li, *The Legal Environment and Risks for Foreign Investment in China*, Springer, Berlin, Heidelberg, 2007, p.2.

一　能源投资中的环境法律风险

我国企业近年来向海丝之路沿线国家能源领域的投资引起了国际上的较多关注，尤其在处于海运便利地缘区位优势的非洲东部地区勘探发现大量油气资源，一定程度上改变了世界能源版图后，我国很快意识到东非地区的油气对我国石油供应的能源安全而言意味着重要机遇。① 中石油、中石化和中海油等我国能源企业通过直接合作开发油气能源，参股、收购或并购非洲能源企业等海外投资形式，为我国提供稳定的能源供给。因此总结梳理能源投资项目在非环境法律风险，对于识别海丝之路能源投资中的环境法律风险具有代表性意义。

（一）环境违法风险——严格的环境影响评价制度

近年来，我国部分中资企业因违反资源所在国的环境影响评价相关规定而收到罚单乃至被关停，不仅损失了大量经济利益，而且在当地饱受争议，造成了负面影响。以中肯能源合作项目所发生过的争议为例，由肯尼亚现届政府提案并背书的拉穆燃煤电厂项目是《肯尼亚2030年愿景》规划的重点项目之一，该项目业主为肯尼亚阿姆电力有限公司，由中国电建国际承包，并且其造价20亿美元中有12亿美元来自中国工商银行出口信贷融资。在项目建设过程中，肯尼亚卡迪巴协会以环境影响评价过程中公众的参与权和知情权受到侵犯为由，对阿姆电力有限公司和肯尼亚国家环境管理局提起诉讼。② 2019年，肯尼亚国家环境仲裁法庭（National Environmental Tribunal，NET）下令暂停项目，并撤销其环境影响评价许可，影响了中方投资和建设周期。③ 为防止因违反严格的环境影响评价制度而使我国企业利益严重受损，应当对识别并消除相关法律风险予以重视。

---

① 谭卓、杨松岭、蔡文杰：《"21世纪海上丝绸之路"油气勘探开发合作战略》，《国际经济合作》2017年第4期。

② 张小虎：《化解对非投资的环境法律风险》，《中国投资》2019年第14期。

③ 章雨、王盼盼：《肯尼亚停建煤电厂，英媒扯上中国》，《环球时报》2019年6月29日，第4版。

环境影响评价制度是各国进行环境规制的基本制度。在该制度相对完善的国家，普遍对环境影响评估的开展，环境影响评估的机构，环境影响评估报告的提交、期限、项目意见和许可等内容和程序做了明确而具体的规定。尤其是在对违反环境影响评价的行为规定了严重法律后果的国家，我国能源合作项目将面临更严峻的法律风险。譬如，《埃塞俄比亚环境影响评估法》（2002 年）明确规定了在埃塞俄比亚申请环境影响评估的步骤和费用①，并对"未经环保管理部门授权或提交虚假的环境影响报告""不符合环评许可条件"等违反相关规范的自然人和单位分别处以不同程度的经济惩罚。此外，违反有关法律规范的单位负责人如未积极采取符合环境影响评价法律规定的措施，还将同时被处以罚款，受理法庭可在上述经济处罚之外，要求违法者恢复环境原样或以其他方式补偿其对环境所造成的破坏。

在肯尼亚等环境法律体系较为完善的国家，环境影响评价法律体系一般由"法律—法规—技术细则"等不同层级构成，对于在当地实施的工程项目所应当履行的环境影响评价义务规定了较为完备的配套细则。具体而言，在肯尼亚进行的能源合作项目在开工前或企业申请其他执照前，首先必须依据《肯尼亚环境影响评估规定》向肯尼亚国家环境管理委员会（National Environment Management Authority，NEMA）提交环境影响评估报告并得到其批准。NEMA 在政府公告和报纸上进行公示并确定无异议后才能向项目颁发许可证。《肯尼亚环境管理与协调法》第 58~68 条详细规定了进行环境影响评价和申请环境影响评估许可证的条件、程序，以及有关负责机构的管理权力，并明确了相应的法律后果，"故意提交含有虚假或误导性信息的环境影响评估报告的，构成犯罪，一经定罪，可处不超过 3 年的监禁，或不超过 500 万先令罚款，或同时处以罚款和监禁，并撤销其许可证"。因此，我国企业在肯尼亚的能源投资项目如果不符合其环境影响评价的相关规范，不仅要付出经济成本，还极有可能违反当地刑事法律

---

① 在埃塞俄比亚申请环评的步骤和收费如下：（1）需要提交的资料：投资许可、营业执照、本公司从事的生产业务种类的介绍；（2）资料准备齐全后，找一家当地有环评资质的环评公司；（3）环评公司到工厂现场查看；（4）环评公司到当地政府环保部门进行听证；（5）环评公司提交报告；（6）联邦环保管理部门批准环评报告，并出具意见；（7）费用在 18 万比尔左右。参见商务部国际贸易经济合作研究院等《对外投资合作国别（地区）指南——埃塞俄比亚》（2020），第 58~59 页。

规范，有关负责人的人身自由可能受到限制，面临较高法律风险。

（二）环境法律责任承担风险——生态环境法律责任未得到明确规定

能源的物理性质决定了对其勘探、开发将直接导致其所处环境的改变，加之企业对所在国环境规范并不精通，极有可能存在未经严格环保处理的排放行为，或因设备、技术等不够成熟使得环境难以达到严格标准，造成环境污染和生态破坏，引起东道国居民、环境保护非政府组织甚至政府环保机构的关注和反对，直接影响能源合作项目的运行。为预防和救济生态环境损害，非洲多数国家规定了比我国更为严格的生态环境损害赔偿和生态环境修复责任，这种制度措施增加了我国企业的投资成本。

根据《肯尼亚矿业法》（2016 年）规定，保护环境是行使采矿权的附加义务。其中第 72 条第 3 款第 3 项规定，申请人提交生态环境恢复或修复方案是被授予采矿许可证的必要条件，且应当在采矿权行使中遵循修复方案之各项条款；第 140 条第 3 项明确要求采矿许可证持有人采取一切必要措施保护和恢复采矿区的环境。此外，第 181 条规定了环境保证金制度，即采矿许可证申请人应当缴纳足以支付环境保护相关费用之环境保证金，用于确保申请人在采矿许可证有效期内，切实履行环境保护和生态修复义务。第 200 条规定，如采矿权人违反相关规定，相关行政机构可向环境和土地法院申请下令，迫使某人立即停止在肯尼亚的勘探、开采活动。安哥拉《关于环境损害责任的规定》明确对于造成环境损害的行为适用无过错责任，第 5 条第 1 款规定，所有故意或过失造成环境损害者，均有责任以提供赔偿和环境修复的形式弥补对国家和个人造成的损失和损害。第 24 条及附件规定，不遵守本法相关规定的行为人将被中止或取消环境许可，并缴纳罚金，对累犯处以提高 1 倍之罚金；如不能恢复受损前状况，则须进行清理或修复工作；如果因违反法律规定而造成环境损害，污染者还应缴纳 10 万美元至 100 亿美元的罚金。该法还通过设置不同类型和程度的法律责任，区分违法行为和合法行为分别造成的环境损害后果。

此外，与我国"列举式"详细规定不同①，还有国家简要规定了费用赔偿范围，如坦桑尼亚原则性地要求对生态环境造成严重不利影响者支付减轻和补救各种不利后果的全额费用。类似关于赔偿责任的概括性规定意味着行政机关和司法机关享有更多的自由裁量权，由于相关立法对"严重不利影响"等行为后果的认定缺乏界定标准，承担生态环境损害赔偿和修复责任的前提条件也较为模糊，导致我国能源企业容易受到不公正的处罚，且难以通过合理途径维护自身权益。

（三）环境诉讼风险——环境权可诉

20 世纪 90 年代起，在民族独立和人权运动的影响下，非洲国家为了维护和修复因过度开发而严重恶化的生态环境，纷纷开始探索在宪法中明确维护国民享有健康、良好生存环境的权利。目前，已有 33 个非洲国家将"环境权"作为一项宪法权利予以明确保障。②

肯尼亚是非洲环境保护立法与实践最为成功的国家之一，肯尼亚宪法中的环境权保护框架由"环境基本国策+公民基本环境权利+国家环境保护义务+环境诉讼机制"等条款构成，同时规定了实体性环境权和程序性环境权，基本代表了非洲国家立法的最高水平。③ 具体而言，《肯尼亚宪法》（2010 年）在第四章"权利法案"的第二节"权利与基本自由"中，于第 42 条规定"每个人都有权利享有清洁健康的环境，包括通过立法和其他措施保护环境，造福当代和后代；要求第 70 条规定的环境有关义务得到履行"。第 22 条规定了环境权的执行制度，即环境权等规定在"权利法案"一章中的基本权利或自由受到侵害时，代表个人、他人及公共利益的公民和协会（组织）均有权提起诉讼。第五章"土地与环境"第二节"环境

---

① 我国较为具体地规定，造成生态环境损害但未履行修复责任的人应当承担包括"制定、实施修复方案的费用，修复期间的监测、监管费用，以及修复完成后的验收费用、修复效果后评估费用"等在内的生态环境修复费用；违反相关规定造成生态环境损害且无法修复的，应当赔偿"生态环境受到损害至修复完成期间服务功能丧失导致的损失，生态环境功能永久性损害造成的损失，生态环境损害调查、鉴定评估等费用，清除污染、修复生态环境费用，以及防止损害的发生和扩大所支出的合理费用"。

② 范进学：《宪法上的环境权：基于各国宪法文本的考察与分析》，《人权》2017 年第 5 期。

③ 张小虎：《非洲国家宪法环境权比较研究——兼谈南非与肯尼亚宪法环境权的启示》，载人大法律评论编辑委员会编《人大法律评论》第 2 辑，法律出版社，2018，第 96~115 页。此外，联合国环境规划署位于肯尼亚，也使得肯尼亚对环境保护工作格外重视。

与自然资源"中的第 69 条规定了国家和个人的环境责任与义务；第 70 条明确规定了环境权的救济条件和救济措施，"当有人主张第 42 条所确认和保护的清洁健康环境权已经、正在或者可能被否认、侵害或者受到威胁，则除获得其他法律救济之外，还可以就同一事项向法院申请救济。"这为环境领域立法提供了鲜明指引。其他国家如安哥拉等，也在宪法中以"公民环境权利+国家环保义务"的模式规定了环境基本权利，并通过其他条款明确了造成环境损害的法律后果以及相关程序性权利等内容，使得宪法环境权可以直接在司法审判中成为裁判依据。

"环境权入宪，是环境权法定化的最高形式和最佳表达。"[1] 我国《宪法》迄今未规定环境权，仅在第 9 条和第 26 条原则性规定了国家对环境资源的保护义务。而非洲国家则以宪法规定公民环境权这一立法实践，凸显了其对环境生态价值的高度重视和实现保护生态环境任务的决心。随着我国在非洲能源投资合作项目的增多，环境纠纷也有所增加。

《肯尼亚宪法》第 22 条和肯尼亚《环境管理与协调法》（EMCA）为环境公益诉讼提供了明确立法基础。EMCA 第 3 条第 3 款规定，认为享有清洁健康环境的权利已经、正在或可能被侵犯、威胁的个人，可以代表其个人或团体或公益组织向高等法院申请补救或赔偿，法院将根据具体情况作出判决，允许诉诸司法的权利慷慨地扩大到所有人。第 4 款规定，即使不能证明被告的作为或不作为已造成或可能造成任何个人损失或伤害也有权提起上述诉讼，这极大地放宽了起诉要件。《环境和土地法院法》规定环境和土地法院为专门处理环境与土地相关法律问题的司法机构，落脚于环境纠纷的特殊性，为解决环境、土地纠纷提供更专业、更便宜的环境司法服务，是对环境审判专门化的全面落实，对推进环境正义具有重要意义。肯尼亚司法机关越来越重视以自由的、合目的性的方式解释诉讼地位和诉讼权利[2]，反映了肯尼亚加强环境保护的决心和治理趋势，也为我国企业在肯尼亚进行的能源合作项目敲响了遵守环境法律法规、履行环境保护义务的警钟。

---

① 吕忠梅：《环境权入宪的理路与设想》，《法学杂志》2018 年第 1 期。

② Brian Sang YK, "Tending Towards Greater Eco - Protection in Kenya: Public Interest Environmental Litigation and Its Prospects Within the New Constitutional Order", *Journal of African Law*, 2013, 57 (1), pp. 29-56.

由此可见，海丝之路能源投资合作中，有部分沿线国家已经通过立法明确保障了公民的环境权益，并因此形成了组织结构完整、配套机制健全的环境司法体系。面对不同的审判模式和并不熟悉的实体法与程序法规则，我国企业可能因专业知识、信息获取方面的劣势而难以充分利用当地法律规则维护自身合法权益。而且，在一些法治体系不成熟的国家和地区，法庭腐败、低效、执行难等问题客观存在[①]，我国企业需要应对更高的诉讼风险。

二　能源贸易中的环境标准风险

能源贸易以能源资源的有效配置与利用为主要目的，然而，随着能源贸易规模的扩大和生态环境的恶化，二者之间的矛盾逐渐突显，能源贸易不可避免地受到国际和国内环境法律政策的影响。在各国严格环境立法、提高市场准入环境标准的趋势下，我国对外能源贸易所面对的环境标准风险日益加剧。

我国能源贸易面临的国外环境规制主要集中在环境标准方面。就目前的总体情况而言，基于经济发展水平、污染治理与生态修复技术成熟度，以及环境保护与经济发展之间的冲突协调等影响因素，发达国家作为进口国，制定了更为严格的环境标准等环境管理措施。短期内，在我国能源产品和服务的环保技术水平和质量标准未达到发达国家水平之前，这种严格的技术法规和标准体系作为发达国家推出的环境贸易壁垒措施，将为我国作为出口国的能源贸易带来一定程度的负面冲击。[②] 早在 20 世纪 80 年代初，部分欧洲发达国家和日本等国的环境标准体系采用了国际标准化组织 80%~90%的标准，而我国虽然在强化生态文明建设的背景下加快了提高环境标准的速度，逐步采用并执行国际环境标准，但环境标准制度及其执行情况和环境认证制度整体上仍然落后于国际先进标准。

我国生态环境标准与新一代国际贸易投资规则中发达国家的环境标准存在较大差距，主要体现在以下方面。第一，发达国家的水污染排放标准

---

① 万猛、顾宾主编《中非法律评论》（第二卷），中国法制出版社，2016，第 287 页。
② 王冠中：《环境规制对中国出口贸易的影响——理论和实证分析》，硕士学位论文，复旦大学，2010。

更具针对性。由于不同行业的工业企业采取不同的工艺技术和污染物处理技术，国际上大多发达国家对此规定了不同污染物的出水限度和排放标准，如果企业已经采用了最佳可得控制技术仍然不能达到流域水体的水质标准，则需要通过限制水质基础来弥补技术上的失灵。而我国在水污染排放标准中并未对技术基础和水质基础进行区分，针对性和可操作性仍有较大提升空间。第二，发达国家的大气污染物排放标准更加严格。大部分欧盟国家推行的大气污染物排放标准是针对不同行业的各类污染源特点制定而成的国际环境空气质量标准，以采取先进技术为基础，对二氧化硫、二氧化氮、PM2.5等大气污染物排放浓度进行了严格限制，并保持着一定的更新频率。还有一些发达国家为尽量避免大气污染物的潜在健康风险，在国际标准的基准上进一步加强了排放限制，与我国《大气环境质量标准》中以"数值"规定为主的大气污染物排放浓度限制相比，前者普遍低于我国大气环境污染物排放浓度限值。第三，发达国家的碳减排标准要求较高。碳排放量既包括化石能源燃烧所产生的直接排放，也包括能源生产服务过程中消耗的中间产品所隐含的间接碳排放。碳减排标准是指"一个国家对产品在生产、运输、使用及回收过程中所产生的平均温室气体排放量而作出的限制性规定"[1]。《巴黎协定》生效后，发达国家的减排目标更为严格、明确，且发达国家掌握的低碳脱碳技术也更为先进，在碳减排标准的制定和实施上也具有明显优势。例如，当欧盟相关法令规定二氧化碳排放量逐步降为130g/km时，结合我国《乘用车燃料消耗量限值》的有关标准，折算成二氧化碳的排放量为161g/km，与发达国家的标准之间仍存在较大距离。而我国在能源贸易中面临的上述环境标准风险最终将转化为国内环境压力，国内外企业将满足国际严格环境标准的能源货物和服务出口发达国家，将高能耗、高排放的产业向我国国内转移，这进一步为我国严格环境标准立法、改善生态环境设置了障碍。

环境标准是规制环境风险的重要手段，环境标准的制定需要综合考虑一国的技术水平和社会经济承受能力，兼顾促进环境效益、社会效益、经

---

① 洪俊杰、孙乾坤、石丽静：《新一代贸易投资规则的环境标准对我国的挑战及对策》，《国际贸易》2015年第1期。

济效益，是对相关利益冲突进行衡量的结果，因而在本质上类似于立法。[①] 环境标准作为具有公法效力的技术规范，是各国环境行政管理部门判断、认定是否违法的重要标准。因此，能源贸易中同样的排污行为在我国与沿线国家不同的环境标准下将有合法与违法以及违法程度的区别，导致我国能源贸易面临不同程度风险。

三　能源运输中的环境法律风险

海丝之路与我国海上石油运输线具有很大程度的重叠，能源运输安全是保障中国能源对外合作和能源供应安全的前提，而识别并防范能源运输中的环境法律风险对于能源运输安全至关重要。

海上能源运输中，管道老化或人为原因导致的船舶溢油、漏油所造成的海洋环境污染具有蔓延性和跨国性，海洋生态环境损害使得海洋生物资源和海洋生态平衡都面临极大的威胁和破坏，损害的利益更加多元。不论是油轮因造成环境污染被他国扣押，还是因此引起跨国能源运输争议，都将影响国内的能源供应安全和贸易合作的正常进行。

《联合国海洋法公约》一方面规定了在海上进行能源运输等活动时的国家义务。第十二部分"海洋环境的保护和保全"明确各国具有保护海洋环境的义务，应当采取必要措施防止、减少和控制任何来源造成的海洋环境污染，确保运输活动不致使沿海国家及其环境遭受污染的损害。另一方面，该公约赋予了沿海国家为保护其海洋环境采取必要措施的权力。首先，沿海国对其领海和专属经济区享有保护海洋环境的管辖权。其次，沿海国可为保全沿海国的环境，制定防止海洋环境受到污染的关于无害通过领海的法律和规章，制定防止、减少和控制船只对海洋环境造成污染的国际规则和标准，以尽量减少对沿海国的有关利益造成损害。再次，根据第 206 条规定，"各国如有合理根据认为在其管辖或控制下的计划中的活动可能对海洋环境造成重大污染或重大有害变化，应在实际可行范围内就这种活动对海洋环境的可能影响作出评价"，并按照规定提送

---

① 刘卫先、刘菁元：《环境标准制定中的利益衡量》，《河南财经政法大学学报》2019 年第 4 期。

评价结果报告。复次，针对违反相关规则和标准的船只造成的海洋环境污染，沿海国如有明显根据认为其在通过领海时，违反关于防止、减少和控制来自船只污染的，该国按照本公约制定的法律和规章或可适用的国际规则和标准，可在符合有关要求的情形下，就违反行为对该船进行实际检查，并可在有充分证据时，在一定限制下按照该国法律提起司法程序。最后，对于违反上述海洋环境保护相关的国内法律、规章和国际规则、标准的外国船只，各国可以且仅可以处以罚款，除非该船只在领海内故意严重地造成了海洋环境污染。

截至 2021 年，《联合国海洋法公约》共有 168 个缔约方，海丝之路沿线国家多在此列，各国为保护领海及专属经济区生态环境，在《联合国海洋法公约》规定框架下，对过往船舶损害海洋生态环境行为分别采取了"因地制宜"的法律措施。因此，我国海上能源运输活动一旦不符合国际规则和标准，或因不符合沿线国家的国内环境法律法规而引起海洋环境污染，将承担相关法律责任以及由此带来的其他不利后果。

第二节　海丝之路能源合作环境
法律风险防范的困境

海丝之路沿线国家以发展中国家为主，经济发展方式粗放，生态环境敏感脆弱与经济增长需求之间形成了较为强烈的冲突，对平衡能源合作中投资利益与环境利益提出了挑战。我国相关法律制度在引导能源企业有效应对能源合作中的环境法律风险方面尚存不足，有待梳理。

一　构建能源合作环境法律风险防范机制的主要挑战

首先，中国企业在"走出去"参与海丝之路能源合作的过程中，欠缺应对环境法律风险的敏锐意识，除了与我国作为投资者母国对投资者进行必要监管和引导的规则体系相关，还因沿线国家法治成熟程度各异、环境法律政策变动频繁等外部因素而面临诸多困境。首先，在沿线国家开展的能源合作项目中，我国企业不论是作为投资者、能源工程承包者，还是海上能源运输者，其环境行为不能直接依据《中华人民共和国环境保护法》等我国国内环境法律加以规范和处罚。从沿线国家的相关规定来看，南部非洲发展共同体 2012 年制定了双边投资条约范本（Model BIT），第 3 章"投资者和缔约国的权利和义务"明确而详细地规定了环境影响评估、环境最低标准、投资者的环境管理和遵守东道国及有关国际协定规定的环境义务等环境保护相关内容。该范本体现了非洲国家缔结双边投资条约时对平衡投资者与东道国利益的需求和取向，同时通过加重投资者和投资国的环境保护等义务，明确了自身对投资者的环境规制权力。与之类似，我国《对外合作开采海洋石油资源条例》《对外合作开采陆上石油资源条例》也明确规定在我国境内进行的合作开采海洋、陆上石油资源的一切活动和参与实施石油作业的企业和个人，都应当遵守我国环境保护等法律、法规、规章的有关规定，接受中国政府有关主管部门的监督管理，保护自然资源，防治环境污染和损害。因此，在进行对外能源合作时，一般情况下，项目所在国的属地管辖权是我国企业依据当地环境法律规范自身行为的基础，即企业行为必须符合所在国能源合作所涉法律中的环境保护相关规范。

其次，绝大部分能源投资企业更关注，甚至只关注与其经济利益直接相关的所在国投资贸易立法，而往往对处理与能源合作相关事宜紧密相关的环境立法关注不足。然而，在联合国贸易和发展会议研究总结的 108 个国家 111 部投资法律中，只有 4 部投资法律在立法目的中提到了"环境"，包括保护动植物生命、生物多样性、可再生能源、气候变化等；《安哥拉私人投资法》等 13 部投资法在总则或序言中提及"可持续发展"概念，以宣示性规定的形式提醒投资者注意以环境友好方式展开能源投资。此外，共有 25 部投资法强调了投资者的环境保护义务，但并未规定具体明确的行为和法律后果。可见，世界各国的投资法律对环境保护的关注度虽有上升趋势，但整体不高，尽管少数法律有所规定但可操作性不强，缺乏对投资者环境行为的明确指引和约束。对于我国能源投资者而言，仅依靠东道国投资法律开展能源合作不足以防范环境法律风险，而获取东道国其他国内现行有效的环境相关法律使我国企业不得不面临信息不对称、不易得之壁垒。

综上所述，能源合作环境法律风险主要来自能源合作国家的法律风险，而沿线国家法律多样化和政局或政治形势变动引起的环境法律政策变动，是对外能源合作中形成环境法律风险的重要原因。（1）海丝之路能源合作沿线国家众多，因历史和文化各异，而涉及大陆法系、英美法系、混合法系等诸多不同法系，法治体系完善程度也各有差异。以非洲内部法律体系为例，既有本土习惯法，也有欧洲殖民统治留下的英美法和大陆法，还有宗教法，国家内部、不同非洲国家之间及其与非非洲国家之间均有区别，十分复杂。① 由于能源投资存在显著的国别导向性，并不存在"放之四海而皆准"的能源合作模式和法律风险防范机制。② 我国对外能源合作项目面临不同法律制度和不同的执法、司法机制，制定具体防范机制时也鲜有规律可循。只有掌握相关法律规定并据此制定有针对性的环境法律风险防范规则，才能有效应对，而这个信息输入、处理与输出的过程对于大部分企业而言即为挑战。（2）沿线能源合作国家多以新兴经济体和发展中国家为主，基于历史习惯、经济基础等原因，部分国家法律意识程度不一而足。如中亚各国不习惯以法律手段规范能源活动，而倾向于以政策、行政命令等行政色彩浓厚的方式调整能源合作关系，公民和企业法律意识也因此普遍欠缺。③ 在缺乏法律稳定性、权威性和保障性的条件下，随意性和不可预测性提高了投资者被处罚、合作项目受影响的概率。而沿线部分发达国家更为严格的环境标准体系和环境管理制度，以及较为完善的环境执法体制，也加大了我国企业及相关项目受到处罚或增加成本的可能。（3）沿线诸多国家仍处于政治、经济、社会的敏感转型期，政权更迭和政策法规的变化也会带来法律制度的变化，对能源合作项目的运营和中国企业的投资安全产生较大影响，很有可能产生准入和运行阶段的适用法律已有变更的情形，这对于企业及时避免环境法律风险而言是一个不小的挑战，需要大量资源成本克服。因此，对于能源合作中面临的环境法律风险，我国企业难以依靠其私主体力量充分识别并消除，需要我国国内法起到提示、引导、规范的作用。

---

① 〔意〕沙尔瓦托·曼库索、洪永红主编《中国对非投资法律环境研究》，湘潭大学出版社，2009，第86页；崔守军：《中非能源合作国家风险与防范》，石油工业出版社，2019，第106、134页。

② 梁咏：《中国海外能源投资法律保障与风险防范》，法律出版社，2017，第97页。

③ 岳树梅等：《"一带一路"能源合作法律机制构建研究》，厦门大学出版社，2019，第91页。

二 我国现行对外能源合作环境法律风险防范机制缺陷

一方面，我国国内的法制背景是企业树立法律意识的基础，即国内法对于能源合作中不利于保护环境行为的约束与惩罚是我国企业长期以来判断自身行为规范与否的直接依据，这种"惯性思维"将直接影响投资者在沿线国家的环境行为标准。另一方面，近年来我国政府制定了一系列鼓励企业"走出去"参与对外投资与合作的法律政策，为我国企业对外投资的环境保护活动提供支持，同时对对外能源合作的企业进行必要的环境保护引导和规制，以促进我国企业在境外能源合作项目的稳定进行。

（一）能源法律体系对对外能源合作的环境风险防范不足

海丝之路能源合作之所以存在一些难以避免的环境法律风险，本质上是因为能源行业领域自身的特殊性。能源勘探、开发、运输等各个合作环节，都会使其所处环境发生程度不同的改变，不当人为活动更将导致多种环境要素受到污染，生态受到破坏，[①] 从而危及国家生态安全、能源安全，甚至国民生活安全。为了规范对外能源合作中的环境行为，避免对所在国生态环境造成不利影响，我国能源法律应当通过有关规范体系予以引导和规范。

我国能源法律体系的主体由《节约能源法》《可再生能源法》《煤炭法》《电力法》《石油天然气管道保护法》五部单行法律及其配套法规组成，另有被寄予"能源基本法"厚望的《能源法》已完成征求意见稿的起草和公开征求意见，立法价值取向和重点规制内容已基本定型。（1）《煤炭法》第 46 条规定具备条件的煤矿企业具有从事出口经营的权利，却未对有关企业的出口经营活动进行任何风险提示和环境保护规定。（2）《石油天然气管道保护法》第 40 条规定了管道企业的环境污染及时治理义务，以及环境污染损害赔偿责任。虽然能源管道运输大多涉及跨境运输，但是由于第 2 条明确只有位于我国境内的输送管道适用该法，对于我国企业造

---

① 岳树梅等：《"一带一路"能源合作法律机制构建研究》，厦门大学出版社，2019，第214页。

成的位于境外（尤其是邻国）的能源输送管道泄漏能否适用该法履行环境治理义务或赔偿责任则没有规定。（3）《能源法（征求意见稿）》（2020年）第 20 条规定了加强国际能源合作的方针，并在第八章对"国际合作"进行了细化规定。其中，第 86 条明确了能源领域的双边与多边投资贸易合作，规定"国家加强能源领域的双边与多边投资贸易合作，防范和应对国际能源市场风险。"但是该条片面强调市场风险，忽略了环境风险，并未落实"总则"章第 19 条关于环境保护与应对气候变化的原则性规定。

"凡是能源法律都具有能源安全、能源效率与环境保护的功能，这也正是能源法律形成制度结构的基本保障。"① 对外能源合作是实现能源安全与能源效率的主要途径，环境保护是为保障能源合作顺利进行而施加主体的法定义务，也是防范环境法律风险的必要途径。然而，通过梳理我国能源法律体系发现，大部分能源法律缺少对外能源合作规定与环境法律风险防范义务之间的互动，能源法律功能不齐全导致现行体系难以充分应对能源合作开发利用中面临的环境法律风险。

（二）对外能源合作规范体系对企业环境监管不到位

"鉴于中国政府对其海外投资者及其海外投资活动有'属人控制'的权威，我国国内投资相关规定对于规制中国海外投资者的域外行为，加强中国海外投资中的环境保护必然会发挥重要作用。"② 虽然我国目前还没有专门的对外投资立法，直接规定对外能源合作中的环境法律风险防控问题的法律法规更是空白，但从法解释学层面来看，以下相关规定仍可作为探讨机制缺陷的规范基础。

首先，近年来我国出台的相关政策性文件在宏观层面为海丝之路能源合作的环境法律风险防范提供了方向上的指引。《推动共建丝绸之路经济带和 21 世纪海上丝绸之路的愿景与行动》《推动丝绸之路经济带和 21 世纪海上丝绸之路能源合作愿景与行动》突出生态文明理念，坚持绿色发展的原则，要求在能源合作中严格控制污染物及温室气体排放。在生态环境保护这一具体领域，《"一带一路"生态环境保护合作规划》强调开展对外

---

① 肖国兴：《破解"资源诅咒"的法律回应》，法律出版社，2017，第 104 页。
② 韩秀丽：《中国海外投资的环境保护问题——基于投资法维度的考察》，《厦门大学学报》（哲学社会科学版）2018 年第 3 期。

能源合作的企业应当根据当地要求开展环境影响评价和环境风险防范工作；《关于推进绿色"一带一路"建设的指导意见》提出，促进企业遵守所在国生态环保法律法规、政策和标准，高度重视当地民众生态环保诉求，了解项目所在地的生态环境状况和相关环保要求，合理布局合作项目，防范生态环境风险。但是，这些以"倡议"为主的政策性表达缺乏约束力，难以作为监管企业对外能源合作中环境行为的直接依据，需要在具体法律规范或能源合作的双边条约中予以落实。

其次，我国初步建立了包括环境管理在内的海外投资项目管理制度，但是制度内容或具有倡导性，而不具有强制性的规范为主，或未对义务性规范制定相应的责任条款，缺乏可操作性和针对性。《对外投资合作环境保护指南》和《对外承包工程行业社会责任指引》明确了保护环境是企业履行社会责任的重要方面，应当积极引导企业履行环境责任，保护所在地的生态环境。《对外投资合作环境保护指南》第5条和《境外投资管理办法》第19条强调投资企业应当了解并遵守东道国与环境保护相关的法律法规的规定，取得当地政府要求的资格资质文件和环境保护方面的相关许可。由于能源项目设施一定会对生态环境产生影响，因此，企业应当尤其注意东道国对准入、运行、退出等不同阶段的环境资格资质要求，按照要求将证明文件准备齐全。《企业境外投资管理办法》第41条、《境外投资管理办法》第20条、《对外承包工程管理条例》第4条规定，投资主体和对外承包工程应当尊重当地公序良俗、履行必要社会责任、注重生态环境保护、树立中国投资者良好形象，促进与当地的融合和当地的经济社会发展。《对外投资备案（核准）报告暂行办法》第13条进一步规定，境内投资主体应当将遵守当地法律法规、保护资源环境以及履行社会责任等情况及时报送给相关主管部门。《民营企业境外投资经营行为规范》对在境外进行项目建设、生产经营等活动的民营企业提出了保护资源环境、开展环境影响评价、申请环保许可、制定环境事故应急预案、重视生态修复等要求。但是上述条款均无相应的法律后果，因而无法成为一个有强制约束力的实质性义务规定。从这个角度而言，我国通过规范性法律文件对国内企业在国外的环境行为进行规制，实质上是以"提前预警"的方式引导并监督企业制定对外能源合作环境法律风险防范的方案。由于国内法律在规范层面上缺少正向和反向激励机制，企业没有充分动力和依据在境外履行相关环境保护义务，难以有效应对能源合作中的环境法律风险。

因此，我国目前在对外投资的环境问题上并未形成统一、系统的法律体系，现有的对外能源合作环境保护规范整体上呈现结构框架散乱、法律效力层级较低的特点，对于对外能源合作环境保护相关规定以指导性、倡议性、间接性规范为主，引导意义大于规制意义，可操作性和实效性低。因现有政策文件和规范性文件对企业约束力有限，对外能源投资合作企业在境外的环境行为主要取决于企业本身的环境管理体系和环境法律意识，存在较大不确定性和无序性。此外，这种不规范状态还模糊了政府有关主管部门的职责，不利于对境外能源投资企业的环境行为实行有力监管。一方面，规范企业在对外能源合作中的环境行为，涉及国家发展改革委、国家国际发展合作署、商务部和生态环境部等多个部门之间的分工与协调。在分割部门分别管理的现状下，职责和权限边界不清晰、合作方案不明确，不利于及时发现并纠正对外能源合作企业的不规范行为。另一方面，对外能源合作中引起的环境问题多发生在境外，"邻避效应"（Not In My Back Yard；NIMBY）观念使得企业在对外经济合作中更加注重其带给国内的经济效益，而相对忽略了能源资源国的生态效益以及当地居民对环境利益的诉求。激励措施和惩罚性措施的缺位，不利于企业提高社会责任感、自发地保护所在国环境，反而会由于缺乏约束力而违反所在国的环境法律规范，加大了企业在能源合作中的环境法律风险。

（三）缺乏保障企业建立环境法律风险防范体系的配套机制

1. 对外能源投资中的绿色信贷制度有待完善

我国政策性银行为企业"走出去"提供了重要的资金支持和推动引导作用，基于环境风险受到国际社会越来越多的关注，银行保险监督管理委员会和主要银行机构纷纷制定了环境社会政策。作为信贷政策的重要组成部分，环境社会政策在海丝之路能源合作中对投资企业的影响更为直接、有效。因此，相关金融机构有义务向融资企业传递保护国内外生态环境的绿色理念，依托其内部环境风险管理体系，帮助企业防范对外能源投资中的环境法律风险，为此，应当进一步提高专业性并完善配套机制。

《绿色信贷指引》第21条规定："银行业金融机构应当加强对拟授信的境外项目的环境和社会风险管理，确保项目发起人遵守项目所在国家或地区有关环保、土地、健康、安全等相关法律法规。"《中国进出口银行贷款项目环境与社会评价指导意见》重点强调了应当纳入海外投资业务考量范畴的几个要点：（1）必须遵守东道国法律；（2）必须进行环境及社会影响评估；（3）银行有权在借贷周期内随时对环境问题进行调查，并在必要时以环境问题为由收回贷款。一旦项目在建设和运营中产生重大环境问题，中国进出口银行有权要求项目业主或借款人采取措施及时消除影响；如项目未按要求消除影响，中国进出口银行有权停止发放贷款或提取回收贷款。此外，《中国进出口银行绿色金融和社会责任白皮书》中明确提出以东道国法规为环境风险的评估和管理执行标准，要求借款人和项目执行方必须针对环境风险采取环境保护措施和方案。《国家开发银行监督管理办法》第22条提出建立包括环境风险在内的风险评估制度；第30条规定"开发银行应当树立绿色金融理念，充分评估项目的环境和社会风险，将评估结果作为授信决策的重要依据"。

但以上中国政策性银行针对境外投资业务制定的环境政策和绿色信贷体系还存在一定局限性。（1）政策内容方面，国家开发银行和中国进出口银行的环保准则均未区分不同行业的环境标准，不利于具有高污染特征的能源行业直接引用，使相关企业仍然面临一定程度的环境法律风险。此外，二者都仅确保项目符合东道国的环境法律法规，而无法确保其符合国际环境法律和法规，在我国与该能源资源国签订的双边协定中约定了合作项目要符合国际环境标准的情形下，如果银行仍然按照与国际标准不同的东道国环境标准进行审查，则无法有效帮助企业避免环境法律风险。（2）配套机制建设方面，国家开发银行和中国进出口银行的投诉机制和独立监督与审核机制均处于空白。能源合作项目所在地的社区及居民是环境权益受到最直接影响的利益相关方，当地NGO的态度则是项目因环境影响受到争议的主要声音来源，然而，国家开发银行还未建立与受项目影响的社区进行公开磋商的机制，或因难以保证贷款活动全过程的透明度，而使项目受到非议。因此，应当进一步加强信息公开的配套机制，以减少能源投资合作项目执行过程中出现社会矛盾和环境争议。①

---

① 〔美〕凯文·P.盖力格：《从审慎中获利：中国的政策性银行如何提高社会和环保标准》，《保尔森基金会政策备忘录》，2013，第4~5页。

2. 政府在对外能源合作中重监管而轻服务

我国相关规范性文件赋予了国内企业对外投资中咨询、建议等相关权利，同时对有关行政主管部门的职责提出了要求，但是却忽略了政府为保障企业维护自身合法权益、防范环境法律风险而应当承担的相关义务。《企业境外投资管理办法》第8条规定："投资主体可以就境外投资向国家发展改革委咨询政策和信息、反映情况和问题、提出意见和建议。"第9条、第10条、第12条分别规定了国家发展改革委等有关部门在各自职责范围内，为投资主体提供相应指导和信息服务，维护我国投资主体的合法权益。第40条规定政府有关部门"建立协同监管机制，通过在线监测、约谈函询、抽查核实等方式对境外投资进行监督检查，对违法违规行为予以处理"。第49条第2款规定"建立境外投资违法违规行为记录，公布并更新企业违反本办法规定的行为及相应的处罚措施"，将有关信息纳入全国信用信息共享平台网站等进行公示，并会同有关部门和单位实施联合惩戒。《对外投资备案（核准）报告暂行办法》第18条规定敏感行业的对外投资应当受到相关主管部门的重点督查，未按规定履行备案手续和信息报告义务的，由相关主管部门采取提醒、约谈、通报等措施，必要时将违法违规信息公示。《对外投资合作和对外贸易领域不良信用记录试行办法》规定，经核准开展境外投资业务的企业有"破坏当地生态环境，威胁当地公共安全"行为的，应当列入对外投资合作不良信用记录。

上述规范的共同点是，规定了对外合作企业诸多汇报、信息公开等义务的同时，赋予了行政主管部门大量监管职权；或者只规定了境外投资指导和服务义务，而相应法律责任条款缺位。然而，只有政府和企业携手努力，共同面对来自外部的多种类、有变化的环境法律风险，才能有效防范海丝之路能源合作中的各类环境法律风险。由于环境法律法规等相关信息的受重视程度和可获得性相比传统市场信息更低，构建环境法律风险防范机制需要的基础信息，很有可能因为能源资源国的法律信息不对外公开而无法获得，企业获取信息不完全、不对称、碎片化，需要政府层面通过建立高端对话平台和交流机制等途径提供权威参考和支持。因此，现行相关规范性文件中对于有关行政主管部门的职责规定以"提供信息服务""提供宏观指导"等宏观、抽象但缺少约束力的规定为主，与为企业规定具体法定义务及明确处罚措施形成明显对比，减轻了政府有关部门在对外能源合作中的主动性与参与度。

3. 对外能源合作中的现有环境争端解决机制存在一定局限

环境争端解决机制是海丝之路能源合作环境法律风险防范机制中必不可少的环节，它决定了我国企业在特定情形下是否需要承担以及如何承担法律责任。目前，国际环境争端因缺少强制性、专门性的管辖机构，只能通过依附于能源贸易、能源投资等合作形式得以解决，可能发生在企业与政府之间、企业与企业之间，特殊情况下可能还涉及政府与政府之间的争端，所涉利益包括国家利益、企业经济利益、所在国环境公共利益等，具有复杂性和敏感性。①

能源贸易中的环境争端主要通过 WTO 争端解决机制解决。《关税及贸易总协定》作为调整国际自由贸易的条约，虽然在第 20 条一般例外条款②中明确处理贸易纠纷时对环境资源保护问题的适当考虑，但是就已经裁决案件的整体结果而言，专家组和上诉机构并未在贸易和环境的问题上持有根本性转变的态度，环境问题在国际贸易争端解决机制中仍处于相对边缘地位。③此外，WTO 争端解决机制只能适用于 WTO 成员方之间的能源贸易纠纷，对于我国与沿线非成员国之间在能源贸易中发生的环境争端并不适用。而且，由于西方国家在该机制中拥有更多话语权和主动权，WTO 争端解决机制采用了普通法的规则和程序，不利于在解决能源贸易的环境争端中充分维护我国合法权益。

能源投资中的环境争端大多数由国际投资争端解决中心（International Centre for Settlement of Investment Disputes，ICSID）、国际商会国际仲裁院等主要国际投资仲裁机构解决。根据联合国贸易和发展会议和 ICSID 对近年来仲裁庭裁决的环境相关争端案件基本情况的统计，能源投资中的涉环境争端案件明显多于能源贸易环境纠纷，其拥有更多的实体环境规则和实践裁决基础，并且能够在环境风险转化为实际损害之前受理案件。但同时，国际投

---

① 梁咏：《中国海外能源投资法律保障与风险防范》，法律出版社，2017，第 268 页。
② 第 20 条："本协定的规定不得解释为禁止缔约国采用或加强以下措施，但对情况相同的各国，实施的措施不得构成武断的或不合理的差别待遇，或构成对国际贸易的变相限制……（b）为保障人民、动植物的生命或健康所必需的措施……（g）与国内限制生产与消费的措施相结合，为有效保护可能用竭的天然资源的有关措施……"
③ 赵玉意：《国际投资仲裁机构对涉环境国际争端的管辖：主导与协调》，《国际经贸探索》2017 年第 9 期。

资中的环境争端从起诉到裁决时长平均在 5 年左右，耗时较长，目前仍有大量环境纠纷尚未裁决。并且，如果运行逻辑和适用规则有所不同，则同一环境争端将在不同争端解决机制或不同争端解决机构下得到不同结果，直接影响企业的切身利益。① 在我国与沿线国家签订的双边投资保护条约（BIT）中，对争端解决方式的选择有所不同，或未明确规定，或规定司法解决优先，或规定司法与仲裁择一适用。但在中国重新签订的 13 项 BIT 中，几乎全部选择了司法或仲裁择一的争端解决方式②，具体到仲裁庭也有国际仲裁庭、专设仲裁庭、ICSID 仲裁庭或联合国国际贸易法委员会仲裁庭等多个选择。

　　然而，同一环境争端可能与能源贸易及能源投资皆有关联，实践中碎片化、差异化的纠纷解决规则令相关裁决之"合法性"受到质疑，不同争端解决机制和机构作出的裁决之间可能存在冲突，不利于我国与沿线国家之间有效解决环境争端，从而不利于维护我国企业合法权益，难以有效保障我国能源安全。③

第三节　海丝之路能源合作环境 法律风险防范机制完善

　　过去，我国能源企业对能源资源国的环境公共利益关注不够，环境法律意识淡薄。通过完善我国国内相关法律规范体系和监管制度，引导并监督我国企业在对外能源合作中遵守环境法律、履行环境社会责任、加强环境法律意识，建立企业内部的环境法律风险防范管理体系，有利于维护我国对外能源合作的长期、稳定开展。

---

① 在国际环境争端解决上，已经出现不同机构对同一事项平行管辖的现象，智利-西班牙剑鱼案就是典型代表案例。参见赵玉意《国际投资仲裁机构对涉环境国际争端的管辖：主导与协调》，《国际经贸探索》2017 年第 9 期。
② 梁咏：《中国海外能源投资法律保障与风险防范》，法律出版社，2017，第 281～284 页。
③ 刘明萍、张小虎：《投资争端解决机制中的承认与执行规则——以"一带一路"为视阈》，《南华大学学报》（社会科学版）2018 年第 4 期。

一　完善对外能源合作法律体系环境风险防范机制

（一）明确我国能源法律体系中环境保护规定

环境污染是能源开发利用的必然结果，可持续发展原则和《巴黎协定》要求各国在能源开发利用中必须减少环境污染。国际条约中，《能源宪章条约》（ECT）几乎涵盖了能源合作的所有形式，其通过在条款中规定环境保护义务而预防环境风险，尽量避免在能源投资、贸易与运输中发生生态破坏和环境污染等不可逆损害。[①]《单一欧洲法令》等欧盟相关立法也十分注重环境保护，在对环境产生不同程度影响的能源生产、运输、消费等各个环节，均要求以保护环境和资源、应对气候变化为主要考虑。[②]具体到我国能源法律，虽然各单行法在具体条文中对环境保护有所提及，但多为概括性规定，缺少可操作性强的具体规则，导致我国能源立法与环境保护立法之间仍处于相对分离的状态，缺少协调与互动。二者之间长期以来的"界限感"是我国能源企业缺乏环境保护意识，尤其是缺乏环境法律意识的重要原因。

保障能源安全是能源法律需要解决的首要问题，能源供给安全和使用安全与环境保护互相同步才能提高能源效率，实现可持续发展。[③]因此，《能源法》作为能源领域基本法，首先应在总则性规定中表明我国能源企业参与国内外环境治理的决心。其次，将"能源与环境"作为单独一章，明确能源活动与环境负外部性之间的密切关系，借鉴国外能源安全立法，重视能源开发利用与环境保护之间的协调。[④]通过设置严格环境标准约束能源活动中的环境行为，保障环境安全，实现能源可持续发展。最后，在"国际合作"一章中明确提示企业在对外能源投资、对外能源贸易以及能源运输等合作形式中，履行遵守国际法和能源资源国环境法律法规等环境

---

① Dragana Barjaktarevic, Liljana Markovic, "Relationship between Environmental Law and Energy Law", *International Journal of Economics and Law* 9（2019），pp. 9-24.

② 程荃：《论能源危机对欧盟能源应急法律政策发展的影响》，《暨南学报》（哲学社会科学版）2015 年第 1 期。

③ 肖国兴：《破解"资源诅咒"的法律回应》，法律出版社，2017，第 189 页。

④ 程芳：《能源环境问题的外部性分析》，《学术论坛》2013 年第 6 期。

保护义务，强化环境社会责任，防范环境风险，并制定配套法规细化具体义务和未依法履行环境义务的对应措施。其他能源单行法应当根据《能源法》贯彻、传递的生态文明理念进行适当的调整与修改，例如，在《煤炭法》中明确规定从事出口经营的煤矿企业履行环境保护义务，遵守目的国环境法律法规；在《电力法》中鼓励、引导国内有关单位在国外依法投资开发电源；在《石油天然气管道保护法》中加强主管部门对能源管道运输环境保护的监管执法力度，夯实与能源过境国家协商制定环境管理制度的法律基础。①

（二）在对外投资贸易法律体系中融入环境保护规定

首先，在对外投资领域，我国应尽快出台《对外投资法》作为权威的专门性立法，明确企业对外投资各个阶段的法定义务，规范企业的环境治理行为。譬如，投资者应当履行信息披露等防控企业环境风险的勤勉义务，并承担未依法履行该义务的责任；向对外投资法律体系中适当引入环境影响评价、"三同时"制度等国内理论和实践较为成熟的环境管理法律制度；在能源等涉及重大国家利益的敏感行业领域，对外投资法律中应当明确督促企业提高环境和社会风险抵御能力，使各项风险防控制度常态化。② 以对外投资法律中融入环境影响评价制度为例，该制度作为国际通用的环境管理核心制度，应当在对外投资审核或备案环节受到足够重视。在企业申请境外能源等敏感行业投资时，应当提交根据我国环境法律或东道国环境法律的规定进行的环境影响评估报告，如果东道国环境法律或环境管理制度不健全或未公开，企业也可以提交符合国际环境法律政策要求的环境影响评估报告。由我国对外投资主管部门联合生态环境部进行实质审查，并以企业提交的环境影响评价相关文件材料作为对外能源投资进行中追究企业环境责任的重要依据。③

同时，贸易法律政策应与环境法律政策之间加强一致性，使对外能源

---

① 岳树梅等：《"一带一路"能源合作法律机制构建研究》，厦门大学出版社，2019，第220页。

② 陈德敏、郑泽宇：《中国企业投资"一带一路"沿线国家环境风险的法律规制》，《新疆社会科学》2020年第2期。

③ 刘燚：《中国对东南亚投资中的环境保护法律风险研究》，硕士学位论文，首都经济贸易大学，2018。

贸易与环境保护相辅相成。我国已缔结或参加的条约是能源贸易领域法律的重要渊源，在贸易协定签订中，应当充分重视协调能源贸易与环境的关系。不论是与发展中国家还是发达国家签订能源贸易相关协定，各方都应在市场准入条件中建立适当的环境标准，既兼顾国家的经济发展利益和需要，也将国家环境利益的保护置于同样高度，坚持国际贸易制度的公平性和可预测性，保证双方或多方能够在能源贸易合作中对于环境法律和标准体系可接受、能遵守。此外，能源贸易的展开在加剧了环境退化风险的同时，也加剧了有关企业违反境外环境法律的制度风险，但应当尽量避免为了解决环境问题而对能源贸易造成不必要限制，对能源供应安全和能源国际合作关系造成不利影响。[①]

二　健全对外能源合作环境法律风险防范机制

（一）政府建立环境法律风险防范体系服务保障和监管机制

构建对外能源合作环境法律风险防范机制是推进绿色丝绸之路建设的必要举措，将生态环境保护融入海丝之路能源合作中，也是我国向国际社会分享生态文明理念、实现国际能源合作可持续发展的内在要求。我国政府与企业在保护与监管中形成了对外能源合作的基本法律关系，政府在推动国内资本流入能源资源国时，既有义务为企业提供减少障碍的信息服务和技术支撑，也有义务对能源合作进行环境监管。[②]

首先，企业在构建内部环境法律风险防范机制中面临难以获取完全、对称、系统相关信息的障碍，我国政府应当以目前已经搭建但尚未成熟的"一带一路"生态环保大数据服务平台为基础，建立"一带一路"能源合作和生态环境信息共享机制，提升对境外合作项目生态环境风险评估与防范的咨询服务能力，为建设绿色海丝之路提供综合环保信息技术支持与保障。第一，制定并公布能源合作项目指引，加强与沿线国家生态环保战略和规划对接，收集汇总沿线国家拟与中国进行能源合作的意向，梳理各国近期开展和拟开展的能源项目清单，为我国企业决策对外能源合作提供指

---

① 张天桂：《国际合作中贸易与环境的协调研究》，博士学位论文，上海社会科学院，2009。
② 梁咏：《中国投资者海外投资法律保障与风险防范》，法律出版社，2010，第11页。

引与参考。① 第二，积极为企业提供对外能源合作沿线国家的能源、投资、环境相关的法律、法规、政策信息，增强沿线国家法律体系透明度。实时同步国际最新能源政策和最新签订的能源合作相关多双边条约，共享可能影响法律修改的沿线国家时事，作为企业建立环境法律风险防范机制的基础和依据，为相关企业对能源资源国的系统风险研判和信息预警提供权威性平台。② 第三，发布对外能源合作企业年度环境报告，为对外能源合作企业间进行信息交流提供平台。例如，企业退出该能源合作项目后，根据自身实践和体会，总结在当地开展能源合作面临的主要困难和应对方案，对拟在同一国家开展能源合作项目的企业提示建立环境法律风险防范机制的注意事项和重点。由企业提交给政府有关主管部门审核相关方案，行政部门通过后上传到信息共享平台，为后续能源合作企业提供经验，形成连续有效的沟通机制。第四，搭建生态环保智库交流合作平台。沿线国家之间生态环境政策和标准的沟通与衔接，以及关于能源投资贸易中污染治理等环境产品和服务合作等，对知识和技能的专业性要求较高，我国有关主管部门应当作为枢纽带头落实《"一带一路"生态环境合作规划》，建立国内与国外、国内横向与纵向上关于生态环保战略与技术的沟通交流机制，在生物多样性保护、生态修复、大气污染治理、水污染治理以及危险废物管理处置等环节，为对外能源合作企业提供专业的技术信息服务和支撑。

其次，环境影响评价既能帮助决策者明晰拟议中能源合作项目对环境的潜在影响，也能为拟议中的能源合作项目减轻环境损害的风险提供有力依据，因此被认为是最有效的环境管理制度之一。③ 由于海丝之路沿线国家的环境影响评价制度内容不尽相同，为避免我国企业因环境影响评价不符合能源资源国规定而受到行政处罚，进而影响能源合作进程，我国政府应牵头与"一带一路"沿线国家共同建立环境影响评价制度，协商确定有利于沿线各国实现可持续发展目标的评价标准，识别生态环境敏感区和脆弱区，加强环境风险的预警能力，为企业提高环境法律风险防范能力提供

① 电力规划设计总院、中国—中东欧国家能源项目对话与合作中心：《中国—中东欧能源合作报告》，人民日报出版社，2020，第115页。
② 赵赟：《国际法视域下"一带一路"建设中的法律风险及防范》，《理论学刊》2018年第4期。
③ 杨泽伟：《共建"丝绸之路经济带"背景下中国与中亚国家能源合作法律制度：现状、缺陷与重构》，《法学杂志》2016年第1期。

制度保障。同时，能源合作企业受专业技能、经验不足等因素限制，在制定环境法律风险应对方案中可能受到环境和法律等领域信息不对称之局限，此时，政府应当鼓励我国本土律师事务所、环境评估机构等第三方中介机构在企业对外能源合作中发挥专业化咨询和服务作用，弥补企业在预判并防范环境法律风险中的不足，构建政府部门、企业与中介机构各司其职、各尽其责、密切配合的稳定关系框架。

最后，绿色海丝之路要求我国对外合作企业"接受东道国环境法的规制，同时自觉对接我国有关主管部门的依法监管"[1]。因此，有关主管部门应当对对外能源投资企业加大环境监管力度。第一，在对外投资的审批制度中，生态环境部应与商务部、国家能源局等进行充分协调沟通，在实质、严格审核企业提交的能源规划或项目方案同时，要求企业提供受到东道国政府审核认可的，或者符合国际标准的环境影响评估报告，并明确提出审查意见供其他相关部门参考，预防发生环境法律风险。[2] 不同部门之间应当分工合作，规范指导相关企业在对外能源合作中履行环境社会责任。第二，政府应当监督企业制定并执行环境法律风险防范内部机制，内容上应当至少包括企业对外能源合作可能对所在国造成的生态环境损害，以及所在国环境立法、执法和司法可能给企业带来的环境法律风险应对方案，如如何防范环境违法风险，发生纠纷时，选择何种争端解决机制等。如果发现企业内部的风险防范机制不健全，有关部门应当及时指出并提出修改意见，发现项目运行中企业有可能违反所在国法律法规的行为应当及时制止、建议改正，并要求企业及时提交情况说明和应急计划。如企业已然违反所在国法律法规，并对当地居民生活环境造成了严重影响，我国政府有关部门应当第一时间掌握态势，根据具体情况责令其中断项目，督促企业按照所在国法律规定承担相应责任，并在国内相关信息平台上公示。

（二）完善政策性银行的绿色信贷制度体系

政策性银行的绿色信贷体系将直接影响企业在海外的环境社会责任履行。《关于构建绿色金融体系的指导意见》要求贷款人明确其环境法律责

---

① 孙佑海：《绿色"一带一路"环境法规制研究》，《中国法学》2017年第6期。
② 郑荣慧：《我国对外投资环境法律管理机制研究》，硕士学位论文，中国政法大学，2011。

任，做好环境风险管理。在环境法律风险防范机制的构建中，以政策性金融机构为主要代表的贷款人可以通过发挥引导、带动各方资金等独特优势，为建设能源领域的绿色海丝之路造血输血。

首先，政策内容的制定可以借鉴国际上相应成熟完备的规则体系。一方面，我国政策性银行可以参考世界银行、亚洲开发银行等国际金融机构的现有政策框架，或者以"赤道原则"、《全球契约》等投资指南的现有原则和规则为基准，完善其内部环境风险管理体系。另一方面，可以参照国际环境标准或其他国家的成熟环境标准体系，在能源等环境风险高的行业采纳并执行更严格、操作性更强的环境标准和环境监管方案，有助于与发展水平不一的国家培养并保持长期合作关系。

其次，分阶段明确金融机构在项目全过程中的重点监督义务。在贷前审查环节，银行应要求企业提交环境风险防范相关方案，根据项目所在地区的环境情况、项目融资规模等合理划分环境风险类别，加强对能源合作项目环境方案的审核，针对不足之处提出改进意见。银行还应当建立企业环境信息的共享机制，在贷前查询企业环境违法违规记录后，再决定是否提供贷款以及附加何种条件提供贷款。在贷后监督环节，银行应注重实地调查，借助第三方专业机构对环境影响情况展开调研和评估，跟踪、监督、分析能源合作项目的进展情况，着重审查是否按照环境影响评估文件和环境管理方案进行，及时与企业沟通项目存在的环境法律风险，并将具体情况和重点指标录入信贷管理系统，以做备案。

最后，完善政策性银行的配套机制建设。从金融机构内部而言，应当进一步加强信息公开，在不侵犯企业商业秘密前提下和法律允许的范围内，主动披露相关信贷数据和环境影响评价文件等企业环境信息，提高能源合作项目透明度以接受公众监督；同时建立投诉机制，允许生活环境受项目影响社区和居民在能源合作项目准备或运行中提出申诉，保障公众信息获取和反馈渠道畅通。从外部监督机制而言，可以在涉及高环境风险的能源合作项目中，引入第三方专业审计机构，负责相关交易的年度信用审查，以保证绿色信贷透明度。①

---

① 刘冰玉：《中国金融机构对非洲绿色信贷的发展、困境及应对》，《商业研究》2020 年第 10 期。

(三) 企业内部构建环境法律风险防范体系

海丝之路倡议要求我国企业在与沿线国家能源合作中树立正确义利观，坚持互利共赢的能源合作理念，在考虑我国经济利益的同时尽可能地造福和惠及当地社会及群众，让其感受到我国在开展环境保护等方面作出的努力和贡献，充分发挥主体作用。① 因此，企业作为保护所在国生态环境的主要参与者和行动者，应当建立严密有效的环境法律风险防范体系，通过内在动力机制为保护能源资源国生态环境提供自我约束和激励来源。为此，企业应转变一味追求经济效益的经营理念，形成具有社会责任意识、服务意识和大局意识的企业文化，严格贯彻落实《对外投资合作环境保护指南》的各项规定，将环境保护纳入发展战略和生产经营计划，形成企业环境自律机制，切实履行环境社会责任，树立良好企业形象，提高自身绿色竞争力。

首先，企业应提高其环境法律风险防控意识，充分识别风险类型。环境法律风险防控意识由风险防控意识、法律意识、环境保护意识等复合而成，贯穿于能源合作项目准入—运营—退出全过程。企业应当事先了解能源资源国的文化背景、法律传统、政治形势，充分利用政府提供的能源合作信息及环境信息，关注并熟悉国际环境标准以及能源资源国的投资法律、能源法律和环境法律，还应重点留意该国加入的国际环境保护条约及能源投资贸易条约，尤其是与我国法律不同的特殊环境法律制度和有所变动或经常修改的法律规范。类型化区分指导性条款、命令性条款、禁止性条款，明确不同能源合作形式及不同环节的环境保护义务，以及违反法定义务对应的法律责任，了解履责不能或履责不全的法律后果，以有效应对每一环节的法律风险。②

其次，企业应当建立常态化风险防控机制和应急预案，并根据所在国相关法律政策的变化及时调整其内部防范机制的内容，协商修改能源投资

---

① 朱雄关、张帅：《"一带一路"背景下构建我国能源合作的对策探讨》，《学术探索》2017年第7期。

② 汪习根、李曦光：《"一带一路"视角下法治服务体系的优化——基于法律价值理念的分析》，《武汉大学学报》(哲学社会科学版) 2018年第1期。

贸易合同中的对应内容，防止自身权益受到不利影响。[1] 第一，企业应当对所在国的经济状况、环境法制水平、环境治理能力，以及当地社区、NGO 对环境保护的关注度等展开调研，如果企业以收购形式开展能源合作，还应对目标企业开展环境尽职调查，以上述指标为基础建立环境风险评价体系，系统化评估能源投资合作的环境法律风险。第二，企业应积极提升自身对所在国法律的适应能力，强化风险预先评估能力，分别制定事前预防方案与生态环境事故发生后的事后应急方案。在事前预防方案的制定中，企业应当根据能源资源国环境法律法规和环境标准的要求，建设和运行污染防治设施，确保各类污染物的排放符合标准。针对能源开发运输过程中可能产生的污染物制定环境管理计划，包括如何减少危险废物的产生，如何贮存、利用和处置污染物等。事后应急方案由企业根据可能造成的生态环境事故和生态环境损害制定，包括应急管理工作的组织体系、处置程序、应急保障以及事后恢复与重建等；同时建立与当地政府主管部门、当地民众、中国企业总部和中国政府主管部门的报告与沟通机制。第三，企业应当事先了解并掌握所在国的司法制度、仲裁体系以及国际争端解决机制。企业应当在内部环境法律风险防控机制中明确利用法律工具有效解决环境纠纷的方案，即结合所在国法律及与我国签订的有效双边条约，或共同签署批准的多边条约，在法律允许的范围内充分利用有利于维护企业自身合法权益的多种救济机制。

最后，企业应当注重内部监督保障机制的建立与完善。第一，环境信息披露是保护公民环境权的内在要求。公众对企业环境决策和内部环境管理制度享有知情权，企业应当通过官方网站、新闻发布会、出版物等途径，主动披露企业履行环境社会责任年度报告、企业重大环境决策公告、环境保护目标责任书完成情况等能源合作进行中的环境信息。此外，企业还应建立与当地居民、NGO 及政府的沟通机制与平台，为各利益相关方参与监督企业环境行为提供合理途径，借助外部监督力量规制企业自身环境行为，进一步提高其环境法律风险应对方案的科学性和合理性。第二，企业应当注重培养具有国际视野、掌握国际法治规则、熟悉环保业务和法律业务的复合型人才，加强交叉领域的专业化、国际化人才队伍建设，构成

---

[1]　田晓云：《中国企业海外矿业投资法律风险防范研究》，《商业时代》2014 年第 19 期。

企业的智力支撑体系。同时，建立环境保护培训制度，向员工提供环境保护相关知识和实践的教育培训，使员工了解并熟悉所在国的环境法律法规，掌握企业内部风险应对机制和事故应急方案的内容和操作，提高员工的环境法律意识和环境保护责任意识，通过内部员工合力保障企业环境法律风险防范机制的建立与执行。

三 构建多元化环境争端解决机制

争端解决机制是保护我国相关主体权利的最后一道屏障。随着能源合作过程中因环境问题产生的争端数量增多、类型复杂，建立统一的争端解决机制并非理想选项。构建以调解为前置程序，以仲裁为核心方式，以诉讼为辅助程序的环境争端解决机制，更有利于维护企业合法权益。

首先，《联合国关于调解所产生的国际和解协议公约》旨在促进调解成为国际商事争议解决机制中除诉讼、仲裁之外具有独立救济功能的有效解决方式。通过为跨境和解协议提供一个高效统一的执行规则依据，确保当事人按照特定程序达成的和解协议具有约束力，并被直接、迅速执行，能够以较强的灵活性提高争议解决的效率，与海丝之路的丰富内涵完美契合。同时，调解机制能够避免因解决纠纷而对能源合作项目的经营产生较大冲击，从而影响所在国的经济社会效益以及双方的长期合作关系。除我国之外，新加坡、刚果、印度、哈萨克斯坦、伊朗、马来西亚等46个国家和地区签署了此公约，目前虽然只有6个国家（不包括我国）批准了该公约，但是公约与海丝之路沿线国家倡导多元化解决国际民商事纠纷的精神基本一致①，有利于签署国家之间友好解决商事争议，实现能源合作的可持续发展。对于未签署《公约》的非洲各国，也存在诸多通过调解解决环境纠纷的空间。例如，肯尼亚《环境和土地法院法》第20条规定："本法中的任何内容均不得解释为阻止法院根据当事方的同意或要求，在各方同意或要求下自行采取和执行其他替代性争端解决方法，包括和解、调解和传统争端解决机制。"我国企业应充分利用调解这一具有开放性、包容性、保密性的纠纷解决机制，彰显大国气量。

---

① 孙南翔：《〈新加坡调解公约〉在中国的批准与实施》，《法学研究》2021年第2期。

其次，争议双方在仲裁机构面前地位相对平等，仲裁作为缓和直接对抗的一种具有准司法性质的独立争端解决机制，对于维护国家间良好的外交关系具有积极作用①，符合海丝之路宗旨。仲裁的优势在于"一局终局"，具有快速高效、费用低廉的特点，能够尽量减少对能源合作进程和经济利益、社会效益的影响。此外，国际仲裁规则越来越重视可持续发展目标的实现和对国际环境利益的关注，可以在平衡投资者投资利益与东道国环境利益中，得出具有说服力和约束力的裁决，并普遍为沿线国家所认可和接受，海丝之路有理由成为替代性争端解决机制的核心方式。

　　最后，司法是解决纠纷的最后的防线。诉讼虽然具有理论上可执行性和法律约束力强的明显优势，但在实践中，诉讼效果与沿线国家的法治体系、法制环境息息相关。海丝之路沿线国家多为发展中国家，国内法可能存在程序规则不完善、公正性和执行力难以保证等不足，加之我国企业对适用实体法、程序法的熟悉程度比起纠纷另一方多处于劣势，因此面临较大败诉风险。②此外，诉讼具有时间久、费用高、私密性低、结构和程序复杂等相对劣势，因缺乏灵活性而不利于我国能源合作项目的持续、顺利进行，因此建议作为环境争端解决机制的辅助程序予以适用。

　　构建对外能源合作中调解、仲裁、诉讼之间有机衔接的多元化环境争端解决机制，企业可结合自身诉求匹配更有利于维护合法权益的救济路径，这对于我国与沿线国家长期稳定展开能源合作、保障国内能源安全具有重要价值。

---

① 刘恩媛：《论"一带一路"环境争端解决机制》，《国际贸易》2018年第4期。
② 梁咏：《中国海外能源投资法律保障与风险防范》，法律出版社，2017，第309页。

第四章　海丝之路能源投资法律风险与防范

梳理中国在海丝之路沿线国家投资活动中所面临的风险问题，厘清国际能源法律制度和投资东道国以及投资母国法律之间的适用与衔接，推动海外能源投资风险防范法律保障机制的构建与完善，满足能源投资企业对能源投资环境自由、投资准入门槛降低、东道国法律政策透明以及争端解决机制公平高效的期待，为落实能源安全战略和海丝之路中的能源合作倡议提供法律制度支持，预防和降低投资风险。

第一节　海丝之路能源投资风险及原因

能源投资具有特殊性，当前出现的主要风险问题首先是在市场准入过程中来自投资国和东道国严格的法律规制，导致资本很难顺利进入东道国能源市场进行投资；其次是在投资过程中很多国家基于环境保护或者政治原因，导致能源投资中断却没有及时补偿；再者针对系列政治风险并没有完善的保险机制以规避风险和补偿损失。

一　海丝之路能源投资准入阶段风险

海丝之路能源投资准入阶段面临的风险主要来自严格多变的准入政

策。投资准入是国家为了保护本国利益而普遍采取的限制外国资本进入国内市场的措施，主要包括投资类型、条件以及审批等内容，直接决定投资者能否到该国从事投资以及参与投资的程度，为外资进入设置了必要门槛。虽然目前还没有任何一个海丝之路沿线国家完全排除外资进入本国能源市场，但是各国在开放程度上有所差异。一些国家积极鼓励外资进行能源投资，并将其纳入本国吸引投资的重点项目范围，例如，《柬埔寨王国投资法》第 12 条第 6 款明确了能源生产系政府鼓励投资的重要领域。也有一些国家对能源领域的外资投入持相对保守态度，例如，新加坡、菲律宾等国一般通过"负面清单"① 对外资的股权比例加以限制，从而实现对能源投资的限制。同时，能源投资具有政治敏感性以及高风险性，东道国的相关政策因国内外政治因素变动频繁，难以预测，这进一步加剧了能源投资准入阶段的风险。

二 海丝之路能源投资运营阶段风险

一方面，传统政治风险突出。所谓政治风险就是由于东道国的政治背景或者相关政策发生改变，导致其采取一系列不利于境外投资者的措施而产生的投资风险。东道国政权的稳定性、政策的连续性会直接影响投资环境，而海丝之路沿线国家多为发展中国家，尤其是非洲国家政权更迭频繁，能源政策继承性差、政局不稳，政权一旦变更，能源投资项目很可能就要重新谈判甚至终止。

另一方面，环保主义加重了征收风险。许多国家常常以环保之名阻碍能源投资活动甚至对其进行征收或者国有化。能源领域属于敏感行业，极易因引发环境问题而面临项目被当地政府搁置、投入资本被征收、投资主体被要求赔偿的风险，常常导致投资者被迫放弃而退出市场。尽管当前我国积极同沿线国家开展能源外交，公然国有化和征收相关投入资本的情形较少发生，但是以隐蔽、间接的方式影响投资者权益的措施却并不少见。特别是国际社会对环境、人权等问题的广泛关注，使能源资

---

① "负面清单"是指在所有投资企业权益资本总额中，外资拥有权或外资持股比例不得超过40%的经济活动领域清单。参见屈文生、万立《菲律宾外国投资法令》，载上海市法学会编《上海法学研究——华东政法大学文集》第 10 卷，2020，第 15~20 页。

源勘探、开采以及能源基础设施领域的投资更容易成为风险集中区。而且，大多数海丝之路沿线国家有关环境保护的法律法规呈现零散状态，尚未形成一个完整的法律制度，缺乏明确统一的标准，这加大了海外投资者的负担。

三 海丝之路能源投资退出阶段风险

东道国的国内法律政策复杂多变，其经常因国际能源市场形势的变化和本国政治经济发展需求而制定更严苛的税收政策，对海外投资项目实行征收，并且由于缺少健全的海外投资保险机制和高效的争议解决机制，对能源投资项目造成极大风险。

一方面，我国海外能源投资保险制度单一。能源投资退出阶段需要完善的海外投资保险制度，以防范东道国政治风险，降低企业损失，从而促进海外能源投资。然而，我国现行海外投资保险制度仍存在诸多缺陷。虽然中国出口信用保险公司的设立是中国海外投资保险制度的重大进步，海外投资保险制度已具雏形，但我国海外投资保险制度仍存在很多问题，不足以提供完备的保障，无法应对东道国复杂多变的法律政策以及政治格局变化给能源投资项目带来可能的负面影响，仍然在能源投资退出阶段面临较高风险。

另一方面，我国海外能源投资赔偿制度尚不完善。多数国家确立了矿产资源的国家所有权制度，要求海外能源投资者与本国政府、政府部门或者国家企业合营，通过授予特许权的方式开展投资活动。在持续时间较长的投资活动中，东道国政府违反国际条约以及合同的情形时有发生，极易与外国投资者发生纠纷。由于双方法律地位的差异，东道国与投资者之间的投资争议解决面临诸多棘手问题。我国虽然是多边投资担保机构（Multilateral Investment Guarantee Agency，MIGA）的创始成员国，但是由于 MIGA 承保险别有限，上述难题难以得到有效解决。具体而言，MIGA 仅为政治性风险提供担保，主要针对征收及相似措施险、战争及内乱险、货币汇兑险以及违约险等险种，并且只有在东道国无法提供司法救济，或者司法判决或裁定无法执行到位时，才能够适用违约险。因此，我国海外能源投资主体难以通过 MIGA 解决纠纷，获得赔偿。

第二节 海丝之路能源投资风险
法律应对及不足

海丝之路能源投资风险的法律应对在国内法和国际法层面皆存在不足之处。就国内法而言，必须爬梳能源投资准入阶段、运营阶段和退出阶段的法律规制；就国际法而言，应梳理区域性、双边性和全球性有关能源投资的法律规制。在理解当下规定的同时，反思其中的不足之处。

一 国内法层面应对能源投资风险的法律规制

（一）能源投资准入阶段的法律规制

投资母国的相关法律对于海外能源投资活动有一定的限制和引导作用，我国在海外投资方面的发展速度越来越快，我国政府对于海外能源投资的发展也越来越重视，通过大量的政策以及法律规范予以促进。

1. 投资国国内法在能源投资准入阶段的法律规制

海丝之路沿线国家目前都储备着丰富的、大量的能源资源，进行海外能源投资的前提是符合我国国内对于境外投资相关的核准和备案要求，因此梳理我国对能源投资的相关法律规范尤为重要。

（1）对外能源投资的审核方式

对于境外投资的审核，我国目前主要采取备案制和核准制，且以前者为主、后者为辅。根据《境外投资管理办法》第6条规定，有关主管部门对于企业通过新设、并购及其他方式在境外的投资行为根据不同情形分别实行备案和核准管理。结合《企业境外投资管理办法》第13、14条的规定，实行核准管理的范围是投资主体直接或通过其控制的境外企业开展的敏感类项目，敏感类项目包括涉及敏感国家和地区的项目或者涉及敏感行业项目。其中，前者主要包括与我国未建交的国家和地区，发生战争、内乱的国家和地区，或者根据我国缔结或参加的国际条约、协定等，需要限制企业对其投资的国家和地区等情形；后者则包括武器装备的研制生产维修、跨境水资源开发利用、新闻传媒以及房地产等 6 种需要限制企业境外投资的行业。对于投资主体直接开展的非敏感类项目，也即涉及投资主体直接投入资产、权益或提供融资、担保的非敏感类项目则实行备案管理。

对于能源领域的境外投资而言，虽然能源行业并不在国家发展改革委 2018 年发布的《境外投资敏感行业目录》中，但是由于海丝之路沿途经过北非等战乱频繁发生的地区，多具有敏感性。按照相关法律规定，能源投资项目涉及敏感国家和地区的审核方式以核准制为主，复杂耗时的审批程序以及繁杂的审批手续需要耗费大量时间成本，易造成投资合作机会的错失。

（2）对外能源投资的审核部门

根据我国境外投资相关立法规定，对外能源投资项目的审核至少涉及两个职能部门，即发展改革部门和商务主管部门，不同审核部门之间存在职能重合。

《境外投资管理办法》规定，主要由商务部和省级商务主管部门依法履行备案和核准，对属于备案情形的境外投资，中央企业报商务部备案；地方企业报所在地省级商务主管部门备案。对属于核准情形的境外投资，中央企业向商务部提出申请，地方企业通过所在地省级商务主管部门向商务部提出申请。

《企业境外投资管理办法》则规定由国家发展改革委和省级政府发展改革部门履行境外投资主管部门职责。具体而言，对境外能源投资涉及敏感国家和地区、敏感行业的项目实行核准管理，核准机关是国家发展改革委。实行备案管理的项目中，投资主体是中央管理金融企业、国务院或国务院所属机构直接管理的企业等中央管理企业的，以及投资主体是地方企业，且中方投资额 3 亿美元及以上的，备案机关是国家发展改革委；投资主体是地方企业，且中方投资额 3 亿美元以下的，备案机关是投资主体注册地的省级政府发展改革部门。

2. 东道国国内法在能源投资准入阶段的法律规制

由于能源投资本身的敏感特点以及国家对于外资进入的警惕性，不少国家采取较为严格的准入条件来限制外商开发能源。如前所述，对外能源投资首先需要取得投资母国的批准，其次还需要得到东道国的准入批准。所以，在熟悉我国对外能源投资的实际发展情况、完善我国相关法律规定与制度要求的同时，要进一步对东道国相关准入法律进行综合分析以及整理，深入了解海丝之路沿线各国的法律要求，突破当前面临的法律壁垒。

（1）外资持股比例不得过半

对于能源领域的外资投入，大部分海丝之路沿线国家会通过控制股权比例来进行限制，如印尼。近年来，印尼对于外资投入的相关要求有所降低，但是对于能源领域的投资要求反而更加严格。2014年第39号总统令较2010年第36号总统令规定了更加苛刻的准入要求，其要求油气钻井相关服务的资本必须全部是当地资本，对于难度较大的离岸开采，外资比例也需要在75%以下。

限制股权比例的关键原因在于，现今主要投资模式与股权比例紧密相关。在能源的投资模式中，跨国并购是一个重要模式，其逐渐以资本的形式扩大企业规模、占据海外市场以及加入海外能源开拓。根据海丝之路有关政策，中国很多大型国家能源企业已经开启了海外并购的相关模式。跨国并购的主要目标是通过参与目标对象企业的经营及管理活动，来达到其实际控制成效。所以，如果东道国严格限制外资股权比例，投资母国企业则难以实现其目标。

国际合作开发也是目前海丝之路有关能源投资活动中的一种关键模式。所谓国际合作开发，是指东道国与外国投资方签订相关合同、协议，约定在东道国所选择和认定的开发区域内，接受外国投资方有关年限要求与其合作，进行合作化的生产活动，根据所约定的比例共享利润并且分担风险。其作为一种基础性的国际化的合作方式，主要是东道国借助国外投资力量对能源进行开发，通常适合大规模开发及生产活动。根据我国的投资者在其参与的投资活动中是否占有股权的不同，可以将合作开发划分成股权式和非股权式两种类型。前者投资者拥有对应的股权；后者尽管无股权，但仍然能够签订并利用服务合同以及特许协议。

（2）能源投资的审批程序复杂

相关市场准入的立法模式不同，对应的程序也有所差异，但整体上均呈现审批过程繁琐、材料要求严格等特点。如依据东道国国内的外商投资条例来进行市场准入的相关申请，通常需要一系列复杂的外资准入审批步骤，虽然部分国家对内外资进行了统一立法，但是能源领域仍属于特许经营的范围，获取相关特许经营许可证对外国投资方来说也相对困难。

第一,内外资分别立法模式下的审核程序。印尼是对内外资进行分别立法的代表性国家,印尼的海外代表机构以及投资协调委员会(BKPM)等有关机构主要负责外资准入相关事项,在进行能源投资时,投资者既要通过有关机构的审查批准,也要通过能源矿产有关部门的审查批准。此外,投资者还应提供公司章程、有限进口许可证、纳税注册登记号以及海关批准书等相关证明材料。印尼议会与 BKPM 的主席将相关劳动协议或者煤矿勘探劳动合同向印尼总统报告,如果得到总统同意以及批准,将继续由印尼的矿能部部长代表印尼政府进行相关劳动合作的签署活动,该合同可作为投资批准书。同时,印尼各地区的政府机构也会加快制定有关能源的审批要求。对于能源企业来说,需要同时获得中央和地方的准入,这加大了获取准入资格的难度。

第二,内外资统一立法模式下的审核程序。老挝的投资立法即采用了内外资统一立法的模式,外资准入的一系列审批过程按照《投资促进法》的相应规定予以实施。能源领域属于特许经营的范围,投资方应当提交申请书给其所在计划投资部的投资促进委员会,通过初审后,投资者再根据政府的相关要求提交项目基础信息资料、商业计划书、财务状况证明以及经营业绩说明等必要材料,同政府机构进行协议,并且按规定支付项目保证金,最终从计划投资部办公室取得有关项目的经营许可证。

柬埔寨也采用该立法模式,其主要通过发展理事会对有关投资项目进行管理。柬埔寨的发展理事会是唯一能够对其服务的机构整体化地进行发展、重建以及投资管理的机构。如果投资项目与本国长期性开发策略有关,投资项目金额大于 5000 万美元;与矿产资源的开发利用有关;投资项目涉及政治敏感问题;投资项目可能会对自然环境产生危害等,则必须要在项目实施之前提交给内阁办公厅,并获得其批准,这在一定程度上延长了审批期限,同时也提高了审批难度。

(二)能源投资运营阶段的法律规制

1. 投资国应对环境风险的法律规制

《环境保护法》在落实各级政府责任、环境经济政策、生态功能区划分和划定生态红线等方面有重要突破,为我国今后的环境保护提供了坚实的法律保障,但是这无法规制我国能源企业对海外进行投资时在东道国国内的相关环境行为。当前涉及我国企业进行海外投资中的环境保护问题的法律法规及政策主要包括《企业境外投资管理办法》《境外投资管理办法》《中国对外承包工程行业社会责任指引》《对外投资合作环境保护指南》《推动共建丝绸之路经济带和21世纪海上丝绸之路的愿景与行动》《"十三五"生态环境保护规划》《关于推进绿色"一带一路"建设的指导意见》《"一带一路"生态环境保护合作规划》等。

梳理其中相关规定，目前主要存在以下几个问题。首先，一些规划大多是没有法律强制力的政策号召或者指导性文件，企业是否会依据文件去规范自身行为完全取决于自身利益的选择。其次，这些指导性文件并没有详细的环境保护要求和环境保护标准，也缺乏配套规则，在操作上存在很大难度。例如，《中国对外承包工程行业社会责任指引》对企业的环保责任作出了规制，"环境保护"章节涵盖环境管理、资源节约与综合利用、降污减排及生态保护等内容，但该规定仅具备概括性，远远达不到海丝之路能源投资中愈发严格的环境保护要求。最后，沿线国家环境法律机制不尽相同，企业需要同时遵守投资母国和投资东道国的环保法律。但是当前的政策法规单方面强调我国能源企业在对海外进行投资时需要遵守我国的环境法律规定，并没有对投资者进入东道国的相关活动予以规范。

2. 东道国应对环境风险的法律规制

随着沿线国家对环境保护的重视和准入标准的提高，环境保护问题成为我国与沿线国家能源合作的重点问题。在当今国际社会中，很少有国家会为了追求经济利益而抛弃环境利益，反之，大多数国家都会将环境因素纳入外资是否可以进入本国的考虑中。

《越南社会主义共和国环境保护法》严禁破坏和非法开发自然资源；严禁采用毁灭性工具和方式开发生物资源；严禁不按环保技术规程运输、掩埋有毒物质、放射性物质、垃圾和其他有害物质；严禁排放未处理达标的垃圾、有毒物质、放射性物质和其他有害物质；严禁将有毒的烟、尘、气体排放到空气中；严禁进口或过境运输垃圾；严禁进口不符合环保标准的机械设备。此外，越南政府要求国内工程开工前必须经过严格的环保核查，环保部门定期对企业的环保情况进行检查，不达标的企业须马上停工整顿并接受处罚；所有生产企业须安装污染控制和处理设备，以确保符合相关的环境标准；同时对矿产能源开发等部分行业征收环境保护费。根据

2016 年越南政府颁布的关于矿产资源开发环境保护费的第 12 号决定（12/2016/ND-CP），原油环境保护费收费为 10 万越盾/吨；天然气、煤气收费为 50 越盾/立方米，开发原油（天然气）过程中的天然气收费为 35 越盾/立方米。石油和天然气、煤气开发环境保护费归国家财政所有，100%上缴中央；矿产资源开发环境保护费（原油、天然气和煤气除外）100%归地方财政所有，以扶持对环境的保护和投资。[①]

缅甸政府也制定了一系列环境政策与法规，其中《缅甸环境保护法》和依据该法制定的《环境保护条例》规定了环保职能部门的职责，并要求对涉及自然资源开发、工业等领域的项目提前办理项目许可，在工业区、经济特区的企业或环保部指定的企业需履行相应责任。缅甸自然资源与环境保护部发布的《环境影响评估程序》规定，经缅甸自然资源与环境保护部认定，对环境有潜在负面影响的能源投资项目，须事先提交环境评估报告（EIA）；规模较小、对环境潜在影响较小的能源投资项目，只需提交初步检验报告（IEE）。2016 年 10 月颁布的《缅甸投资法》及 2017 年 3 月发布的《缅甸投资法实施细则》对在缅禁止投资有关事宜作出了规定，明确禁止对可能对自然环境和生态系统带来重大影响的投资项目进行投资。[②]

从引入外资的角度看，东道国会谨慎考虑外资对环境的影响，加强对企业社会责任的立法，以限制或避免跨国企业对环境的破坏。从输出投资的角度看，投资母国会为了预防环境问题造成投资风险而引导本国投资者遵守东道国环境法律政策，以保证投资项目的顺利实施。

（三）能源投资退出阶段的法律规制

海外投资保险制度是指部分企业在进行跨国投资时由国家出面对其可能遇到的政治风险提供担保，确认投资者与海外投资保险机构达成投保合作后，假如发生相关的政治风险并且给海外投资者带来巨大损失，那么首先由国内承保机构作出相应的补偿并获得代位求偿权后，再通过投资保险机构来获取东道国方面的补偿的法律制度。该制度能够为投资者创建一个

---

① 商务部国际贸易经济合作研究院、中国驻缅甸大使馆经济商务参赞处、商务部对外投资和经济合作司：《对外投资合作国别（地区）指南——越南》（2020 年）。
② 商务部国际贸易经济合作研究院、中国驻缅甸大使馆经济商务参赞处、商务部对外投资和经济合作司：《对外投资合作国别（地区）指南——缅甸》（2020 年）。

安全可靠的合法投资环境，也可以有效帮助资本输出国鼓励并且保护本国企业对外投资活动。

中国出口信用保险公司是唯一承担我国对外投资保险业务的政策性保险公司，该公司的设立是中国海外投资保险制度的重大进步。虽然海外投资保险制度已具雏形，但我国海外投资保险制度仍存在很多问题。

首先，投保人范围界定不合理。《境外投资管理办法》界定了境外投资的主体是中国境内依法设立的企业，将自然人划分在海外投资的范围之外，且未对非法人组织作出明确规定，与当前国家鼓励私人进行海外投资的倡导相悖。其次，政治风险是主要的承保险别，可归类为征收、汇兑、战争等，但是在实践中，很多披着政府行为外衣实质却难以界定为政治风险的案件得不到有效合理的赔偿和补偿。如墨西哥高铁招标合同以招标过程缺乏其他竞争对手为由被终止，科伦坡港口城项目因"未得到相关机构认可"而被政府叫停。这些均可归属于政府行为，但能否归于承保险别中的政治风险而得到担保和赔偿却面临较多不确定性。最后，能源领域的政治风险多发，目前缺乏专门针对此的投资保险制度。

二　国际法层面应对海外能源投资风险的法律规制

（一）　区域性能源投资的法律规制

中国开展能源投资合作的海丝之路沿线国家中，东盟成员国占有重要比例，所签订的多边投资条约也以中国—东盟为主体，因而中国与东盟自贸区签订的系列多边投资条约具有代表性意义。自中国—东盟自贸区的构想被提出以来，中国和东盟有关投资贸易合作的步伐就从未停止，下文对当前中国与东盟投资活动有重大影响的相关协议进行梳理。

1. 《中国—东盟全面经济合作框架协议》

《中国—东盟全面经济合作框架协议》（以下简称《框架协议》）是中国与东盟开展多方位经济合作的重要见证，不仅为双方的经济活动提供了基础性法律框架，也为投资者进行投资活动提供基本法律依据。《框架协议》有关投资方面的规定体现在宗旨、投资、最惠国待遇等条文中，但是总体来说，该协议的相关规定仍然比较原则，需要针对投资活动的更加具体的规制措施。

《框架协议》第7条明确，中国与东盟的合作应扩展到其他领域，包括但不限于银行、金融、旅游、工业合作、交通、电信、知识产权、中小企业、环境、生物技术、渔业、林业及林业产品、矿业、能源及次区域开发等。这种框架性的合作规划，对于双方进一步开展能源合作奠定了原则性基础。

2. 《中国—东盟自由贸易区投资协议》

2009年签署的《中国—东盟自由贸易区投资协议》（以下简称《投资协议》）是对此前合作成果的升级与完善，标志着中国和东盟在各领域的投资合作踏上了新台阶。该协议共有27个条款，内容涵盖国民待遇、最惠国待遇、征收与损失补偿、转移和利润汇回、代位求偿、缔约方间争端解决、缔约方和投资者间争端解决、一般例外、安全例外等方面，其目的在于构建自由、便利、透明以及竞争的投资机制。根据该协议，中国投资者获得了该国国民待遇、最惠国待遇以及公平公正待遇等，为中国到东盟投资提供了更优越的环境，同时为中国投资者的投资提供了坚实保障。该协议虽然并未直接明确能源投资的相关内容，但为中国与东南亚各国的能源贸易、投资及争端解决机制提供了制度框架。

3. 《中国与东盟关于修订〈中国—东盟全面经济合作框架协议〉及项下部分协议的议定书》

该议定书依然将"自由""透明""便利"作为双边投资的基本价值取向，各方就提高各国投资相关法律法规的透明度、适当调整企业性质及公司股比限制达成了协议，并扩展经验范围，尽可能降低因地域限制而带来的不利影响。鉴于此，随着中国—东盟自由贸易区合作的稳定发展，各缔约方对WTO投资规则进行不断完善和利用，有效借助《争端解决机制协议》对能源投资作出相应的调整与加强，通过建立更加透明化的合法投资环境来应对政治问题可能产生的能源投资风险。

海丝之路能源合作建立在项目特殊安排基础之上，如在中哈石油天然气管网项目中，投资运行主要是基于中哈两国政府协议，该项目所涉及的投资主体以及管网输送价格等并不符合哈萨克斯坦国内法的要求，也难以找到国际法依据，面临较大法律风险。除了希望出口能源外，资源国更加关注如何提升资源利用效率，促进其产业链延伸，一旦相关问题无法得到及时处理，长期稳定发展的大好局面将会受到影响。目前，我国和东盟自由贸易区尚未建立处理多边争议的稳定协商机制，海丝之路能源合作机制对争端解决机制的建立和完善提出了更高的要求，因而当前的区域合作机制与理想状态之间仍存在很大差距，各国之间应当加强沟通协调，建立多边合作机制和平台，从而消除东道国对本国安全的担忧。

（二）双边性能源投资的法律规制

1. 海丝之路沿线投资双边协定梳理

截至目前，中国与海丝之路沿线的东盟十国都签订了有关能源投资的双边协定。从已有的双边投资协定来看，能源领域投资涉及勘探、提炼和开发等。协定还规定了争端解决途径，包括友好协商和向具有管辖权的法院提起诉讼。我国与新加坡签订的保护投资协定中规定，如果双方在 6 个月内没有就争端达成解决协议，双方均有权利向有管辖权的法院提起诉讼；我国与马来西亚签订的保护投资协定中，明确以《华盛顿条约》中所确立的规则解决争端。

2. 对双边投资协定的评价

尽管双边模式能够在短时间内实现双赢，资金流入国运用别国资金来开发本国资源，从而推动经济的发展，而资金流出国也可以用投资得到所需的能源，但是长期双边模式的能源合作中也存在一些隐藏的问题。

双边模式下企业面临的违约风险比较大。目前，在"一带一路"倡导下的能源合作大部分都是双边模式，例如我国与俄罗斯的原油管道扩建项目以及中巴经济走廊能源合作项目等，这些项目的商议及落实阶段并不困难，但是因为项目合作是用双边的信用作为担保，很有可能在国家政治局面不稳定或者是政府更迭时产生违约金。

此外，双边模式排除第三方参加的可能性，可能会影响能源合作项目的顺利进行，甚至导致恶性竞争。

（三）全球性能源投资的法律规制

全球能源投资法律规制的普遍性问题，主要表现在争端解决机制供给不足。考虑到海丝之路的特殊性，其与传统的区域贸易投资模式有着较大区别，沿线国家的经济发展水平、政治情况以及法治发展状况都存在诸多差异，决定了其无法直接照搬国际上现有的争端解决机制。

20世纪60年代，发展中国家和发达国家之间因能源投资产生的矛盾开始激化，众多发展中国家开始提高外资准入门槛，对能源行业实行征收等做法使国家间投资争端不断。为解决西方国家与发展中国家之间有关国际投资的矛盾，国际投资争端解决中心（ICSID）应运而生。ICSID提供调解和仲裁两种途径来处理东道国政府和外国投资者之间的投资争端，为世界范围内的投资争端解决提供了较为成熟的机制。详尽的仲裁程序规则保证了争议的顺利解决，各国对裁决的尊重也使得大多数裁决可以得到有效执行，但该争端解决机制在处理海丝之路能源投资争端方面还存在不足之处。

1. 主体资格问题

可申请仲裁主体分为自然人投资者和法人投资者，自然人投资者必须具有除东道国国籍以外某一缔约国的国籍；法人投资者是指在法人投资者与东道国政府同意将政治风险争议交付调解或仲裁之日，具有除东道国以外的某一缔约国国籍的任何法人。东道国的主体应该是《华盛顿条约》的缔约国。

从目前我国对外能源投资情况来看，其主力军仍然是国有企业，国有企业是否为有权申请仲裁的适格主体在实践中具有重要意义。根据ICSID以往的裁决案例来看，其以实质性标准认定主体资格，即主要按照交易目的而不是法人本身的性质去认定，因而国有企业只要从事商业投资活动也属于适格的主体。然而，受计划经济和各部委之间职能划分的影响，在我国真正明确国有企业的独立投资者资格还需要对公司的治理结构划分更为明确的界限。

2. 投资争议提交的先决条件

根据《华盛顿条约》的规定，争端双方的书面同意是ICSID进行管辖的前提条件，并且任何一方不可以撤销先前的同意。这里的书面同意不仅指投资者和东道国政府之间签订的书面协议，也包含我国政府与东道国政府之间签订的双边投资协定。由此可以看出ICSID对投资争端的管辖以争端双方当事人自愿同意、协商一致为基础，并不具有强制性。此外，ICSID的管辖具有排他性。ICSID受理投资争端案件之后，即排除了投资争议双方再以其他方式寻求救济，包括东道国当地救济、外国法院管辖、其他仲裁机构受理以及外交保护。这种排他性管辖可以有效地提高仲裁效率，保证 ICSID 免受其他机构的干扰，独立作出裁决。当然，争端双方可以先用尽东道国国内的当地救济手段后，再将争端提交给 ICSID 仲裁。

虽然我国在与其他国家的双边投资协定中几乎均同意 ICSID 对投资争端的管辖权，但是，当我国投资者与投资东道国之间既没有书面协议约定，也没有有效的双边投资协定时，如东道国政府拒绝通过 ICSID 进行仲裁或调解时，投资者便难以找到有效的方式来解决争端。

3. 缺乏有效监督

ICSID 争端解决机制一裁终局的结果，没有实质性的救济途径。一方面，ICSID 为了严格遵守保密原则而不允许第三方机构的参与，也没有公众监督的渠道；另一方面，ICSID 内部没有相应的垂直机构对裁决进行监督和审查。

第三节　海丝之路能源投资风险法律防范机制完善

一　完善海外能源投资法律保障机制的国内法措施

（一）准入阶段的风险防范措施

能源的行业特性体现了国家主权问题，中国对海丝之路沿线国家的能源投资必然要受相关规则制约，尊重他国主权。因此，一是应当提高公司本身抵御风险的能力以及法律意识；二是完善我国境外能源投资管理相关立法，按照《境外投资管理办法》《外商投资信息报告办法》等有关规定，划分各个行政主管部门的审批权限及职责，为我国能源企业提供更好的境外投资制度保障；三是按照东道国的相关法律，通过签订双边或者多边条约，或是加入国际贸易组织等方式降低市场准入门槛。

1. 政府做好正确引导

政府部门对于防范风险的宣传与指导，可以帮助公司提交风险意识，主动采取将海外能源投资风险降到最低的措施，以顺利进入其他国家从事能源投资。

首先，引导投资者了解投资国和投资东道国之间关于能源投资的市场准入规范。投资者也要在其自身治理结构以及股权比例方面实时注意投资东道国的有关政策与法律，建立良好的风险防范法律制度。同时，要特别注意能源准入方面的特殊规则。

其次，按时公布投资东道国在政治方面的风险报告。东道国的政治局面不稳定，内乱以及战争等一系列的政治风险通常是无法控制的。因此，宏观的政治环境也是公司是否要进入该国市场之前应该考虑的重要方面。

2. 中小能源企业审核方式应逐渐转为备案制

如前所述，几乎所有关系到能源项目的境外投资皆需国家发展改革委及商务部门的审核批准，笔者认为对于中小企业的能源投资项目应以备案制为主，并将能源投资项目的审核权下放，让地方政府部门决定是否批准中小企业对外能源投资项目，同时要简化地方企业小型能源投资项目的审核标准，缩短审核时间。省级有关部门也应区分公司自主经营权与审查职责边界，尊重公司的自主经营权。

3. 明确管理机构间的职责划分

商务部应负责投资项目的前置审核批准以及事后的监督管理，国家发展改革委负责宏观规划，而不再负责具体的能源投资项目审核，由此确立起一个事权统一、职能清晰的管理体制，为投资者走出国门提供保障。

（二）运营阶段的风险防范措施

1. 审批环节严格控制风险

有学者提出对海外投资中环境保护法律制度进行专门立法或在与他国签订的双边投资条约中加入强制性环境条款。笔者认为专门立法或者赋予我国在国际社会上的强制环境义务并不是成熟的做法。事实上，我国有关环境标准制度和环境影响评价制度已经形成，只需要引入现行国内环境法律制度措施到相应的审批环节中，在"走出去"之前即严格把控风险，对于项目上可能造成环境污染和受到当地政府抵制的项目不予批准。值得注意的是，这只是预防环境风险的第一步，在企业进入东道国之后，我国还需要有相应的跟踪评价制度，持续跟进项目运作情况，及时预防风险发生。

2. 做好东道国环境规制调查

我国一些企业缺乏环境保护责任和意识，没有把环境风险并入公司的管理以及风险评估体系里，使得公司在成本收益核算、属地化战略的实施以及投资决策等环节对于环境的风险判断不足，欠缺应对环境风险的能力和方法。我国投资者对于东道国的环境法律以及监管体系没有良好的掌握，政府部门对于投资公司在海外履行环境保护责任的制约还需要加强。

企业在对于东道国的选择上应该尽可能避免因为投资造成环境问题。所以，决定是否进行投资，应主要考虑东道国环境管理的严格程度和经济发展现状。例如，当地是否能将能源开发作为主导产业，如果可以，这种产业结构对于我国能源投资者而言应具有积极影响。但是公司也应该认识到，环境保护是国际社会的共同责任，其不能因自身经济利益而对东道国的环境置之不理，公司应该加强自己的绿色技术能力，只有这样才能取得更长远的发展。

3. 与东道国达成共同管理协议

在我国能源企业对海外进行投资的过程中，环保属于双方共同致力解决的问题，投资国单方面所作努力难以彻底规避风险，而如果能与东道国达成合作共识则将显著降低风险系数。因而我们不仅要强调投资国应该尽到环境保护义务，同时也需要清楚东道国在环境管理上的要求，国家间建立一套共通的环境标准，确立起投资国与东道国信息共享和协同管理制度，有效避免因不确定的政治因素给投资者带来损失。

另外，应该发挥非政府组织对于海外投资环境保护的监督意义。我国海外投资主体和政府部门都应该重视与非政府组织的交流与合作。

（三）退出阶段的风险防范措施

1. 完善适格投资者和投资范围的界定

从目前情况来看，中国出口信用保险公司规定的投资人大部分资产的实际控制权都归法人所有。就社会发展趋势来看，自然人或者是非法人组织会逐步参与到跨国投资中，我国也在实践中默认了这种发展的趋势。例如，于2014年10月生效的我国和加拿大双边投资保护协定中的第2条第1款即将"自然人"界定为"合格的投资者"。此外，我国公司大部分用重新设立或者跨国并购的方式进行海外投资，应当把由中方控股的海外企业纳入承保范围内。

2. 建立政治性与司法性相结合的争端解决机制

构建一套灵活、多元的投资争端解决机制既符合我国的国家定位，也对切实解决纠纷大有裨益，结合政治性与司法性，既符合海丝之路的客观情况，又能满足当前实践需求，充分关注能源投资的特殊性。

（1）NAFTA 争端解决机制的启示

《北美自由贸易协定》（North American Free Trade Agreement，NAFTA）是第一个包含发展中国家和发达国家的自由贸易协定，被视为南北经济合作的典型示范，也对解决许多发展中国家之间的投资贸易问题提供了诸多可以借鉴的经验。其中最有创新性和示范性的是 NAFTA 的争端解决机制，它已经成为美国新一代谈判自由贸易协定的模板，也是多边贸易谈判中部分条款的模板。美国退出跨太平洋战略经济伙伴协定（TPP 协定）之后，人们开始担心 NAFTA 是否也会面临崩溃的局面，但是毫无疑问，该机制中的投资争端处理经验是值得我们参考的。

NAFTA 第十一章建立起前所未有的投资者与东道国之间的投资争端解决机制，打破了传统仲裁规则。按照国际法的传统规则，投资者必须请求本国政府行使外交保护权才有权对外国政府提起诉讼，而 NAFTA 却赋予了投资者单方面启动仲裁程序的权利，任何 NAFTA 缔约国的投资者可以直接向 NAFTA 提出申请仲裁要求另一缔约国政府进行赔偿。这种允许外国投资者避开东道国法院而直接进入国际仲裁程序的做法为外国投资者提供了一个十分有效的争议解决路径。

然而，海丝之路沿线多数国家并不接受这样的区域合作协定，对于该机制也并不完全认同，对于我国而言，应当同时考虑到能源投资争端的特殊性，而不能单纯复制 NAFTA 的争端解决机制。可以考虑借鉴 NAFTA 的经验和教训，以保护投资者利益为初衷，并对投资人及投资范围作出合理界定与限制，避免提起仲裁和投资争端的频发性，促进各国之间投资稳定进行。因此，具体到能源投资争端解决机制，我们可以考虑加入《能源宪章条约》，《能源宪章条约》中的投资争端解决机制就来自 NAFTA 第十一章的规定，其既符合区域性争端解决机制的特殊需求，也更具有针对性。

（2）建立政治性与司法性相结合的争端解决机制

中国与海丝之路沿线国家之间的投资争端一般通过外交途径解决。虽然有不少学者认为应该弱化能源投资争端解决机制中的政治因素，全部纠纷按法律程序解决，但是一套优秀的争端解决机制不应完全拒绝政治因素的参与，国家间外交手段往往是解决政府间矛盾最有效率和顾全大局的方式，国际上大多争端解决机制也通常将外交方法与法律方法相结合，一般采用磋商、斡旋、调停和调解以及专家组裁决等方法解决成员间的贸易争端。

政府间能源投资争端解决方式主要采取当前的主流做法，集中于确保当局政府履行协议义务。具体到海丝之路能源投资活动中，可能是产生纠纷的政府之间达成了某项协议或者双方签订了某一个双边协定，而一方政府拒绝履行该协议。在这种情形下应该采用国际社会中的普遍做法，采取友好协商的方式解决纠纷。

（3）赋予投资者直接起诉东道国政府的权利

虽然有学者指出 NAFTA 的投资争端解决机制成为投资者削弱主权国家卫生、安全和环境政策的工具，但是随着国际投资的发展，投资者和国家间争端解决机制的建立是一种必然的趋势。

当前沿线国家尤其是东盟地区已经成为我国能源投资的重点区域，而各国法律制度水平参差不齐，我国投资者权益在他国受到侵害时，利用当地的法律进行救济或者上升到外交手段予以解决，并不是最有效的途径。因而应该允许投资者享有直接起诉东道国政府的权利，即投资者可以对东道国提出仲裁请求，这一点是 NAFTA 投资争端解决机制的精华所在，也是投资者利益得到保护的首要保证。这样既可以避免投资者通过向母国提起仲裁来保护自身利益所带来的不利影响，也可以在更大程度上避免争端解决的政治化。

二 完善海外能源投资法律保障机制的国际法措施

（一）充分利用既有双边协定

我国应当与海丝之路沿线国家在既有投资协定之上力求更优质的能源投资规定。目前投资协议中对于能源的投入还没有比较确切的规定，包括《中国—东盟自由贸易区投资协议》鲜有提到能源投资有关内容。所以，在"海丝"倡议得到广泛支持的背景下，中国应该与周边国家共同对能源领域的投资批准、经营以及退出流程制定详细规划，构建完善、公开、方便的能源投资环境。

（二）构建"一带一路"能源合作共同体

以往，有着丰富能源资源的发展中国家未能主导国际法律规则的创设，仅仅是被动地遵守和适用国际法律规则。而随着"一带一路"倡议的成熟以及沿线国家的积极参与，构建属于我国和沿线国家的能源合作共同体势在必行。海丝之路沿线国家能源合作机制的建立应当以能源安全和能源主权为前提，以开放包容、互利共赢、市场运作为原则，将其他能源合作组织的经验与"一带一路"能源合作的特色相结合，在现有能源合作成果基础之上建立起一套新的能源合作法律机制。

就当前"海丝"的能源合作现状和发展前景来看，构建"一带一路"能源合作共同体是大势所趋，这对于促进能源投资，保障区域间能源合作，实现区域能源共赢作用巨大。目前，海丝之路沿线有 2/3 以上的国家没有参与任何区域合作，这就表明无论是能源双边合作还是多边合作，无论是能源投资还是贸易，都需要从合作的层面出发，探索出一套合适的能源投资保险机制和争端解决机制。

（三）加入《能源宪章条约》

《能源宪章条约》是第一个详细规范能源领域投资与贸易的条约，并规定了具备法律约束的国际争端解决途径。《能源宪章条约》中能源投资部分涵盖了投资待遇、投入保障以及能源投资款项转移与投资争端的处理，属于较为完善的国际能源投资规范。

有关中国是否应该加入《能源宪章条约》一直是争议焦点之一，笔者对此持肯定观点。加入能源宪章体系不会显著增加我国在国际投资仲裁体系下的被诉风险，为了履行条款义务而对国内立法体系进行修改、调整的法律成本不高，而且与国家海丝之路的倡议相呼应。①

1. 加入《能源宪章条约》具备一定政治基础

中国和海丝之路沿线的大多数国家与《能源宪章条约》关系密切。中

---

① 单文华、王鹏、王晗：《"一带一路"建设背景下中国加入〈能源宪章条约〉的成本收益分析》，《国际法研究》2016 年第 1 期。

国于 2001 年 12 月成为能源宪章受邀观察员国，经过多年的交流与合作，中国于 2015 年 5 月在荷兰海牙举行的能源宪章部长级会议上签署新的《国际能源宪章宣言》，成为签约观察员国。尽管还没有成为正式成员国，但是《国际能源宪章宣言》的签署为中国与沿线国家之间的能源合作提供了机遇和治理框架，对促进能源合作顺利有序进行起到了重要作用。《推动共建丝绸之路经济带和 21 世纪海上丝绸之路的愿景与行动》突出强调了多边合作的影响，带领更多的国家参与"一带一路"倡议。在"一带一路"倡议框架之下，《能源宪章条约》与相关条款能够为巩固中国与周边国家展开能源合作提供强有力的法律保障，能够为中资企业维护其在海外的权益提供法律支持。

2. 加入《能源宪章条约》契合海丝之路倡议方向

2015 年《国际能源宪章宣言》的签订是以《能源宪章条约》为核心的国际能源法律治理体系现代化进程中的里程碑，结构转型与制度升级成为能源宪章转型成功的关键。结构转型主要表现为能源宪章组织目前正在开展去欧洲化的全球化战略合作，以吸引更多国家参与能源治理体系，尤其是亚、非、拉美的新兴国家。这一战略方案与"一带一路"倡议有不谋而合之处。制度上的升级旨在通过凝聚发挥能源贸易、能源投资以及能源过境运输的制度优势，适应新形势下的能源需求，激发成员国及潜在成员国对能源宪章的热情和积极性。

能源宪章组织预期扩展的轨迹以亚、非、拉美国家为核心，与海丝之路倡议的方向大致相符。正在过渡的能源宪章体系很有可能成为"海丝之路"能源合作依靠的重要平台，在此基础之上，二者可以结合起来共同打造一个具有更广泛影响力的"海丝能源带"，构建以能源合作为核心的国际能源治理体系，充分践行多边主义，履行我国作为具有强烈责任感的大国积极参与国际事务的使命。

3.《能源宪章条约》使我国海外能源投资利益最大化

《能源宪章条约》能够帮助中国高效应对海外能源潜在的各种问题，尤其是在解决中亚能源竞争问题、投资保障与对外贸易等方面。作为一项相对成熟、具有法律约束力的多边条约，《能源宪章条约》能够填补中国与该项条约缔结国家签订的早期投资条约保护范畴有限、保护程度匮乏的漏洞，提升中国对《能源宪章条约》缔约国直接投资的保护标准。

第五章 海丝之路能源货物贸易安全法律保障机制

随着全球范围内对能源需求不断增长以及能源在各地域的不均匀分布,能源货物贸易活动不断扩大。然而,能源货物贸易依旧困难重重。首先,国家间能源资源分配不均,国际争夺日趋激烈。各国不免在各自的国家战略利益中合作博弈,推行经济民族主义政策,稍有不当便有可能影响各国能源安全甚至引发国际冲突。其次,能源货物贸易极易引发贸易壁垒,非关税措施或者例外条款运用频繁。作为国家的战略资源,各国纷纷限制能源出口而放宽贸易进口,利用出口关税等各种税收手段或者贸易措施来控制能源的出口数量,这对于发展全球化的自由贸易市场显然十分不利。最后,国际能源货物贸易市场游离于各种风险当中。安全风险在国际能源货物贸易领域多表现为贸易航道受恐怖主义威胁、生态环境污染以及地区战争而发生贸易合同无法执行等问题。法律风险体现在不同区域的法系不一致、立法质量参差不齐以及国家的贸易保护主义抬头而国际能源货物贸易规约不完善等问题。其中法律风险尤为突出。

第一节 能源货物贸易的现状及问题

通过阐述能源货物贸易的内涵、能源货物贸易的特点并分析当前我国的能源货物贸易发展状况，可以了解我国能源货物贸易活动中出现的问题，并结合"海丝"发展背景，对能源货物贸易的未来发展提出愿景。这需要从能源货物贸易活动本身发展的状况进行宏观把握，探索能源货物贸易的发展现状，清晰了解能源货物贸易的重要性；分析能源货物贸易发展的问题，对症下药。在"海丝"倡议框架下，充分认识为保障能源货物贸易安全而研究其法律制度的必要性。

一　能源货物贸易的现状

能源贸易意指在国际范围内不同国家的贸易主体间所发生的能源买卖、交换、开发和转让等交易行为，包括能源货物贸易和能源服务贸易。能源货物贸易是指传统领域的能源买卖交易行为，包括煤炭、石油和天然气等；能源服务贸易是指在能源开发与利用过程中的衍生交易行为，包括在能源领域的专有技术、相关设备以及应用人才等。

（一）能源货物贸易规模较大

能源是经济发展的重要利器。改革开放伊始，我国就积极在能源领域参与国际贸易分工。经历起初主要的能源出口国到之后的能源进口国的角色转换，能源货物贸易在我国的能源对外贸易结构中一直保持较高份额。以 2019 年为例，根据《中国统计年鉴 2020》的数据显示，我国全年能源货物贸易总额为 3943.56 亿美元，其中能源及相关产品进口额 3472.33 亿美元，能源及相关产品出口额 471.23 亿美元，能源货物贸易总额占对外贸易的比重达到 8.61%，2011 年到 2019 年年均达到 7.69%（见表 1）。可见，能源货物贸易规模较大，活动交易频繁，必须完善相应的能源货物贸易法律制度，保障能源货物贸易的安全，解决纠纷。

表 1　中国能源货物贸易规模及其占对外贸易的比重（2011—2019 年）

单位：亿美元

年份	能源及相关产品进口额	能源及相关产品出口额	能源货物贸易总额	对外贸易总额	能源货物贸易占对外贸易份额
2011	2757.76	322.74	3080.50	36418.6	8.45%
2012	3130.85	310.07	3440.92	38671.2	8.90%

续表

年份	能源及相关产品进口额	能源及相关产品出口额	能源货物贸易总额	对外贸易总额	能源货物贸易占对外贸易份额
2013	3151.60	337.86	3489.46	41589.90	8.39%
2014	3167.56	344.46	3512.02	43015.30	8.16%
2015	1985.89	279.02	2264.91	39530.30	5.72%
2016	1765.26	268.73	2033.99	36855.60	5.51%
2017	2496.17	353.89	2850.06	41071.64	6.94%
2018	3493.56	467.22	3960.78	46224.16	8.57%
2019	3472.33	471.23	3943.56	45778.91	8.61%

资料来源：《中国统计年鉴（2012—2020）》，中国统计出版社。其中，"能源货物贸易总额＝能源及相关产品进口额＋能源及相关产品出口额"，来自年鉴中"矿物燃料、润滑油及有关原料进口额""矿物燃料、润滑油及有关原料出口额"两项；"对外贸易总额"来自年鉴中"货物进口总额"和"货物出口总额"的数据加总。

（二）能源进口份额不断增大

能源分为可再生能源和不可再生能源，相比于可再生能源，不可再生能源不具有重复利用性，其态势只会是往越来越少的局面发展。20世纪90年代以来的能源发展战略，从扩大进口、充分利用国外能源资源，到"走出去"在国外合资或直接投资经营能源资源[①]，均反映了我国正在从"自给自足"的能源战略方向到利用国际的能源资源来支撑自身经济增长发展需求的转变（见表2）。也应当看到，此种变化也是各国能源贸易与能源储备竞争加剧以及国家生产生活水平的提高对能源需求与日俱增综合作用的结果。无论如何，基于能源贸易进口国的视角来探讨能源货物贸易法律制度条款的制定更契合我国的基本国情和根本利益。而能源货物贸易进口国经常遇到的贸易困难在于，能源货物贸易谈判周期长、成本高，出口国利用资源优势会以各种理由限购、提价，甚至毁约，进口国会承受巨额损失。因此，如何保护进口国的合同利益应是重点研究课题。

---

① 林永生、张生玲：《中国能源贸易进展与思考》，《国际贸易》2013年第9期。

表 2　中国能源货物贸易的进出口比例

单位：亿美元

年份	能源及相关产品进口额	能源及相关产品出口额	进口与出口比例
1980	2.03	42.80	1∶21.08
1985	1.72	71.32	1∶41.47
1990	12.72	52.37	1∶4.12
1995	51.27	53.32	1∶1.04
2000	206.37	78.55	2.63∶1
2005	639.47	176.21	3.63∶1
2010	1890.00	266.73	7.09∶1
2015	1985.89	279.02	7.12∶1
2019	3472.33	471.23	7.37∶1

资料来源：《中国统计年鉴 2020》，中国统计出版社，2020。其中"能源及相关产品进口额"与"能源及相关产品出口额"，来自年鉴中"矿物燃料、润滑油及有关原料进口额""矿物燃料、润滑油及有关原料出口额"两项。

（三）化石能源为主的能源消费结构

当前我国的能源生产主要是原煤、原油、天然气和一次电力等。总的来说，呈现石油资源供求缺口加大、天然气供求形势趋紧、煤炭进口贸易发展加快等特点。[①] 原煤、原油与天然气平均占到 85%，其中原煤就占到 7 成以上。根据《中国统计年鉴 2020》（见表 3、表 4），近年来清洁能源天然气、一次电力等能源的生产、消费均有所上涨，但原煤、原油的生产、消费比重仍然较重，2011 年到 2019 年，原煤、原油的生产总量平均比重达到全年能源生产总量的 80.5%，消费总量平均比重达到 81.9%。原煤、原油容易造成环境污染，在能源货物贸易制度中体现绿色、环保是应有之义。

[①]　张生玲、胡晓晓：《中国能源贸易形势与前景》，《国际贸易》2020 年第 9 期。

表 3　我国能源生产构成

年份	能源生产总量（万吨标准煤）	占能源生产总量的比重（%）			
		原煤	原油	天然气	一次电力及其他能源
2011	340178	77.8	8.5	4.1	9.6
2012	351041	76.2	8.5	4.1	11.2
2013	358784	75.4	8.4	4.4	11.8
2014	362212	73.5	8.3	4.7	13.5
2015	362193	72.2	8.5	4.8	14.5
2016	345954	69.8	8.3	5.2	16.7
2017	358867	69.6	7.6	5.4	17.4
2018	378859	69.2	7.2	5.4	18.2
2019	397000	68.6	6.9	5.7	18.8
平均值	361676	72.5	8.0	4.9	14.6

资料来源：《中国统计年鉴 2020》，中国统计出版社，2020。

表 4　我国能源消费构成

年份	能源消费总量（万吨标准煤）	占能源消费总量的比重（%）			
		原煤	原油	天然气	一次电力及其他能源
2011	387043	70.2	16.8	4.6	8.4
2012	402138	68.5	17.0	4.8	9.7
2013	416913	67.4	17.1	5.3	10.2
2014	428334	65.8	17.3	5.6	11.3
2015	434113	63.8	18.4	5.8	12.0
2016	441492	62.2	18.7	6.1	13.0
2017	455827	60.6	18.9	6.9	13.6
2018	471925	59.0	18.9	7.6	14.5
2019	487000	57.7	18.9	8.1	15.3
平均值	436087	63.9	18.0	6.1	12.0

资料来源：《中国统计年鉴 2020》，中国统计出版社，2020。

二　能源货物贸易存在的问题

能源货物贸易迅速发展，规模越来越大，但伴随而来的问题丛生，集中体现在利用法律制度来解决贸易纠纷的作用不大。其根本原因在于，从宏观角度来看，现有能源货物贸易法律无法贴合实际需求，存在能源货物贸易安全保障制度不完善、无专门条约规制以及环境因素考量存在分歧等问题。

（一）能源货物贸易安全保障制度不完善

有学者对于"一带一路"的挑战提出了五大风险，包括政治风险、安全风险、经济风险、法律风险与道德风险。[①] 从这些风险当中窥见能源货物贸易的潜在风险，对于理解加快能源货物贸易法律制度的建设有所助益。政治风险是各国的党派纷争、议会或者总统直接干涉、其他国家与政治联盟阻挠等原因影响正常的能源货物贸易交往；安全风险主要表现在贸易航道遭遇恐怖主义、海盗，或者油船发生泄漏造成环境污染等；经济风险指的是各国的汇率调整、货币或财政政策的施行以及新的经济政策的颁布等；法律风险是指各国的法律体系、诉讼规则、立法质量均不同，诉讼成本高、各种反全球化的贸易措施层出不穷；道德风险更多指的是在能源货物贸易的过程中合同欺诈、违约、不正当竞争等。如何规避多种风险，成为能源货物贸易的难点、热点。

（二）无专门条约规制

中国当前与各大经济体仍然没有专门的能源贸易法律条约，且并未成为国际能源组织的成员国，所发挥的作用不大。1947 年签订《关税及贸易总协定》之时，将石油、粮食等争议较大的商品排除在协定之外，为的是更快通过协定，加快各国经贸合作的步伐。但当前能源货物贸易进程中的困境亟须将能源产品纳入多边贸易体制自由化原则进行规制。乌拉圭回合谈判期间，焦点是能源出口国的限制性实践，被提议讨论的内容包括：出口国能源政策、双轨定价实践、补贴、反向倾销、出口限制与出口税、自然资源产品的替代问题等，均无实质进展。[②] 在 GATT 转为 WTO 之后，各国贸易保护主义措施不胜枚举，自由化、公平化的能源货物贸易只存在于

---

① 王义桅：《"一带一路"：机遇与挑战》，人民出版社，2015，第 89~152 页。
② 余敏友、唐旗：《WTO 构建能源货物贸易规则及其对我国能源安全的影响》，《世界贸易组织动态与研究》2010 年第 3 期。

理论讨论当中。

（三）环境因素考量存在分歧

能源极易引发环境保护问题，无论是开采对于环境的破坏，还是运输可能发生环境污染，抑或是燃烧、发电、排放、基础设施的建设无一不关乎环境问题。然而，发达国家与发展中国家对于能源货物贸易中的环境因素考虑存在分歧。发达国家在发展过程中引发一系列严重环境事件，如1943 年美国的洛杉矶光化学烟雾事件、1952 年英国伦敦的烟雾事件、1953~1956 年日本水俣病事件以及 1986 年苏联切尔诺贝利核泄漏事件等。得益于现有环境保护意识的加强，发展中国家也不再一味追求经济快速发展而置环境于不顾，但如何协调二者关系颇具争议。发达国家认为：第一，贸易限制是解决环境问题的重要手段；第二，国际贸易应优先考量保护环境；第三，统一国际环境标准。而发展中国家认为：第一，对于发展中国家来说，最大挑战是经济发展和消费贫困；第二，发达国家实施的所谓与环境保护相关的关税和非关税措施，是名副其实的"绿色壁垒"；第三，发达国家为保护本国"夕阳工业"而制定的环境保护技术标准和生态标识制度，是隐蔽的贸易保护形式；第四，发展中国家的企业大多经济实力不强，环境治理费用必然加大这些企业的负担；第五，发达国家不能采取双重标准，一方面设置非关税壁垒，阻碍发展中国家产品进入其国内市场，另一方面鼓励本国企业将一些污染环境的生产转移到发展中国家。①

综上所述，能源货物的重要性体现在能源资源分布不均衡、具有稀缺属性，且对国家经济的运行和发展存在战略意义。我国能源需求旺盛，能源货物贸易规模巨大，因新能源发展暂不能满足需求而以化石能源为主的能源消费结构短时间内不会改变。如何应对当前能源货物贸易安全保障制度不完善、条约规制不规范、各国为维护自身利益而产生分歧等现实困境，是当前保障中国能源货物贸易安全的重要课题。

---

① 兰天：《中国外贸增长引致环境损害的冲突与协调研究》，经济科学出版社，2012，第228~229 页。

第二节　能源货物贸易现有法律制度梳理与检讨

"贸易竞争说到底是法律制度的竞争。"[①] 国际贸易从最初的以直接出口货物为主到第二次世界大战之后直接在外国投资成主流，整个过程都贯穿着双边、多边乃至国际条约的谈判。由于中国—东盟政治对话互信程度不断加深、经贸合作水平呈现深化发展趋势、东盟安全对话合作内容不断增加以及保持密切人文交流[②]，在"海丝"的主题框架下，与东盟之间的能源货物贸易协定较为广泛，特别是中国—东盟自由贸易区（CAFTA）已于 2010 年 1 月 1 日正式运作，表明中国—东盟方案将为"海上丝路"沿线各国合作奠定基础。

一　中国—东盟能源货物贸易的基本原则

（一）适用 WTO 规则

中国—东盟自由贸易区的建立很大程度上是由于全球化浪潮的推动，而这一浪潮的制度先驱便是运行多年的 WTO 各项制度。世界贸易组织成立时间较早，制度设计较为成熟并且成员组织多元化，具有较高的立法水平，在全球范围内适应性更强。

1. WTO 规则下中国—东盟自由贸易区建立的法理基础

在世界贸易组织历史上总共有四个协议或决定为自由贸易区建立提供了法理基础。首先，根据《1994 年关税与贸易总协定》第 24 条的规定并不排斥各地区形成关税同盟或者建立自由贸易区，但是在第 5 款特别规定："（a）对关税联盟或过渡到关税联盟的临时协定来说，建立起来的这种联盟或临时协定对未参加联盟或临时协定的缔约各国的贸易所实施的关税和其他贸易规章，大体上不得高于或严于未建立联盟或临时协定时各组成领

① 顾功耘：《论重启改革背景下的经济法治战略》，《法学》2014 年第 3 期。
② 夏苇航、刘清才：《"21 世纪海上丝绸之路"倡议视域中的中国—东盟关系》，《社会主义研究》2017 年第 6 期。

土所实施的关税和贸易规章的一般限制水平；（b）对自由贸易区或过渡到自由贸易区的临时协定来说，在建立自由贸易区或采用临时协定以后，每个组成领土维持的对未参加贸易区或临时协定的缔约各国贸易所适用的关税和其他贸易规章，不得高于或严于同一组成领土在未成立自由贸易区或临时协定时所实施的相当关税和其他贸易规章，以及；（c）本款（a）项和（b）项所称的临时协定，应具有一个在合理期间内成立关税联盟和自由贸易区的计划和进程表。"质言之，WTO 允许各成员国可以因为形成关税联盟或者建立自由贸易区而与未形成此种协议之国家有关税方面的差异，但是在没有这方面协议的国家中则不得有关税方面的不同。

其次，《关于解释 GATT 第 24 条的谅解》特别强调"关税同盟和自由贸易区的数量和重要性均大为增加"，在对自由贸易区等制度设立的实质条款限制和程序条款说明后，进一步强调了自由贸易区的合法性与合理性。

再次，1979 年东京回合谈判结束通过的《对发展中国家的差别、更优惠待遇及对等和更充分参与问题的决定》，即所谓的"授权条款"，赋予各成员国可以给予发展中国家以差别的和更优惠的待遇，这意味着发达国家与发展中国家之间的关税更加灵活而具有操作性。

最后，在服务贸易方面，1995 年正式生效的《服务贸易总协定》第 5 条对经济一体化和劳动力一体化作出规定，并声称"不得阻止任何成员参加或达成在参加方之间实现服务贸易自由化的协定"。

2. 中国—东盟自由贸易区遵守 WTO 规则的法律规定

中国—东盟自由贸易区的多条法律规定都是参考、借鉴 WTO 规则乃至于前身 GATT 规则，主要体现在 2002 年签署于柬埔寨金边的《中华人民共和国与东南亚国家联盟全面经济合作框架协议》（以下简称《合作框架协议》）、2004 年签署于老挝万象的《中国—东盟全面经济合作框架协议货物贸易协议》（以下简称《CAFTA 货物贸易协议》）和 2007 年在菲律宾宿务签署的《CAFTA 服务贸易协议》。根据《合作框架协议》第 3 条"货物贸易"中第 1 款规定："除本协议第六条所列的'早期收获'计划以外，为了加速货物贸易的扩展，各缔约方同意进行谈判，对各缔约方之间实质上所有货物贸易取消关税和其他限制性贸易法规（如必要，按照 WTO 关税与贸易总协定（GATT）第 24 条（8）（b）允许的关税和限制性贸易法规除外）。"第 3 条的第 8 款规定："（d）基于 GATT 第 28 条，对一缔约方在货物贸易协议中的承诺所做的修改……（f）基于 GATT 的保障措施，包括但不限于下列内容：透明度，涵盖范围，行动的客观标准——包括严重损害或严重损害威胁的概念，以及临时性；（g）基于 GATT 现行规则的关于补贴、反补贴措施及反倾销措施的各项规则；以及（h）基于 WTO 及世界知识产权组织（WIPO）现行规则和其他相关规则，便利和促进对与贸易有关的知识产权进行有效和充分的保护。"在第 4 条"服务贸易"中规定："此种谈判应致力于：（a）在各缔约方之间的服务贸易领域，逐步取消彼此或各缔约方间存在的实质所有歧视，和/或禁止采取新的或增加歧视性措施，但 WTO《服务贸易总协定》（GATS）第 5 条第 1 款（b）所允许的措施除外；（b）在中国与东盟各成员国根据 GATS 所做承诺的基础上，继续扩展服务贸易自由化的深度与广度"。第 6 条"早期收获"中规定："（d）WTO 条款的适用 WTO 中有关承诺的修订、保障措施、紧急措施和其他贸易补偿措施——包括反倾销措施、补贴及反补贴措施等方面的条款，应临时性地适用于'早期收获'计划涵盖的产品。"第 9 条"最惠国待遇"规定："中国自本协议签字之日起应给予所有非 WTO 成员的东盟成员国符合 WTO 规则和规定的最惠国待遇。"

《CAFTA 货物贸易协议》第 7 条"WTO 规则"规定："一、根据本协议的条款和各缔约方基于本协议第十七条对本协议进行审议所可能达成的任何未来的协议，各缔约方，由此同意并重申它们遵守 WTO 规则中有关条款的承诺，其中包括非关税措施，技术贸易壁垒，卫生和植物卫生措施，补贴和反补贴措施，反倾销措施和知识产权。非 WTO 成员缔约方应根据它们加入 WTO 时的承诺遵守 WTO 的条款。二、在本协议中没有被特别提及或修正的 WTO 货物贸易多边协定的条款，应在必要修正后适用于本协议，除非文中另有要求。"而在《CAFTA 服务贸易协议》第 15 条"WTO 规则"规定："中国自本协议签字之日起应给予所有非 WTO 成员的东盟成员国符合 WTO 规则和规定的最惠国待遇。"订立合约之时，东盟中越南、老挝、柬埔寨尚未加入 WTO，为了帮助这些国家的发展，我国同意给予东盟非 WTO 成员以多边最惠国待遇，即将我国加入 WTO 时的承诺适用于这些国家。

综上所述，不管是《合作框架协议》还是《CAFTA 服务贸易协议》，都通过委任、引用或者换种形式照搬等不同方式在诸多方面适用了 WTO 规则，这是各国在 WTO 基础上建立自由贸易区以及 WTO 规则成熟运行而节约立法资源的理性考量。透过 WTO 积极主导国际话语权，推进 WTO 的改革，推进各个自由贸易区规则的整合，才可避免区域贸易规则成为贸易壁垒。①

（二）贸易自由化原则

贸易自由化是指一国对外国商品和服务的进口所采取的限制逐步减少，其核心是减少国际贸易壁垒，促进区域之间货物贸易和服务贸易自由化，关贸总协定和世界贸易组织都以此为宗旨，当然中国—东盟自由贸易区也不例外。中国—东盟自由贸易区的诸多协议均倡导贸易自由化，能源货物贸易虽然没有被单独列为一项，但是并没有被排除在诸多协议之外，因此能源货物贸易也应当适用这些协议。而贸易自由化也集中体现在"消除关税和限制使用非关税措施是其主要内容"②。

根据《合作框架协议》第 2 条"全面经济合作措施"规定："各缔约方同意迅速地进行谈判，以在 10 年内建立中国—东盟自贸区，并通过下列措施加强和增进合作：（i）在实质上所有货物贸易中逐步取消关税与非关税壁垒；（ii）逐步实现涵盖众多部门的服务贸易自由化……"中国—东盟自贸区包括货物贸易、服务贸易、投资和经济合作等内容。为使中国和东盟双方尽快享受到自贸区的好处，双方制订了"早期收获"方案，决定从 2004 年 1 月 1 日起对 500 多种产品实行降税，到 2006 年这些产品的关税将降到零。对其他产品而言，在中国和东盟六国（东盟老成员，即文莱、印度尼西亚、马来西亚、菲律宾、新加坡和泰国）之间，正常产品自 2005 年 7 月起开始降税，2007 年 1 月 1 日和 2009 年 1 月 1 日各进行一次关税削减，2010 年 1 月 1 日将关税最终削减为零；对东盟新成员（柬埔寨、老挝、缅甸和越南），则从 2005 年 7 月起开始降税，2006～2009 年每年 1 月 1 日均要进行一次关税削减，2010 年不削减关税，2011 年起每两年削减一次关税，至 2015 年将关税降为零。除涉及国家安全、人类健康、公共道德、文化艺术保护等 WTO 允许例外的产品以及少数敏感产品外，其他全部产品的关税和贸易限制措施都应逐步取消。中国—东盟自由贸易区可谓

---

① 张晏瑜：《论全球能源互联网的法律制约与契机》，《河北法学》2018 年第 8 期。

② 谭民、邱寅莹：《中国—东盟能源贸易合作国际法问题探讨》，《昆明理工大学学报》（社会科学版）2013 年第 5 期。

在贸易自由化这一原则上下足功夫，致力于扫清贸易壁垒与贸易障碍，取消关税并挤压非关税措施可能存在的空间。

（三）非歧视原则

非歧视原则是指在中国—东盟自由贸易区内，各成员应公平、公正、平等地一视同仁地对待其他成员的包括货物、服务、服务提供者或企业、知识产权所有者或持有者等在内的与贸易有关的主体和客体，除了有特别规定之外，不得对不同成员国区别对待，主要包括最惠国待遇和国民待遇两大原则。

《合作框架协议》第 9 条"最惠国待遇"规定："中国自本协议签字之日起应给予所有非 WTO 成员的东盟成员国符合 WTO 规则和规定的最惠国待遇。"不过，也在第 2 条"经济措施"中规定："对东盟新成员国提供特殊和差别待遇及灵活性。"这不仅说明了"最惠国待遇"原则在中国—东盟自贸区的建立，也意味着允许各成员国在各国协调一致的情况下对新成员作出特殊对待，这种灵活性是为了解决它们各自在货物、服务和投资方面的敏感领域问题而存在，应基于对等和互利的原则，经谈判和相互同意后提供，体现了原则性与灵活性的有效统一。《CAFTA 货物贸易协议》第 2 条"国内税和国内法规的国民待遇"规定："一缔约方应根据《1994 年关税与贸易总协定》第三条向所有其他缔约方和《框架协议》涵盖的货物给予国民待遇。对此，《1994 年关税与贸易总协定》第 3 条的规定应在必要修正后纳入本协议，并作为本协议的组成部分。"《CAFTA 服务贸易协议》第 19 条"国民待遇"的第 1 款规定："对于列入减让表的部门，在遵守其中所列任何条件和资格的前提下，每一缔约方在影响服务提供的所有措施方面给予任何其他方的服务和服务提供者的待遇，不得低于其给予本国同类服务和服务提供者的待遇。"这些条款都肯定了中国—东盟自贸区均以国民待遇为基础。不过，国民待遇在《CAFTA 能源服务协议》贸易领域属于具体承诺，只适用于缔约方同意开放的能源服务部门。遵守最惠国待遇和国民待遇的非歧视原则，是中国—东盟自贸区各成员国消除疑惑、共建信任的重要基石。

（四）透明公开原则

透明公开原则是指国际能源货物贸易中政府信息、国家法律、法院判决以及有关贸易方面决定应当公开、透明。如果政府决策内容封闭、弹性过大以及行政权力高度垄断，必将降低区域之间的贸易热度，从而引发各种贸易障碍壁垒，阻碍能源货物贸易合作的进程。只有保障贸易者的知情权，完善能源法规政策等多项公开制度，降低贸易双方的能源货物贸易风险，最终促进能源货物贸易的健康、稳定发展。《合作框架协议》第 1 条就明确该协议的目标就是"创造透明、自由和便利的投资机制"。

《CAFTA 货物贸易协议》第 4 条"透明度"规定："《1994 年关税与贸易总协定》第十条应在必要修正后纳入本协议，并作为本协议的组成部分"。《1994 年关税与贸易总协定》第 10 条"贸易条例的公布和实施"规定："……法令、条例与一般援用的司法判决及行政决定，都应迅速公布，以使各国政府及贸易商对它们熟悉……新的或更严的规定，限制或禁止的普遍的适用的措施，非经正式公布，不得实施。"《CAFTA 服务贸易协议》第 3 条"透明度"规定："《服务贸易总协定》第三条，经做必要调整，纳入本协议并成为本协议的组成部分。"

二 中国—东盟能源货物贸易的主要法律规定

关于贸易方面的协议，中国—东盟自贸区最为成熟的协议便是《合作框架协议》《CAFTA 货物贸易协议》《CAFTA 服务贸易协议》，这三份协议共同构成了区域自由贸易的基石。虽然其没有把能源单独列为一个部门进行规制，但是没有排除在外的条款，因此亦可以通过对两份协议及其附属协议的分析来梳理中国—东盟自贸区关于能源货物贸易的主要法律规定。

(一) 中国—东盟自贸区的原产地规则

2003 年 10 月 7 日在印尼巴厘第一次修改了《合作框架协议》以及发布三份附件。附件一的《中国—东盟自由贸易区原产地规则》（以下简称《原产地规则》）规定了中国—东盟自贸区原产地货物产品的定义以及相关认定规则，规则二"原产地标准"规定："在本《协议》中，如果一成员方进口的产品符合以下任何一项原产地要求，该产品应视为原产货物并享受优惠关税减让：（一）规则三明确规定的完全获得或生产的产品；或

（二）符合规则四、五或六规定的非完全生产或获得的产品。"

对于"完全获得或者生产产品"与"非完全获得或者生产产品"的释义，与能源货物贸易货物或者产品有所关系的主要集中在以下几条。《原产地规则》的规则三对"完全获得产品"作出规定："下列产品应视为规则二（一）所指的'完全在一成员方获得或生产'……（五）从该成员方领土、领水、海床或海床底土开采或提取的除上述第（一）至（四）项以外的矿物质或其他天然生成的物质；（六）在该成员方领水以外的水域、海床或海床底土获得床及海床底土……（十）仅用上述第（一）至（九）项所列产品在一成员方加工获得的产品。"该条款可视为是对能源货物以及能源加工产品的规定。

而对"非完全获得或生产"的规定相对复杂，《原产地规则》的规则四规定："（一）符合下列条件应视为规则二（二）所指的原产产品：1. 原产于任一成员方的成分应不少于40%；或 2. 原产于一成员方境外（即非中国-东盟自由贸易区）的材料、零件或产物的总价值不超过所生产或获得产品离岸价格的60%，且最后生产工序在成员方境内完成。（二）在本附约中，规则4（一）2所规定的原产标准称为'中国—东盟自由贸易区成分'。40%中国—东盟自由贸易区成分的计算公式如下：

$$\frac{\text{非中国—东盟自由贸易区的材料价值}+\text{不明原产地的材料价值}}{\text{离岸价格}}\times100\%<60\%$$

中国—东盟自由贸易区成分：100%−非中国—东盟自由贸易区材料＝至少40%

（三）非原产材料价值应为：1. 材料进口时的到岸价格；或 2. 最早确定的在进行制造或加工的成员方境内为不明原产地材料支付的价格；（四）在本条规则中，'原产材料'应视为根据各条有关规则确定原产国的一种材料，其原产国与使用该材料进行生产的国家为同一国家。"

《原产地规则》的规则五与规则六更像是注意规定，如果符合这两条规则并且达到标准的，也应当视为符合相对应的减税条件。规则五："累计原产地规则　除另有规定的以外，符合规则二原产地要求的产品在一成员方境内用作享受《协议》优惠待遇的制成品的材料，如最终产品的中国—东盟自由贸易区累计成分（即所有成员方成分的完全累计）不低于40%，则该产品应视为原产于制造或加工该制成品的成员方境内。"规则六："产品特定原产地标准 在一成员方经过充分加工的产品应视为该成员方的原产货物。符合附件 2 所列产品特定原产地规则的产品，应视为在一成员方经过了充分的加工。"

（二）能源货物进口采取逐步降税政策

能源货物贸易的关税并不是一蹴而就直接降到零，而是通过协议在不同国家施行不同的关税，并逐年下降直至为低税乃至零关税。之所以是逐年降税也是考虑到国内能源企业的转型、增加竞争力需要时间，国内市场对相关法规的适应以及国家的能源战略安全。现在中国对印度尼西亚的许多能源产品仍然收取关税，如航空煤油（HS27101911）、5~7号燃料油（HS27101922）等。

《CAFTA 货物贸易协议》第 3 条"关税削减和取消"规定："一、各缔约方关税削减或取消计划应要求逐步削减被列明税目的实施最惠国税率，并适时依照本条予以取消。二、依照本协议纳入关税削减或取消计划的税目应包括所有未被《框架协议》第六条所列的早期收获计划涵盖的税目，这些税目应按如下规定进行关税削减和取消：（一）正常类：一缔约方自愿纳入正常类的税目应依照本协议附件 1 中列明的模式逐步削减和取消各自的实施最惠国税率，并应实现模式中的降税门槛所规定的目标。（二）敏感类：一缔约方自愿纳入敏感类的税目应依照本协议附件 2 中模式削减或取消各自的实施最惠国税率。三、根据本协议附件 1 和附件 2，各缔约方按照本条履行的承诺应适用于其他所有缔约方。"该条款明确规定了关税削减计划，为关税削减提供制度需求和保障。

中国对不同国家的降税表和其他国家对中国的降税表有所差异。印度尼西亚作为东盟区域加入石油输出国组织（以下简称欧佩克）的唯一代表，在我国对印度尼西亚的降税表（见表 5）中显示除了对原油（27090000）、液化天然气（27111100）、气态天然气（27112100）以及电力（HS27160000）四种能源一直都是零关税之外，其余的能源货物或者产品都是逐年降税。

相对应的，在 2003 年 10 月于印尼巴厘对《合作框架协议》进行第一次修订时，第 6 条第 3 款（b）（i）的规定："（1）一缔约方可以根据本条单方面对其他缔约方加速降低关税和/或取消关税；（2）一个或多个东盟成员国也可以根据本条与中国开展加速降低关税和/或取消关税的谈判并达成加速降税的协议"。即如果个别国家与中国达成协议愿意加速实现降税计划，也会成为各国对外贸易政策的一个选项。

表5　中国对印度尼西亚若干能源产品的降税

税号	描述	2005 年自贸区税率	2007 年自贸区税率	2009 年自贸区税率	2010 年自贸区税率	2012 年自贸区税率
27011100	煤，不论是否粉化	3%	3%	0	0	0
27050000	煤气及类似气体	5%	5%	0	0	0
27101922	石脑油	5%	5%	5%	5%	0
27101911	航空煤油	9%	9%	9%	9%	9%
27101922	5~7 号燃料油	6%	6%	6%	6%	6%
27112100	气态天然气	0	0	0	0	0
27160000	电力	0	0	0	0	0
27090000	原油	0	0	0	0	0
27111100	液化天然气	0	0	0	0	0

（三）限制非关税措施的存在

非关税措施包括数量限制措施和其他对贸易造成障碍的非关税措施。数量限制措施表现为配额、进口许可证、自动出口限制和数量性外汇管制等；其他非关税措施包括技术性贸易壁垒、动植物检验检疫措施、海关估价、原产地规则，以及当地含量要求、贸易平衡要求、国内销售要求等投资管理措施等。这里指的非关税措施应当包括非关税壁垒。非关税措施具有较大的灵活性和针对性，更具隐秘性和歧视性，因此也更容易达到限制进口的目的。《合作框架协议》第 2 条"全面经济合作措施"第 1 款就明确规定："在实质上所有货物贸易中逐步取消关税与非关税壁垒。"第 3 条"货物贸易"第 1 款："除本协议第六条所列的'早期收获'计划以外，为了加速货物贸易的扩展，各缔约方同意进行谈判，对各缔约方之间实质上所有货物贸易取消关税和其他限制性贸易法规。"

《CAFTA 货物贸易协议》第 8 条"数量限制和非关税壁垒"规定：

"一、除非 WTO 规则允许，各缔约方不应在任何时候保留任何数量限制措施。非 WTO 成员的缔约方应自本协议生效之日起 3 年后［越南：4 年］或根据其加入 WTO 的承诺逐步取消其数量限制，以实践较早者为准。二、各缔约方应在本协议生效后尽快列明非关税壁垒（数量限制除外）以逐步取消。取消这些非关税壁垒的时间框架应由各缔约方共同商定。三、各缔约方在实施本协议时应公布其数量限制的有关信息并使这些信息易于取得。"可见，中国—东盟自贸区关于非关税措施的规定有：第一，原则上禁止非关税措施中的数量限制，但是 WTO 允许的除外；第二，要求各缔约方尽快列明除数量限制之外的非关税壁垒；第三，公布数量限制信息，并使其容易获取。通过清单列举各项非关税措施，督促各国减少非关税措施的使用并缔造健康、稳定以及有序的中国—东盟自贸区市场。

（四）承认中国的市场经济地位条款

根据《中华人民共和国加入世界贸易组织协定书》（以下简称《入世协定》），中国本将在 2016 年底自动获得"市场经济"地位，但是欧盟、美国以及日本等地区和国家违反《入世协定》第 15 条和第 16 条的规定，拒绝承认中国的"市场经济"地位。通过自贸区或者其他协定的谈判，要求该区域或者国家承认中国的市场经济地位已经成为中国对外经济贸易谈判的重要内容之一。如《CAFTA 货物贸易协议》第 14 条"承认中国市场经济地位"规定："东盟十国中的每一个成员国同意承认中国是一个完全市场经济体，自本协议签署之日起，将对中国与东盟十国中任何一个成员之间的贸易，不适用《中华人民共和国加入世界贸易组织协定书》第十五条和第十六条以及《中国加入世界贸易组织工作组报告书》第 242 段。"

（五）争端解决方式规制

2012 年 11 月在柬埔寨金边，中国与东盟各国对《合作框架协议》进行第三次修改，原第 12 条修改，从此标志中国—东盟自贸区争端解决机构的正式成立。

虽然在 2012 年才对第 12 条进行更新，2004 年 11 月就已经于万象签订了《中国—东盟全面经济合作框架协议争端解决机制协议》（以下简称《争端解决协议》）。《争端解决协议》是规范中国与东盟双方在自由贸易区框架下处理有关贸易争端的法律文件，其中就适用争端的范围，磋商程序，调解或调停，仲裁庭的设立、职能、组成和程序，仲裁的执行，补偿和终止减让等问题作出了相应规定，其包括 18 个条款及 1 个附件，即第 1 条定义，第 2 条适用范围，第 3 条联系点，第 4 条磋商，第 5 条调解或调停，第 6 条仲裁庭的设立，第 7 条仲裁庭的组成，第 8 条仲裁庭的职能，第 9 条仲裁庭程序，第 10 条第三方，第 11 条程序的中止和终止，第 12 条执行，第 13 条补偿和中止减让或利益，第 14 条语言，第 15 条费用，第 16 条修订，第 17 条交存，第 18 条生效。质言之，中国与东盟贸易争端可以通过磋商、调解或调停以及仲裁等方式解决。

三　中国—东盟能源货物贸易的法律制度缺失

中国—东盟自贸区相对成熟的国际贸易体制为区域间的能源货物贸易、能源服务贸易提供了法律保障，但是能源货物贸易存在出口关税难以限制、例外条款导致非关税措施泛滥、国有企业对国际货物贸易的垄断专营以及能源服务贸易无单独设立的服务部门、明确与能源服务相关的部门较少以及市场准入、国民待遇限制较多等诸多问题，限制着能源货物贸易发展的进程。

（一）出口关税难以限制

能源是一种战略资源，多数国际组织或者区域组织的各项协议关注各国对能源进口关税的限制，但不会约束各国对出口关税的设置。如此，造成各国部分能源的出口关税处于较高水平。而且此类能源往往集中于如今消费市场份额较大或对国家能源安全威胁较大的能源产品，例如，我国对未制成型的炼焦煤、焦炭或半焦炭的出口关税征收分别达 10% 与 40%（见表 6）。不过，得益于许多国家的能源产业都控制在国有企业的手中，也有诸多能源资源及其产品的出口关税是零关税，因国有企业的利润属于国家，如果国家再向国有企业征税，只会浪费国家的人力、物力以及财力，不利于体现国有企业的高效特征。

表 6　中国若干能源产品的出口关税

税号	描述	出口关税	税号	描述	出口关税
27011210	未制成型的炼焦煤（不论是否粉化）	10%	27101911	航空煤油，不含生物柴油	0%
27040010	焦炭或半焦炭（煤，褐煤或泥煤制成的，不论是否成型）	40%	27112100	天然气	0%
27090000	石油原油（包括从沥青矿物提取的原油）	5%	27160000	电力	0%

（二）例外条款导致非关税措施泛滥

《CAFTA 货物贸易协议》第 7 条 WTO 规则第 2 款规定："在本协议中没有被特别提及或修正的 WTO 货物贸易多边协定的条款，应在必要修正后适用于本协议，除非文中另有要求。"而《1994 年关税与贸易总协定》第 11 条"数量限制的一般取消"的第 1 款规定："任何缔约国除征收税捐或其他费用以外，不得设立或维持配额、进出口许可证或其他措施以限制或禁止其他缔约国领土的产品的输入，或向其他缔约国领土输出或销售出口产品。"该条款对非关税措施作出了原则性的禁止，依据该条款除征收出口关税外，不得采用配额、进口许可证或者自动出口限制等非关税措施。可是，在《合作框架协议》《CAFTA 货物贸易协议》中却出现大量的例外条款。

《合作框架协议》中，最容易滋生非关税措施的便是第 10 条所规定的"例外条款"："本协定的任何规定不得阻止任何缔约方采取或实施保护其国家安全、保护具有艺术、历史或考古价值的文物所采取的措施，或保护公共道德所必需的措施，或保护人类、动物或植物的生命和健康所必需的措施。"虽然该协议条款对"例外规定"有所限制，认为不得构成任意或不合理歧视的手段或构成对中国—东盟自贸区内贸易的变相限制，但能源的特点与国家安全密切相关，各国极易通过此条"例外规定"采取能源货物贸易方面的非关税措施，保护自身的能源安全利益。该协议第 3 条的"货物贸易"也规定："敏感类产品的数量应在各缔约方相互同意的基础上设定一个上限。"这其实也是为数量限制这一贸易保护措施提供了存在的可能性。

《CAFTA 货物贸易协议》第 12 条"一般例外"规定："在遵守关于此类措施的实施不在情形类似的有关缔约方之间构成任意或不合理歧视的手段或构成对国际贸易的变相限制的要求前提下，本协议的任何规定不得解释为阻止一缔约方采取或实施以下措施：……（七）与保护可用尽的自然资源有关的措施，如此类措施与限制国内生产或消费一同实施。"第 13 条"安全例外"规定："本协议的任何规定不得解释为……（二）阻止任何一缔约方采取其认为对保护其基本国家安全利益所必需的任何行动。"质言之，如果为了保护自然资源或者国家利益，就可以对能源产品采取配额、进口许可证或者自动出口限制等非关税措施。根据此条款的"纵容"，各缔约国必然为了各自的国家利益在适当时间竭尽全力使自身满足条件，进而实施该条款。

（三）国有企业对国际货物贸易的垄断专营

《CAFTA 货物贸易协议》并没有条款对垄断企业进行相关规制，依据 WTO 原则，《1994 年关税与贸易总协定》第 17 条对"国营贸易企业"进行规制也应适用于中国—东盟自贸区。该条规定第 1 款、第 2 款规定了缔约国政府对本国"国营贸易企业"展开对内对外贸易的四大原则：（1）非歧视待遇原则（公平合理待遇原则）；（2）以商业上的考虑（包括价格、质量、资源多少、推销难易、运输和其他购销条件）为唯一根据原则；（3）维持充分竞争原则；（4）政府不妨碍国营企业遵守义务原则。四大原则以其他缔约国的利益为考量，致力于保护中国—东盟自贸区的贸易秩序。然而，四大原则的规定均较为宽泛，政府以影响力施压国营企业的现象比比皆是。以"政府不妨碍国营企业遵守义务原则"为例，倘若政府要求国营企业不以商业为考量，而以国家利益为优先，虽然企业表面上有所损失，但能够通过政府赚取一定的企业利益，仍然属于商业利益的一部分。两者难以有明确的界限予以区分。

该条第 4 款提出了三个义务："（a）缔约各国应将本条第一款（a）项所述企业（国营贸易企业）输入到它们的领土或从它们的领土输出的产品通知缔约国全体；（b）缔约国如果对本协定第二条减让范围以外的某一产品建立、维持或授权实施进口垄断，在对这一产品有大量贸易的另一缔约国提出请求后，它应将最近有代表性时期内产品的进口加价，或者（如不能办到的话）将产品的转售价格，通知缔约国全体；（c）当一缔约国有理由认为，它按本协定可享受的利益由于本款（a）项所述企业的活动正在受到损害，它可以向缔约国全体提出请求，缔约国全体可以据此要求建立、维持或授权建立这种企业的那个缔约国，就其执行本协定的情况提供资料。"质言之，提出三大义务：（1）如果以国营贸易企业的产品进行贸易应予通知；（2）某国对非减让范围的产品实施进口垄断，他国有异议的，该国应对代表性产品加价或对其他国家有转售价格的通知义务；（3）受国营企业损害国提出请求，可要求国营企业所属缔约国提供情况资料。然而当前只有中国和越南作了通知，其他国家则未予通知。

可见，所谓的国际法治，是指国际社会各行为体共同崇尚和遵从人本主义、和谐共存、持续发展的法律制度，并以此为基点和准绳，在跨越国家的层面上约束各自的行为、确立彼此的关系、界定各自的权利和义务、处理相关事务的模式与结构。在国际能源货物贸易领域需构建相对完善、稳定的国际法治，降低能源安全风险。[1] 中国—东盟自贸区已在能源货物贸易领域初步形成国际法治。当前，中国与东盟在能源货物贸易能源领域签订的条约、协定以适用WTO（世界贸易组织）规则、贸易自由化、非歧视、透明公开为原则，并对中国—东盟自贸区的原产地规则、能源货物进口税收政策、限制非关税措施、承认中国的市场经济地位与争端解决方式等作出具体规定，但仍在出口关税限制、例外条款限制、国有企业对国际货物贸易的垄断专营方面存有不足。为契合"一带一路"的目标定位，应进一步弥补当前中国—东盟自贸区的能源货物贸易制度漏洞，为国际能源货物贸易的制度协商、制定、完善提供经验支持。

第三节　他山之石：国际能源法律制度的启示

当前中国—东盟自贸区能源货物贸易受困于能源产品的特殊性、各国垄断市场利益、出口贸易壁垒以及法律制度的不完善等，仍然无法挣脱区

---

① 何志鹏：《国际法治：一个概念的界定》，《政法论坛》2009年第4期。

域能源货物贸易的发展障碍。为此，国际社会已经专门成立了一些国际性和区域性组织来应对越发重要的能源利益与安全问题，较为有影响力的有欧佩克组织和国际能源署，其中欧佩克组织是石油输出国家为了垄断石油利益而建立起来的区域性组织，而国际能源署是以经济合作发展组织成员为基础建立起来的，以应对欧佩克组织导致的石油危机问题的分支机构。这两个组织都存在国家利益立场较为一致、组织成员类型较为单一以及国际性能源危机处理能力不足的问题，其核心问题都在于没有吸纳更为广泛的国际成员加入，提升其国际地位，但其针对能源货物贸易法律制度规定较为完善，我们可以从中吸取经验与教训，从而完善中国—东盟自贸区的能源法律制度，为"海丝"沿线的能源货物贸易法律制度提供借鉴。

一　国际能源宪章组织能源货物贸易制度梳理与启示

（一）国际能源宪章组织能源货物贸易制度梳理

国际能源宪章组织的主要规章是《国际能源宪章》与《能源宪章条约》，以下将对两个章程的制度进行针对性梳理。

1. 《国际能源宪章》

《国际能源宪章》较之前的《欧洲能源宪章》在结构上并没有多大改变，大体包括目标、执行、具体协议以及最终条款四个部分，关于能源货物贸易的内容大体规定或者隐含在目标、执行以及具体协议这三部分当中。

（1）目标

其一，《国际能源宪章》要求，按照主要相关多边协议——例如世界贸易组织协定及其相关文件（如适用），以及核不扩散的国际义务和承诺，发展能源货物贸易，这将通过以下方面实现：开放、竞争性市场；获得能源资源以及商业基础上勘探、开发能源；进入相关国家、区域及国际市场；维持国际能源市场透明度；消除能源货物贸易障碍；促进能源系统兼容性；推行统一规则；提供重要基础设施建设；通过服务行业和设备供应行业实现能源货物贸易各方面的现代化、更新和合理化；促进能源输送设施的发展与一体化；帮助获得金融贷款；帮助获得运输基础设施；使用能源服务方面的技术。

其二，能源领域的合作内容包括：协调能源政策；与本宪章相关的资料和体验交流；加强相关国家的能力建设；按照所有权权利，相互获得技术和经济资料；制定稳定、透明的法律体制；以高标准要求协调和在必要时调整能源产品及其运输和能源设施的安全准则和安全指导；促进能源和环境领域的技术资料和专有技术交流，包括培训活动；研究、技术开发和示范项目及其商业化；为投资（包括合资企业的投资）、设计、修建和运营能源设施创造有利环境。

其三，《国际能源宪章》对环境保护和能源效率问题给予关注："为了尽可能经济和高效地使用能源，创造有利机制和条件，包括规章制度和市场文件（视具体情况而定）；鼓励清洁、有效地利用化石燃料；推广以下方式，以节省成本的方法将可持续发展的能源配比设计为对环境产生最小负面影响：i. 市场导向的能源价格能够更充分反映环境保护成本与效益；ii. 有关能源方面高效、协调的政策措施；iii. 使用可再生能源和清洁技术，包括清洁化石燃料技术；实现并保持高标准的核安全性及确保这一领域的有效合作；促进尽可能减少气体燃烧和排放方面的合作；共享清洁能源开发和投资的最佳实践；推广使用低排放技术。"虽然该部分与能源货物贸易联系较少，但是对能源保护和能源效率的关注其实为能源市场的贸易行为发挥了一个导向性作用。

（2）执行

《国际能源宪章》强调，各国应在尊重主权以及国际义务的基础上，以无差别待遇和市场导向价格机制为原则，采取更为协同一致的能源政策，促进签署国之间能源区域一体化以及提高全球能源市场的有效职能。因此，《国际能源宪章》主要对十大方面的执行领域进行规制，包括：①获得和开发能源资源；②进入能源市场；③能源货物贸易自由化；④鼓励和保护所有能源领域的投资；⑤安全准则与安全指导；⑥研究、技术开发、技术转让、创新与传播；⑦能源效率、环境保护与可持续清洁能源；⑧使用可持续能源；⑨教育与培训；⑩能源资源与能源途径的多样化。

2.《能源宪章条约》

《能源宪章条约》在对贸易的规制上主要集中在第二部分，大体包括国际市场、WTO 协议中的非减损规定、贸易相关投资措施、竞争、运输、技术转让以及资本获得等部分。

（1）竞争

市场经济必须有充分的竞争存在。《能源宪章条约》就在第 6 条对竞争行为作出规定：①缔约方应打破竞争壁垒，具有并执行应对单边和协调的反竞争行为的此类法律；②缔约各国之间应提供制定与实施竞争规则方面的可用资源、技术援助，加强咨询和交换信息进行合作；③规定不遵守竞争条款的缔约国与被侵害利益的缔约国之间的解决争端条款；④不要求缔约国提供违背其法律的信息披露、机密或商业秘密。其中，第 6（2）条提及的单方面的和协调的反竞争行为将由各缔约方依照法律定义，可能包括剥削性滥用。

（2）运输

能源货物贸易能源运输环境至关重要。《能源宪章条约》第 7 条对此作出规定：①遵守过境自由原则，对不同来源、目的地或所有权的产品一视同仁，加强各缔约国之间能源运输的共建与共享；②缔约国之间的能源运输设施应遵守法律流程，缔约方无义务给予特权；③规定运输争端的解决，强调贸易争端未依程序作出决定前，不得减损贸易现有行为及规定。

（3）技术转让与资本获得

能源货物贸易需要技术与资本做支撑。《能源宪章条约》第 8 条与第 9 条对此作出规定：①以非歧视原则为基础，促进能源技术的准入与转让，保护知识产权；②在遵守核不扩散和其他国际义务的前提下，消除并不能制造能源材料和产品领域的技术转让、相关设备和服务中现有的障碍；③资本获得应以最惠国待遇为原则，采用并维护为促进贸易或海外投资提供公共贷款、赠款、担保或保险的项目；④缔约方应在能源领域的经济活动中执行项目，增强缔约方的经济稳定性和投资环境，寻求机会适时鼓励运营，并且利用相关国际金融机构的专业知识；⑤任何规定均不妨碍基于市场原则谨慎考虑，确保金融体系和资本市场的完整性与稳定性。

（4）环境方面

能源与环境保护息息相关。《能源宪章条约》第 19 条对环境问题予以关注：①制定与实施能源政策应考虑环境因素，市场化价格充分体现环境成本与效益，鼓励与有关能源循环的国际标准领域合作；②关注通过提高能源效率、开发和利用可再生能源、推广使用清洁燃料以及采用技术和技术手段来降低污染，促进缔约方之间环境信息的收集与共享，促进提高公众意识以及技术、条例和程序的研究、开发与应用；③对能源投资项目进行环境透明评估，推动各缔约国提高国际意识，制定与执行相关环保项目和标准。

（5）国家和特权企业

能源的重要地位促使国家以及国有企业对能源资源进行垄断。《能源宪章条约》第22条对此作出规定：①各缔约国应确保国有企业遵守义务开展销售和供应相关活动，不得鼓励违反义务进行活动；②各缔约方应确保，如果它建立或维持一个实体并将其委托给监管部门、行政部门或其他政府机构，则该实体应以与本条约规定的缔约方义务一致的方式行使这一权力，不得鼓励违反义务进行活动。

（二）国际能源宪章组织能源货物贸易制度对中国—东盟自贸区的启示

通过借鉴这两份协议的相关规定，能够适当调整和丰富中国—东盟自贸区在能源领域的内容。自贸区应以建立竞争市场为中心、协调统一的能源政策以及能源市场价格反映环境成本。

1. 以建立竞争市场为中心

市场经济以竞争为基本要素。只有充分的竞争才能焕发经济活力，促进价格反映价值、企业创新、人民生活水平提高。但是，中国—东盟自贸区大部分国家考虑到能源的安全战略意义，对能源贸易市场施行垄断，限制自由竞争。因此，依据《国际能源宪章》以及《能源宪章条约》规定，各国应建立能源竞争市场，加强信任，建立沟通机制，及时对本国的市场竞争情况进行反馈。

2. 协调统一的能源政策

能源货物贸易十分复杂多元，牵扯的利益上至国家、政府的政治利益，下至平民的日常生活，彼此牵连，如果某个缔约国在能源货物贸易的某个领域颁布了与统一的能源市场利益相违背的能源政策，必然引起能源价格的波动以及整个能源合作区的能源战略安全。因此，如果要进行能源货物贸易合作，应当把合作的内容规定得更广泛、细致且统一。《能源宪章条约》在投资保护、能源货物贸易和运输保护、能源效率及争端解决、贸易相关投资措施、运输、技术转让、资本获得上都有合作。《CAFTA 货物贸易协议》《CAFTA 服务贸易协议》针对能源的合作极少。因此，可借鉴《国际能源宪章》和《能源宪章条约》的相关规定，完善能源货物贸易政策。

3. 能源市场价格反映环境成本

能源与环境问题息息相关，能源开采、运输、应用、排放均会对环境造成不同程度的影响，如 2010 年美国墨西哥湾原油泄漏事件、2011 年中海油渤海湾漏油事故便是一次又一次血淋淋的教训。并且，目前能源资源大量存在浪费现象。《国际能源宪章》在第二部分"执行"第七项中提出"能源效率、环境保护与可持续清洁能源"，《能源宪章条约》第 19 条也要求制定与实施能源政策应考虑环境因素，市场化价格充分应体现环境成本与效益，提高公众意识，制定与执行相关环保项目和标准。

二 国际能源署能源货物贸易制度梳理与启示

国际能源署（IEA）是发达石油消费国集团在经济合作与发展组织（OECD）框架内成立的一个独立自治的国际组织。[①] IEA 作为发达国家能源政策的协调机构，经过多年发展，已经在建立战略石油储备、应对能源供应危机、协调能源政策、优化能源结构、提高能源效率等方面积累了丰富的经验。虽然我国尚未加入该组织，但双方稳步增进相互间的政治关系、加强技术信息交流、开展前沿战略研讨以及保持密切人员往来。[②]

（一）国际能源署能源货物贸易制度梳理

IEA 所制定和达成的能源货物贸易协议呈现条文规则少、分布不规则以及阐述不清晰的特点，梳理国际能源署所签订的主要协定，是了解其能源货物贸易规则的主要途径。能源货物贸易规则的相关规定散落在不同的协议当中，许多规则虽然与能源货物贸易没有直接关系，但是间接地影响到能源货物贸易的安全，也应纳入梳理范围。

1. 《IEA 共同目标》与《IEA 能源政策原则》

对于能源货物贸易的相关规定，《IEA 共同目标》与《IEA 能源政策

---

① 肖兴利：《国际能源机构能源安全法律制度研究》，中国政法大学出版社，2009，第 9 页。
② 马妍：《试论中国与国际能源署的关系》，《现代国际关系》2015 年第 10 期。

原则》主要提出以下目标与原则。

（1）不扭曲能源价格

不扭曲能源价格能够促进市场有效运转。不应为了实现社会或产业目标而人为地抑制能源价格，忽视地域供应成本。在必要可行的程度上，能源价格应当反映能源生产与利用的环境成本。针对能源价格约束，《IEA 能源政策原则》第 3 条再一次提到：允许国内能源价格达到能够鼓励能源节约与开发替代能源资源的价格水平。

（2）营造自由开放的能源货物贸易市场

自由开放的贸易和安全的投资框架能够促进高效的能源市场和保证能源安全。应当避免扭曲能源货物贸易与能源投资。《IEA 能源政策原则》对能源市场进一步要求：成员国的国内能源计划或政策应当尽可能明确地通过节能、扩大国内能源来源及寻找石油替代品，降低石油进口绝对数量或限制将来石油进口的数量，寻求一个健康稳定的能源货物贸易市场。

（3）促进能源市场参与的交流与合作

所有能源市场参与者之间的合作有助于促进信息交流与谅解，鼓励在全球形成高效的、环境可接受的、有弹性的能源制度与市场。这些有助于促进能源投资、贸易与信心，从而实现全球能源安全与环境目标。

2.《IEP 协定》

（1）紧急状况下的需求抑制

能源货物贸易与需求息息相关，如果没有需求就不会有供应，也就无法产生能源货物贸易行为。而在紧急情况下，限缩国家的能源需求，某种程度上能够平衡国际能源价格，缓解石油输出国组织突然间的能源价格上涨，保障国际能源货物贸易安全。《IEP 协定》（2008）第二章"需求抑制"的第 5 条规定："每个成员国应随时准备好一套应急石油需求抑制措施的计划，使其能够依照第四章的规定降低石油最终消费量。"第四章"启动"第 13 条规定："当团体遭受或能够合理预计将遭受石油日供应量的减少至少达到基准期日平均最终消费量的 7% 时，每个成员国应执行足以使其最终消费量减少达到基准期最终消费量 7% 的需求抑制措施……"第 14 条规定："当团体遭受或能够合理预计将遭受石油日供应量的减少至少达到基准期日平均最终消费量的 12% 时，每个成员国应执行足以使其最终消费量减少达到基准期最终消费量 12% 的需求抑制措施……"

（2）建立国际石油市场信息系统

石油市场信息对能源企业经营活动具有重要作用，不论是反映能源市场活动的相关信息，还是能源市场商品销售的信息，均是能源企业生产经营的先导，也是能源企业制定经营战略与策略的重要基础。只有掌握市场信息，才能更好地提高企业的经营效益。《IEP 协定》第五章"国际石油市场信息系统"第 25 条规定："1. 成员国应建立一个信息系统，该系统包括两个部分：（1）关于国际石油市场形势和石油公司活动的综合部分；（2）用于保证第一章至第四章规定的措施得以有效实施的特别部分。2. 该系统在正常状态和紧急情况下均应在持久的基础上运转，其运转方式应保证可获得信息的机密性……"并在第 27 条第 1 款对综合部分进行详细阐述："1. 在信息系统的综合部分，成员国应定期向秘书处提供信息，这些信息是依照第 29 条确定的在其各自管辖领域内运营的石油公司关于下列主题的精确数据：（1）公司结构；（2）财务结构，包括资产负债表、利润和亏损账目、所付税款；（3）实现的资本投资；（4）获取主要原油来源的协议条款；（5）当前产率和预期的变化；（6）可获得原油供应向各分支机构和其他客户的分配（标准和实现）；（7）库存；（8）原油和石油产品的成本；（9）价格，包括向分支机构的内部调拨价格；（10）理事会经全体一致同意确定的其他事项。"

（3）与石油公司的协商机制

以石油公司为代表的能源企业是能源货物贸易活动过程中的重要媒介，各国政府如何协调与石油公司等能源企业之间的关系，是能源货物贸易活动成败的关键所在。石油公司掌握着经营范围的各种市场信息，与石油公司建立协商机制，有助于能源货物贸易的顺利进行。《IEP 协定》第六章"与石油公司的协调机制"第 37 条第 1 款规定："成员国应在本组织内建立一个永久的协商机制，在该机制下，一个或多个成员国可以采用适当的方式与单个石油公司协商，或向其索取关于石油行业所有重要方面的信息。在该机制下，各成员国之间可以在合作的基础上共享协商成。"

3.《长期能源合作计划》

（1）最低价格保障

各国对石油价格规定了最低保护价，目的在于保护石油的市场价格相对稳定、保障石油价格生产商的权益，也是为了鼓励和保障各成员国对于大多数传统能源的投资。《长期能源合作计划》第四节"一般合作措施"第1款规定:"为鼓励和保障对大多数传统替代能源资源的新增投资,作为一般合作措施,成员国应遵照本节下文及附件1的规定,保证进口石油不以低于7美元每桶的价格在国内市场销售。7美元每桶的价格在下文中被称为最低保障价格。"并规定变更最低保障价格的水平应当由理事会经全体一致同意投票决定,除非理事会经全体一致同意决定适用其他表决规则。

(2)立法与行政障碍及歧视做法

IEA为了避免某些国家通过立法设定障碍,阻碍能源货物贸易进程的安全,要求各成员应给予对方最惠国待遇。《长期能源合作计划》第五章"立法和行政障碍及歧视做法"的第2款和第3款规定:"1. 在不损害每个成员国行使所有权,控制其国内自然资源和国民经济,保护环境和居民安全的权利的情况下,成员国认可按照长期合作计划的目标,希望在能源领域为其他成员国国民提供不低于向本国国民提供的优惠待遇,努力查明并消除有碍于实现计划总体目标的立法和行政措施。2. 成员国应当在其现行有效的法律法规范围内,尽最大努力适用法律和行政法规,以避免为其他成员国国民提供低于向本国国民提供的优惠待遇,特别是在能源投资、能源销售收购及竞争规则的执行方面。3. 成员国应当尽最大努力避免在能源领域制定将阻止其向其他成员国国民提供本国国民所享有的优惠待遇的立法或行政规章。"

(二)来自国际能源署能源货物贸易制度的启示

由于国际能源署是对抗欧佩克组织的限制石油输出的制度产物,因此其众多政策与法案的宗旨与目的在于如何在平时预防能源危机以及在紧急状况下保障能源安全,与笔者所论述的能源货物贸易问题相契合。国际能源署所重点强调与着重协商的能源危机预防措施,对于能源货物贸易安全的间接影响毋庸置疑。中国—东盟自贸区加强能源危机预防措施的制定与执行,是保障能源货物贸易安全的重要手段。

1. 构建能源公司协商机制,建立能源市场信息系统

首先,应当在平等、公正的基础上与不仅仅是石油公司,还包括众多新兴能源企业保持密切沟通,切实听取这些企业对协商机制的意见与建

议，做到和谐共商。其次，应当建立固定的常设组织，随时接收政策执行的反馈讯息，包括市场信息、政策执行问题等，从而快速作出反应措施，保持能源货物贸易市场的稳定运转。在能源公司收集市场能源信息的助力之下，建立自贸区能源市场信息系统。能源市场信息系统能够快速检测出当前能源货物贸易市场的发展状况，不仅对能源企业的制定和调整经营策略大有裨益，还能保障中国—东盟自贸区的能源货物贸易安全，防止恶性竞争，促进能源市场健康发展，维护各国的能源利益，加强各国互信。不过，在收集能源信息基础上构建起来的能源市场信息系统，在实行各国共享信息的原则下，也应当确保各国对能源企业的信息安全。

2. 适当条件干预能源市场

国际能源署主要从两个方面来稳定能源价格，干预能源市场：其一是抑制需求；其二是规定最低的能源价格保证。抑制需求是为了稳定能源货物贸易的供需平衡而达成的紧急应急协议，主要是为了防止因石油输出国突然性降低产油量而引起的石油价格攀升状况的出现。抑制需求在一定程度上阻碍了能源货物贸易市场的自由性，其针对能源垄断国家为了维护垄断利益而达到政治经济目的而作出的无奈之举，也是为了保障能源货物贸易安全的重要措施，因此应当被中国—东盟自贸区所吸收与借鉴，在特殊情况下也可以设立紧急的抑制需求措施。而规定最低的能源价格，也是基于能源这一特殊商品属性而对市场能源价格进行干预。能源市场本身就是经济市场的一部分，自然也会存在价格不能及时、合理反映市场供求的时候，从而导致价格过低。如果价格过低，极易引发不可逆转的能源资源浪费、损害能源生产商的权益，更会使得多国降低传统能源投资，进而加强了欧佩克组织传统能源的垄断地位，不利于国际能源货物贸易市场的稳定与安全。因此，中国—东盟自贸区应限制最低的能源价格，保障能源市场波动剧烈时免于能源价格低于成本价，最低限度地保护能源货物贸易市场的安全。

3. 消除能源货物贸易立法和行政上的障碍与歧视

中国—东盟最大的法律障碍在于针对能源货物贸易规定，各国作出的承诺参差不齐，并在市场准入和国民待遇问题上有诸多限制，存在关税措施、非关税措施以及法律上的障碍与歧视。随着西方社会贸易保护主义抬头，国际社会上健康、安全、技术、卫生和绿色壁垒比比皆是，这些在立法和行政上所设置的贸易壁垒也威胁着能源货物贸易安全。国际能源署要求成员国消除立法和行政上的障碍与歧视，对成员国一视同仁。当然，中国—东盟自贸区虽都是发展中国家，但是各国发展程度差别较大，如老挝、缅甸、柬埔寨和文莱、新加坡相比，在卫生、健康与环保等方面标准明显偏低。而中国国情与东盟各国的状况相比更加复杂，要想规定一个较有意义又无异议的标准，实在任重而道远。但是这应是之后发展的一个方向，可以划定一个较低标准，并逐步提高。

第四节　中国—东盟自贸区能源货物
贸易法律制度完善

一　中国—东盟自贸区能源货物贸易法律制度的更新与展望

更新"海丝"相关制度内容，完善现有能源货物贸易制度，并在对"海丝"的相关能源货物贸易规定进行梳理后，我们将展望未来能源货物贸易建设的发展方向。

（一）自贸区能源货物贸易法律制度的更新

制度梳理的内容主要包括原则性规定与能源合作范围的设定。

1. 遵循原则的共建

《能源合作愿景与行动》总共提出了五大合作原则，笔者认为应当督促沿线各国在能源货物贸易领域做到以下几点。

（1）尊重国家主权原则。国家能源主权是尊重各国主权和领土完整的具体体现，其主要表现为国家对本国能源相关事务的自主权、其本国境内能源外资实行国有化或征收的权力及对能源外资的管辖权，其目的是各国均在经济独立的前提下发展能源资源经济。因此，只有尊重能源主权原则，才能加强各国对自身能源资源的维护，减少"海丝"能源货物贸易的阻力。不过，也应当注意避免因滥用国家能源主权而形成的资源民族主义。①

---

① 杨振发：《国际能源合作中的国家能源主权原则研究》，《红河学院学报》2010 年第 5 期。

（2）扩宽贸易范围、坚持和谐包容、互利共赢。"一带一路"不局限于古代丝绸之路的范畴，那么能源货物贸易更应该加强与各国的合作与交流，扩宽贸易规则共同制定的合作国家范围，提升该区域能源货物贸易的影响力与作用力。合作国家一旦增多，不同文化、利益的冲击将会更加强烈。因此，应当加强不同文明之间的对话与沟通，求同存异、相互包容，结合不同国家的不同优势，如能源资源优势、市场优势、技术优势、资本优势或者劳动力优势等，相互补充，共同促进能源货物贸易合作的利益最大化。

（3）促进能源市场的开放与完善。能源货物贸易最大障碍在于政府因素经常干扰经济市场的正常运行，无法令市场在能源资源配置中发挥主导作用。因此，各国应签订协议、明确政府权力边界，共同营造和完善一个健康、稳定的能源货物贸易市场。

2. 扩大能源的合作

"海丝"沿线的国家发展各异，经济合作空间巨大。《能源合作愿景与行动》主要提出了政策沟通、设施联通、贸易畅通、资金融通以及民心相通等几个方面，结合能源货物贸易领域，建议"海丝"沿线国家扩大能源合作采取如下措施。

（1）能源货物贸易下的政策沟通

应在能源政策方面加强各政府间的合作与沟通，积极构建多层次政府间能源货物贸易方面的宏观政策沟通交流机制，在能源战略和对策上进行充分交流对接，共同制定推进区域能源合作的规划和措施，协商解决能源货物贸易合作中的问题。

（2）能源货物贸易下的设施联通

基础设施互联互通是"一带一路"建设的优先领域，也是能源货物贸易重点关切领域。《能源合作愿景与行动》提出："加强能源基础设施互联互通。不断完善和扩大油气互联通道规模，共同维护油气管道安全。推进跨境电力联网工程建设，积极开展区域电网升级合作，探讨建立区域电力市场，不断提升电力贸易水平。"质言之，"海丝"的能源互联互通合作，将主要集中在运输通道安全与建设以及电网升级与改造。在原则方面，坚持尊重国家能源主权原则，与沿线各国在相互尊重前提下，友好开展能源货物贸易合作。

（3）能源货物贸易下的贸易畅通与能源合作

贸易畅通、能源合作与能源货物贸易联系得最为紧密，其致力于消除投资与贸易壁垒，构建区域内和各国良好的营商环境。《能源合作愿景与行动》在此一领域重点提及如下事项：加大煤炭、油气、金属矿产等传统能源资源勘探开发合作，积极推动水电、核电、风电、太阳能等清洁、可再生能源合作，推进能源资源就地就近加工转化合作，形成能源资源合作上下游一体化产业链。加强能源资源深加工技术、装备与工程服务合作，并对新能源这一新兴产业予以关注，推动建立创业投资合作机制。质言之，就是对传统能源与非传统能源、能源货物贸易与能源服务贸易都加强合作，鼓励创业投资并形成产业链。

（二）自贸区能源货物贸易法律制度的展望

《能源合作愿景与行动》以一种期许的态度来对"海丝"的能源货物贸易发展提出建议，其对原则和内容的规定广泛而不细致，但对"海丝"沿线各国的能源货物贸易问题指出了发展方向和努力重点。在原则方面，坚持尊重国家能源主权原则，与沿线各国在相互尊重的前提下，友好开展能源货物贸易合作；扩宽贸易范围是扩大沿线能源货物贸易合作的影响力，坚持和谐包容以促进不同文化与文明的相互交流与合作，互利共赢是"海丝"发展的重要基石；促进能源市场的开放与完善是发展能源货物贸易的重要条件。在具体内容的规制方面，能源货物贸易集中体现在《能源合作愿景与行动》中的政策沟通、设施联通与贸易畅通，政策沟通是为了保障沿线各种的能源货物贸易有统一的政策与法律规制，便于能源货物贸易市场的形成与发展；设施联通是能源货物贸易的重要基础，保证区域之间能源资源的分配与利用；贸易畅通是统一的能源货物贸易市场建议的重要前提，只有保证贸易畅通，才能保证能源货物贸易的安全与繁荣。

中国与"海丝"沿线国家和国家间组织签署了一系列的贸易协定，各种规则的制定对未来在沿线国家之间进行能源货物贸易提供了一系列的制度基础，便于与各国及国家间组织展开和谐、有效与互惠的贸易活动。面对当前的国际贸易问题，我国现行的主要国际贸易规则是围绕 WTO 贸易规则体系与多边、单边贸易谈判并行，但能源货物贸易商品经常被排除在各种贸易谈判内容和协议之外，造成当前对能源商品贸易在某种程度上的选择性失语。

在经济全球化和科技革命的推动以及当前我国能源企业"走出去"的新形势下，我国对内急需提升对外开放水平，对外急需应对各方国际形势。根据商务部发布的《中国对外贸易形势报告》（2021 年春季），前 4 个月，进口原油 1.8 亿吨，增长 7.2%；进口天然气 3946 万吨，增长 22.4%。不断增长的能源需求，凸显能源货物贸易安全问题的重要性。当今社会无不重视法律与规则在各个领域的重要性，国际社会已采取多种方式与途径将各种法律落实到不同领域中去，法律工具是国际社会秩序构建的基石，而是否能有一套健全的法律制度或者规则来保障沿线国家的能源货物贸易安全将是"海丝"能否顺利进行的关键。

二 完善中国—东盟自贸区能源货物贸易法律制度的总体考量

（一）制定专门的能源货物贸易协定

中国—东盟自贸区发展已久，但迟迟没有达成能源货物贸易或者与能源相关的专门法律协定。跨越多国的能源货物贸易市场决定了专门的能源立法需要与多国的能源利益相协调，而且成立专门的能源货物贸易协定必然伴随着巨大的成本，但制定专门的能源货物贸易法案有明显优势。

首先，能源资源的特殊性决定了能源资源商品或者服务不同于一般的商品贸易，如果能源产品常常游离在货物贸易或者服务贸易的范围之外，将使得"政府之手"经常性地介入相关的贸易行为之中。

其次，能源货物贸易涉及的范围十分广泛，不仅包括石油、煤炭、天然气等传统能源，一些太阳能、地热能、风能、海洋能、生物质能和核聚变能等新能源也已经异军突起，正在逐步占领着能源市场的份额；而在能源服务贸易方面，也是有诸如技术贸易、信息共享、人才培养、基础设施建设等能源服务贸易内容，一份专门的能源货物贸易协定实属必要。

再次，国际上许多国家都基于能源资源的重要性形成了各种能源组织，如国际能源宪章组织、国际能源署等。试想各国都愿意成立一个国际组织来维护、运行以及保障自身的能源资源利益，更何况是仅仅达成一份能源协议呢？得益于这些能源组织的成立，其所运行的能源货物贸易规则能为"海丝"沿线各国的能源货物贸易谈判提供经验，减少各国能源货物贸易的交易成本，加快该区域能源货物贸易谈判的进程。

最后，达成专门的能源货物贸易协定也是沿线各国区域优势相互补充、市场广阔的必然结果。"海丝"以中国为起点，途经东南亚，进而连接南亚与中东，以非洲、拉美与欧洲为海上丝绸之路的三大终点。以东南亚的海洋和中东为代表的区域储存着大量的能源资源，可为各国提供大量的能源商品货物；而以中国和欧洲为代表的区域拥有巨大的能源消费能力，特别是中国已是全球最大的能源消费国，并且中国和欧洲均有较高的能源服务水平和资金保障，因此两个区域形成互补，存在能源货物贸易市场发展的巨大潜力。总之，制定专门的能源货物贸易法案已然成为一项理性选择。

（二）谈判时能源货物贸易与能源服务贸易并行

在国际贸易谈判中，能源货物贸易与能源服务贸易经常是分开谈判的，其原因就在于相对而言，能源货物贸易初级产品较多，贸易的过程较为简单，表现为"物—钱"交换模式偏多，各国共识也较多，谈判过程比较容易；而服务贸易经常伴随着技术、信息、人才流动，稍有不慎，轻则损害企业商业安全，重则危害国家利益安全，因此各国对此都小心翼翼，生怕因谈判处于不利地位而错失时代发展机遇。综合能源货物贸易的特点和属性以及中国当前发展的形势，"海丝"能源货物贸易谈判应当将能源货物贸易和能源服务贸易并行。

首先，能源货物贸易与能源服务贸易经常难以区分。即能源商品贸易、服务贸易和技术贸易往往相互搭售、无法分离，如果在谈判的过程中仅仅是对能源货物贸易进行磋商而忽略能源服务贸协议的订立，其结果便会演变成能源货物贸易协定即使完善成熟也不能落到实处。当然，如果能源货物贸易和能源服务贸易一起谈判必然会面对各国分歧严重、双方的国家权益争夺激烈以及能源货物贸易的出台时间会较长等问题。但从长远来看，为了使能源货物贸易协定在实践中得到施行、形成完整的谈判协议体系以及完善的货物贸易的法律，两者一起谈判应当是最优选择。

其次，能源服务贸易可以作为中国的筹码与能源资源国进行谈判。中国地广物博，能源资源丰富。但是，中国是人均资源少的国家，能源资源对我们国家的战略意义十分重大，如果只是进行能源货物贸易必然会使我国处于谈判的弱势地位。得益于改革开放 40 多年，我国的许多技术，特别是能源提炼技术、能源的勘探与开发、基础设施建设等大幅度提升，而能源资源国对这些能源服务项目拥有巨大需求。我国应当以技术为筹码，与各国进行能源资源的谈判，将能源货物贸易协定和能源服务贸易协定的内容相互配合，以优势换劣势，避免损害国家的利益安全。

最后，能源货物贸易与能源服务贸易并重可以有效节约立法成本。某项法案或者协定的谈判是对人力、物力、财力的重大考验，从成员的召集、会议的组织、法案的草拟、成员国的谈判到最终法案的通过，都花费着大量的时间和金钱成本。因此，基于能源货物贸易和能源服务贸易协定的互通性和不可分割性，把二者结合在一起进行谈判也是节约各项资源的有效手段。

三　完善中国—东盟自贸区能源货物贸易法律制度的具体建议

完善能源货物贸易制度的同时，还须对能源货物贸易制度现存的具体问题提出解决建议，避免执行偏差。

（一）严控进出口关税与非关税壁垒

规范与控制进出口关税壁垒和非关税措施的使用，是"海丝"能源货物贸易安全保障的首要环节。第一，在进出口关税壁垒方面，建议严格规范关税的征收范围，设立关税减让表或者承诺表。在现在的国际贸易当中，关税壁垒表现为关税高峰、关税升级、关税配额等几种形式。中国—东盟自贸区大部分能源货物商品逐年降税甚至零关税可以作为基本策略，但"海丝"沿线各国的能源货物贸易基本立场并不相同，可以选取的做法为严控能源货物的征税幅度以及逐步取消关税配额制度，将关税纳入减让表或者承诺表中进行约束，在能源货物贸易活动中减少不公平的现象与贸易纠纷。第二，在非关税壁垒方面，应尽量收缩非关税措施在能源货物贸易方面的适用空间。非关税壁垒形式多样，却极具灵活性、歧视性与隐秘性，欲限制能源货物贸易中非关税措施的使用，应当细化非关税壁垒的类别，并逐一约束。统一通关环节、进口许可的规定与标准，营造公平、公正的能源货物贸易市场；取消进口税费、进口禁令、出口限制技、进口产品歧视等立法与行政措施，促进自由流动的贸易市场；在技术、卫生与植物、知识产权方面，各国的标准差异较大，应通过协商与谈判、互相妥协，在可控的合理范围内制定与经济发展程度相挂钩的分档适用标准。把所有非关税措施都放在规则里面进行约束，禁止用其当作能源货物贸易竞争的工具。

（二）收缩例外条款的使用

在 WTO 和中国—东盟自贸区的货物贸易规则中，一般会设置一般条款和安全条款，主要集中体现在环保条款和国家安全条款，其实这也是非关税壁垒的一种表现方式。各国经常以保护本国的国家安全或者环境为借口，通过各项贸易规则规定的例外条款从立法和行政上设置贸易障碍，从而保护本国能源货物贸易利益，掌握主动权。此种现象应当得到解决。（1）设立例外条款的负面清单。负面清单管理模式便于外资企业对照清单实行自检，提高能源货物贸易市场透明度和能源货物贸易过程的效率，保障能源货物贸易的安全。如《CAFTA 货物贸易协议》第 12 条"一般例外"规定："（二）为保护人类、动物或植物的生命或健康所必需的措施。"这里面可能涉及环境问题、卫生标准或者动植物保护等问题，容易造成行政干预贸易行为，应当列清楚该条款包含的内容以及什么情况会超过环境、卫生标准而被归于例外条款，规定得越清晰、细致，越有利于能源货物贸易的顺利进行。（2）减少例外条款的设置。例外条款的设置确实能够缓和多边协议的矛盾，加快能源货物贸易条款通过的速度，但之后存在的一系列贸易壁垒问题却使得各国利益均受损。减少例外条款设置，能源货物贸易市场才能更加透明化，也会减少贸易纠纷，避免浪费各项资源，提升效率。

（三）限制国家垄断企业对能源货物贸易的控制

垄断能源企业以国家实力为后盾，对能源货物贸易市场的公平化、自由化有一定程度的干扰，而且大多已经构成垄断，但为了保障国家的能源战略安全，国家介入能源市场已是各国通行做法。应当从以下几个方面限制国家能源垄断企业。（1）放宽外资能源企业的进入。各国均有自身的国有企业，如果放宽这些企业进入各国能源市场，那么就会与本国实力相当的能源垄断企业形成竞争局面。各国能源企业大多有国家资本背景，不仅能促进能源竞争市场的形成，还有助于各国能源企业互相交流、完善与进步。（2）培育民间能源企业。应当鼓励民间资本参与能源项目建设和运营，积极培育民营能源企业，保障民间资本公平获得资源开发权利，支持民营能源企业增强科技创新能力，以民营能源企业为动力加快能源产业升级。（3）国家能源垄断企业应承担更多的社会责任。国家能源企业长期控制国内的能源市场，积累了较为成熟的经营经验以及较大份额市场利益，应当积极促使这些企业开展各项能源货物贸易的培训，传授能源市场经营经验，在构建健康、稳定、秩序的能源市场方面，承担更多的社会责任。

　　"海丝"遵循尊重国家主权原则，扩宽贸易范围、坚持和谐包容、互利共赢，促进能源市场的开放与完善，扩大能源货物贸易下的政策沟通、设施联通、贸易畅通，并对未来能源货物贸易制度的协商和制定指明方向。以中国—东盟自贸区能源货物贸易的相关制度规定及存在的问题为基础，借鉴国际能源宪章组织和国际能源署在能源货物贸易领域的相关法律规定，从总体上看，应当制定专门的能源货物贸易协定，谈判时能源货物贸易与能源服务贸易并行。从具体法律建议来看，应严控进出口关税与非关税壁垒，收缩例外条款的使用，限制国家垄断企业对能源货物贸易的控制。

第六章 海丝之路能源服务贸易安全法律保障机制

作为"海丝"的纲领性文件,《推动共建丝绸之路经济带和 21 世纪海上丝绸之路的愿景与行动》高度强调"贸易畅通",提出应"着力研究解决投资贸易便利化问题,消除投资和贸易壁垒,构建区域内和各国良好的营商环境""建立健全服务贸易促进体系,巩固和扩大传统贸易,大力发展现代服务贸易。"服务贸易是中国进一步加强对外开放的广度与深度的新引擎,与传统贸易相比,其高质量发展更具有竞争力和优势。而能源合作作为"21 世纪海上丝绸之路"合作框架中的重要组成部分,保障能源服务贸易的高质量和稳定发展,是深化我国与沿线国家能源合作水平、维系区域能源安全的必要选择。国家发展和改革委员会与国家能源局于 2017 年 5 月制定发布了专门的《推动丝绸之路经济带和 21 世纪海上丝绸之路能源合作愿景与行动》,就"一带一路"能源合作的原则、重点和中国采取的行动措施等作出方向指引。本章将主要探讨在"海丝"合作框架下如何完善能源服务贸易法律保障机制以助推能源服务贸易朝着安全、高效的方向发展。通过提出构建"海丝"能源服务贸易安全法律保障机制的愿景,并从国内能源服务贸易立法、世界贸易组织(World Trade Organization,以下简称 WTO)框架下的能源服务贸易制度、与"海丝"沿线国家开展的能源服务贸易双边和多边合作立法情况进行分析,梳理当前"海丝"能源服务贸易所面临的制度疏失,进而提出"海丝"能源服务贸易安全法律保障机制的完善构想。

第一节 海丝之路能源服务贸易概述

加强我国与"海丝"沿线国家的能源服务贸易，既可以保障我国的能源供应安全，也可以向沿线国家输送我国的优势能源服务以促进沿线能源资源的均衡发展，如通过能源运输服务改善各国能源资源不均的状况，通过能源基础设施建设服务提高各国能源资源的勘探利用效率等，从而促进各国能源协同发展。

一 海丝之路能源服务贸易之内涵

"海丝"倡议下的"能源服务贸易"意指国际能源服务贸易，属于典型的国际服务贸易的一种。然而，何为国际能源服务贸易？先需就其概念内涵进行法理阐释。

（一）国际能源服务贸易

国际能源服务贸易是一种与能源相关的国际服务贸易，是指在商业基础上进行的、与能源产品直接相关的服务的跨国境购买与销售。以能源产品的种类为依据进行划分，可以将能源服务贸易分为石油领域的服务贸易、天然气领域的服务贸易、电力领域的服务贸易、煤炭领域的服务贸易等；以服务是否跨越国境为划分标准，可将能源服务贸易分为国内能源服务贸易和国际能源服务贸易；以服务所处能源产业链的位置为标准，可将能源服务贸易分为上游领域的能源服务贸易、中游领域的能源服务贸易和下游领域的能源服务贸易。[①]

按照 GATS 对国际服务贸易的分类，国际能源服务贸易可以被划分为四种供应模式：一是跨境交付，即从一成员国境内向另一成员国境内消费

---

① 谭民、陆志明：《中国—东盟能源贸易与投资合作法律问题研究》，云南人民出版社，2016，第 1 页。

者提供服务,其特点是服务发生跨境移动;二是境外消费,即在一成员国的境内向另一成员国的消费者提供服务,其特点是消费者发生跨境移动;三是商业存在,即一成员方的服务提供者通过在另一成员方设立商业实体提供当地化服务,主要体现为向另一成员方投资设立能源合资、合作和独资型服务企业等;四是自然人流动,即一成员方的自然人在另一成员方的境内提供服务,主要体现为专业或非专业的技术人员为其他国家提供的劳动力。

(二)海丝之路能源服务贸易

"海丝之路"倡议自提出以来,就秉持开放包容、互利共赢的理念,以共商、共建、共享的方式,搭建地区安全和合作新架构,旨在实现更大范围、更高水平、更深层次的区域合作,促进沿线国家市场深度融合、资源高效配置。能源合作作为"海丝"合作框架下的重要内容,沿线各国在能源资源储量、能源装备、能源资源勘探开发、能源基础设施建设、能源工程服务合作等方面都存在较大差异,我国与沿线能源资源储量大国正好优势互补。加强与"海丝"沿线国家的能源服务贸易合作,实现区域能源市场的深度融合,形成一个供需平衡且产业链完整的区域能源市场,既是中国的倡议,也是沿线各国的利益所在。

结合前文对国际能源服务贸易的理解,综合"海丝"合作框架下能源合作的目标和特点,所谓"海丝"能源服务贸易,就是按照上述四种服务供应模式,将"海丝"沿线各国不同产业部门、不同产业链上的能源服务,根据各国的能源资源禀赋情况,在沿线国家自由流动,从而最大限度上满足各国的不同能源服务需求,促进沿线国家能源的协同发展。具体而言有如下特点。(1)"海丝"能源服务贸易的范围是广泛的,任何感兴趣的国家和国际、地区组织均可参与其中。(2)"海丝"能源服务贸易的提供模式是跨境交付、境外消费、商业存在、自然人流动。对这四种供应模式的限制程度,在一定程度上反映了一国能源服务贸易的开放程度。(3)"海丝"能源服务贸易的贸易过程是优势互补。各国可以根据本国的能源服务产业发展情况,鼓励本国优势能源服务产业广泛服务于沿线其他国家,进口其他国家的优秀能源服务以助力本国弱势能源服务产业的发展。(4)"海丝"能源服务贸易的目标是实现沿线各国的能源协同发展。

因此，加强与保障沿线各国的能源服务贸易合作，扩大能源服务贸易开放的范围和水平，是实现沿线各国共享能源发展成果的必然要求。我国要构建完善的"海丝"能源服务贸易安全法律保障机制，应当始终围绕"海丝"能源服务贸易的内涵与目标进行总体考量。

二　海丝之路能源服务贸易之特点

能源服务贸易与其他服务贸易相较而言，由于能源的性质更为关键与特殊，与国家的经济、政治密切相关联，具有如下特征。

（一）与能源货物贸易关联密切

能源服务是指与能源生产、输送、配销相关的服务，以及其他介入能源价值链的服务。能源货物与能源服务二者关系紧密，对能源资源的勘探、开采、提炼，能源产品的生产、储存、运输、配销，能源基础设施的设计、建造、咨询等都涉及能源服务。[①] 能源资源的勘探、开采需要先进的设备、技术、专业技术人员、高效专业的基础设施，对于能源资源储量丰富的国家而言，拥有其他国家能源服务提供商供应的这些先进设备、技术、专业技术人员，将会极大提升能源资源的勘探、开采效率。从国际能源服务贸易的四种供应模式分析来看，"海丝"合作框架下的能源服务贸易主要体现为跨境交付、商业存在和自然人流动。跨境交付与能源管道运输密切相关；商业存在为另一成员国提供与能源勘探、开采、提炼、储存、分销等相关的能源服务，且往往为另一成员国带去大量投资；而自然人流动主要体现为专业技术人员的流动，为科技水平落后国家的上中下游能源产业链提供大量的专业技术人员，可大大提升能源资源勘探开发、能源产品生产销售的效率和水平。

（二）能源服务贸易范围广泛

在实践中，能源服务贸易的范围相当广泛，按照生产流程对能源产业

---

① 李庆灵：《WTO 能源服务贸易谈判之最新进展及中国的对策》，《世界贸易组织动态与研究》2011 年第 3 期。

进行划分，涉及的能源服务主要有：在生产环节，主要包括能源的勘探、开发、钻井、开采、建筑、设计、生产；在加工环节，主要有能源的加工、提炼和衍生；在最终能源产品的传输、配销环节，主要有能源的传输、配送、分销与储存。[1] 但是，由于能源服务的涵盖范围与具体磋商清单范围关联密切，因此在能源服务贸易谈判中，各国就能源服务的具体涵盖范围具有较大争议，各国纷纷从自己国家的立场提出议案，除了对能源的运输、分销等具有较为一致的认同以外，对于能源资源的加工、转换等是否属于能源服务的范围还存在较大争议。[2] 一些服务能力强、技术先进的发达国家，希望能将能源服务的涵盖范围扩展至能源资源的勘探开发、最终的能源产品销售等所有链条，以美国为代表的能源服务强国希望能通过全方位的开放，将自己国家在能源服务领域的经验技术优势转换为国际竞争力，广泛参与能源服务欠发达国家国内能源生产、运输、转换、营销、销售等全过程。[3] 在加强我国与沿线国家的能源服务贸易的同时，我国也鼓励并支持沿线各国根据自己国家的国情选择能源服务开放的范围，使得各国既能提高本国能源服务水平，又能保护本国能源服务安全。

（三）能源服务不是独立的服务部门

在征求各方的意见和提案后，WTO 以部门为中心将服务贸易分为 12 大类的服务部门：商业服务、通信服务、建筑服务、销售服务、教育服务、环境服务、金融服务、健康及社会服务、旅游及相关服务、文化娱乐及体育服务、交通运输服务及其他服务。其中，能源服务并未被单独划作一个服务部门，仅在这 12 大类部门的分部门中有所提及，如在商业服务部门之下的与采矿业有关的服务、与能源分销有关的服务和交通运输服务部门之下的燃料管道运输服务等。在这种分类体制下，由于没有被正式归类，各国对于能源服务所做的承诺相较于其他大类的服务部门（如通信、建筑等部门）较少，且都分散于各个服务部门，不具有体系性和集中性。

---

① 王家诚：《论能源产业战略管理》，中国计量出版社，2003，第 26~28 页。
② 李庆灵：《WTO 能源服务贸易谈判之最新进展及中国的对策》，《世界贸易组织动态与研究》2011 年第 3 期。
③ 余敏友、唐旗：《论 WTO 构建能源贸易规则及其对我国能源安全的影响》，《世界贸易组织动态与研究》2010 年第 2 期。

（四）能源服务贸易有利于消除能源贫困

现代能源的使用也使人得以获得更加清洁高效的能源资源，拥有更健康生活环境和更高生活质量。然而，世界上还有规模庞大的人口无法获得清洁高效的能源服务，陷入了能源贫困。所谓能源贫困，大致指没有电力接入和清洁燃料接入，因而无法享受到现代能源服务的一种状况。传统能源资源如煤炭等对于人类虽说非常重要，却无法直接消费，对于人类而言更重要的是能源服务。借助能源服务如照明、取暖等，可以使个人的生产、生活需求得到满足。因此，借助能源服务贸易的发展，可以使得能源资源欠缺或能源服务水平低下的欠发达国家享受到高效便捷的能源服务，增大能源贫困地区享受现代便利生活的机会，提高这些地区农业、商业、交通运输业的发展能力，促进国际公平与发展。① 对于"海丝"沿线发展中国家而言，加强与我国的能源服务贸易，购买我国相对较擅长的能源服务，是提升发展中国家能源资源利用水平、提高生活质量、消除能源贫困的重要方式。

三　加强与海丝之路沿线国家能源服务贸易之理据

能源与国民经济安全息息相关，加强与沿线国家的能源服务贸易、保障能源服务贸易安全，具有现实紧迫性。在能源贸易的过程中，可以通过对现有的能源资源贸易量等数据进行分析（主要以石油与天然气为分析对象），进而得出当下"海丝"能源服务贸易的市场需求，论证当下加强我国与"海丝"沿线国家能源服务贸易的必要性与可行性，明确我国开展能源服务贸易的目标与方向。

（一）我国能源需求量不断增加

根据 2021 年《BP 世界能源统计年鉴》的数据，由于新冠肺炎感染的影响，2020 年能源市场发生了巨变，碳排放量和一次能源均出现了自第二次世界大战以来最快速度的下降现象，尽管如此，可再生能源继续增长，

---

① 王卓宇：《能源贫困与联合国发展目标》，《现代国际关系》2015 年第 11 期。

太阳能发电量创历史新高。从国家来看，美国、印度和俄罗斯的能源消费下降幅度最大，中国增幅最大（2.1%），是2020年仅有的少数能源需求增长的国家之一。

（二）沿线国家丰富的石油储量可以满足我国石油缺口

根据《BP世界能源统计年鉴（2021）》数据显示，在2020年末全球探明石油储量为2444亿吨，中国的石油探明储量为35亿吨，中国的石油储存量约占世界的1.4%。2020年全球的石油产量为4165.1百万吨，中国的石油产量为194.8百万吨，中国的石油产量约为世界的4.7%，在储产比为18.2的背景下，中国面临巨大的能源缺口，需要从其他国家进口石油以满足迅速腾飞的经济运转。"海丝"沿线国家石油探明储存量丰厚，具有丰富的石油资源，蕴含巨大石油出口潜力。从石油贸易对象来看，我国是石油进口大国，在2020年全球石油消费量普遍下降的情况下，我国石油进口仍然保持着年均增长率8.8%，主要进口国正是"海丝"沿线国家，包括伊拉克、科威特、沙特阿拉伯、阿拉伯联合酋长国等。中国与"海丝"沿线国家的石油贸易以进口为主，2020年中国石油出口量仅为原油1.1百万吨，成品油65.2百万吨，中国的成品油出口能力相较而言更强，也彰显出中国具有较强的原油加工、提炼能力。沿线国家的大量石油进口，在满足我国的石油缺口的同时，也为沿线国家带去了一定数量的石油相关服务，并在石油的勘探、开采、炼化等方面展开了能源服务贸易合作。

（三）沿线国家的天然气进口能缓解我国天然气供需矛盾

中国面临严重的天然气供需矛盾，天然气产量和消费量面临巨大的差额缺口，中国天然气对外依存度较大。纵观"海丝"沿线国家天然气储产情况及贸易情况，中东和独联体拥有最高的天然气储产，彰显巨大的天然气出口潜力，其中，伊拉克、沙特阿拉伯是"海丝"沿线天然气储量最多的国家之一。我国在向"海丝"沿线国家进口天然气的过程中，可以反向提供大量的能源基础设施建设、能源运输等能源服务。当然，这其中也存在一些问题。主要体现为集中在天然气市场的中游合作，但对于上游的勘探开发合作还不够，未来还需拓展参与包括天然气运输在内的天然气全产业链合作。我国与沿线国家在进行能源贸易时，为各国提供相应能源服务，既可扩大我国对外开放的市场，拓展对外开放的广度与深度，又可以自己提供的能源服务保障本国能源供应的安全，并相应减少进口成本。因此，必须根据我国能源服务产业部门情况，加强与沿线国家的能源服务贸易，构建安全高效的能源服务贸易法律保障机制。

（四）沿线丰富的能源储量彰显加强能源服务贸易的紧迫性

沿线国家能源资源储量丰富，具有大量能源服务需求，体现出与其进行能源服务贸易的可行性。作为我国的主要能源资源进口区域，加强与沿线国家的能源服务贸易、以法律制度保障能源服务贸易安全又具有现实必要性。同时，由于从能源资源的勘探、开采、配送到终端销售，每个环节都存在能源服务，能源服务构成了能源产业链条中的附加值，与能源贸易过程相伴而生，因此，沿线国家庞大的能源资源储量也就意味着巨大的能源服务需求。"海丝"沿线能源资源储量丰富的国家以发展中国家为主，这些国家通过能源出口可以提升经济能力，但也由于生产发展水平的欠缺，将能源资源从地下勘探开采至转换为可供利用的能源产品，需要大量的专业技术和资金支持，无论勘探、开采的能源最后是供本国消费还是进行出口贸易，都需要从其他国家购买能源服务，通过签订能源服务协议协助本国进行能源勘探、开采以及提供能源产业链上的其他能源服务。能源贸易产生了诸多能源服务贸易需求，发挥我国在基础建设、能源运输方面的优势与沿线国家开展相应的能源服务贸易，是提高沿线国家能源效率、确保能源安全、提升能源质量的重要方式。

四　构建海丝之路能源服务贸易法律保障机制愿景

在世界能源局势发生复杂深刻变化的今天，各国面临的能源形势依然严峻，在这种背景下，推动"海丝"框架下的能源服务贸易合作既是中国的倡议，也是各国的利益所在。为构建"海丝"能源服务贸易法律保障机制，可以提出如下发展愿景。

（一）打造能源利益共享体

加强我国与沿线国家的能源服务贸易，保障能源服务贸易安全，就是在互尊互信、平等互惠、互利双赢的合作理念下，通过构建完善的法律保障机制，促使我国与沿线国家的能源服务贸易实现市场的深度融合，进而共同打造开放包容、普惠共享的能源利益共同体、责任共同体和命运共同体。

一方面，以法律机制保障"海丝"能源服务贸易的发展，是保障我国能源安全、扩大和深化对外开放水平的必要选择。能源安全包括能源供给安全、能源价格安全、能源运输安全和能源消费环境安全，在"海丝"的设计框架下，能源安全还被赋予了"能源的稳定供应""能源输出""遵循可持续发展的原则"等新的时代内涵。以法律机制保障能源服务贸易的高质量发展，是保障我国能源安全的需要。我国可以通过向其他国家提供能源资源的勘探、开发等能源服务，以一体化合作模式保障能源供应的稳定与安全；通过向能源出口国提供能源运输服务，进一步保障能源运输安全、降低运输成本；我国与沿线各国在清洁能源领域的合作，对于改善这些国家的能源结构、促进沿线各国清洁能源的发展具有重要意义。此外，规范透明的"海丝"能源服务贸易法律保障机制，为我国能源服务企业和专业技术人员的"走出去"提供了制度保障，有利于我国进一步提高对外开放的质量和水平，实施更大范围、更宽领域、更深层次的对外开放。

另一方面，构建"海丝"能源服务贸易法律保障机制，也是促进各国能源协同发展的需要。当今世界，世界能源局势正发生深刻变化，各国能源发展形势面临严峻考验，各国能源资源禀赋的不均衡严重影响了全球能源治理。在此局势下，只有加强国家间的能源合作，取长补短、合作共赢，才是应对能源发展困局的破解之道。中国与世界能源的发展高度关联，向其他国家输送优势能源服务，可以较大程度上改善各国能源资源禀赋不均、基础设施建设不全、能源可持续发展能力不够等问题，中国与沿线各国优势互补，有助于实现区域能源市场深度融合，促进区域能源绿色低碳发展，提升区域能源安全保障水平，从而与沿线各国共同打造普惠共享的能源利益共享体。

（二）能源服务贸易合作的理念和方向

《推动丝绸之路经济带和 21 世纪海上丝绸之路能源合作愿景与行动》提出了"一带一路"倡议下能源合作的原则，《能源生产和消费革命战略

（2016—2030）》也为促进能源发展提出一系列战略构想，结合二者所提出的发展理念，构建"海丝"能源服务贸易法律保障机制应遵循以下合作理念与合作方向。

在合作理念上，应当遵循开放包容、互利共赢、市场运作的合作原则。所谓开放包容，是指能源服务贸易的对象、范围、领域等都是开放的，任何感兴趣的国家和国际、地区组织均可参与"海丝"合作框架下的能源服务贸易，都可以根据自己国家的需要，通过谈判选择开放能源服务贸易的领域。所谓互利共赢，是指希望构建稳定规范的能源服务贸易法律保障机制，加强我国与沿线国家的能源服务贸易合作，保障能源服务贸易的安全，以使得沿线各国都能在"海丝"框架下的能源服务贸易中有所获益，努力以共商、共建、共享的方式，促进各国能源的共同发展。所谓市场运作，是指在与沿线国家展开能源服务贸易的过程中，要充分遵循市场的规律和国际通行规则。

在合作方向上，应当朝着安全、绿色、和谐的方向发展。在安全方面，要通过创设各种法律机制，以稳定的法律制度保障能源服务贸易的安全、高效运行，从而共同维护各国的能源安全，构建安全高效的能源保障体系。在绿色方面，各国的能源服务贸易应当高度重视环境问题，我国向其他国家提供的能源服务，应当注重对生态环境的保护以及污染的防治，加强与其他国家在清洁能源和绿色产业方面的合作，以推动各国能源朝着绿色低碳的方向发展。我国也应利用能源服务贸易的进口，进一步加强对清洁能源技术的引进，以推动我国的能源供给革命，构建清洁低碳新体系。在和谐方面，是指在为其他国家提供能源服务的过程中，要承担一定的社会责任，如重视对当地人员的培训，尊重当地的宗教信仰与文化风俗等，促进经济、社会、人民的和谐发展。

（三）能源服务贸易合作的重点

《推动丝绸之路经济带和 21 世纪海上丝绸之路能源合作愿景与行动》对于拟加强能源合作的七个领域提出了构想，构建"海丝"能源服务贸易法律保障机制，也应在以下领域，展开重点合作。一是加强能源服务贸易相关政策、规范的沟通，构建稳定、透明的能源服务贸易法律保障机制，加强信息交流，减少因信息沟通不畅造成的服务贸易障碍；二是加强能源服务贸易畅通，通过梳理当前"海丝"框架下的能源服务贸易法律规范，检讨制度疏失，清理阻碍能源服务贸易畅通的障碍，从而提出完善能源服务贸易法律保障机制的构想，以稳定规范的法律机制保障服务贸易畅通；三是加强能源投资合作的制度建设，鼓励我国企业以各种形式参与沿线各国的能源服务合作，以规范健全的制度促进我国能源企业深度参与其他国家能源服务全产业链的合作；四是加强能源的产能合作和推动基础设施互联互通，能源的装备、基础设施建设、工程服务合作等都是能源服务合作的重要内容，在"海丝"框架下开展的能源服务贸易，就是倡议各国通过不断谈判，打破地域和服务贸易壁垒，促进各国在能源全产业链发展上的深度融合，满足各国在能源服务方面的不同需求；五是以能源服务推动人人享有可持续能源，能源服务是可以影响能源资源开发利用效率、改善人类生活水平的一项专业服务，在服务贸易中加大对清洁能源和绿色产业的能源服务合作，促进人人享有清洁、高效、可持续的现代能源服务，是国际社会的共同追求；六是完善全球能源治理结构，以"海丝"合作框架下的能源服务贸易合作为基础，加强对能源服务贸易的谈判，凝聚沿线各国的共识，共同构建绿色低碳的全球能源治理格局。

第二节　海丝之路能源服务贸易法律规范梳理

加强我国与沿线国家的能源服务贸易，增强能源服务贸易安全保障，需要健全完善的法律机制保驾护航。能源服务的贸易合作，除了需要受国际法规制以外，还会受一国国内法的影响和规范。因此，必须从国内法与国际法层面，对现有的与能源服务贸易有关的法律规范进行梳理。

一　国内法层面：我国能源服务贸易法律规范梳理

能源服务贸易作为服务贸易的一个重要领域，兼具服务贸易与能源的特殊性。当前国内直接规范能源服务贸易行为的法律规范较少，但是可以根据能源服务贸易行为所涉及的对象和范围，从对外贸易与外商投资法律制度、能源法法律制度的角度对其进行解释适用，从而规范能源服务贸易行为。

（一）对外贸易与外商投资法律制度的解释适用

"海丝"框架下的能源服务贸易是一种典型的对外贸易行为，而《对外贸易法》作为对外贸易法律制度的核心，规定了我国对外贸易基本制度与基本原则，以专章规范国际服务贸易行为，并对与对外贸易有关的知识产权保护和对外贸易秩序、调查、救济、促进、法律责任等作出原则性规定，这些规定均可适用于我国与沿线国家进行的能源服务贸易行为。此外，《国际海运条例》对于进出我国港口的国际海上运输经营活动以及与国际海上运输相关的辅助性经营活动的规定，《国际货物运输代理业管理规定》对于国际货物运输代理行为的规定，由于与能源服务贸易中的能源运输服务相关，因此都可以成为规范能源服务贸易行为的法律依据。《对外贸易壁垒调查暂行规则》对国外贸易壁垒、投资壁垒的调查工作作出了规定，对于保障能源服务贸易畅通起到重要作用。此外，《对外承包工程管理条例》《民营企业境外投资经营行为规范》等对中国企业承包境外工程项目、境外投资经营行为作出规范，我国企业在境外从事能源服务贸易投资经营行为时，也应当受此类国内规范的约束。

"海丝"框架下的能源服务贸易，多数时候表现为外商投资，因此，外商投资法律制度亦是规范能源服务贸易行为的重要渊源。自2020年1月1日起生效施行的《外商投资法》，专注于对外商投资的促进、保护和管理[1]，确立了对外商投资实行准入前国民待遇加负面清单的管理制度，为吸引和保护外商投资能源服务产业创造了良好的法治环境。《外商投资准入特别管理措施（负面清单）》对于能源服务行业的准入限制做了更为宽松的规定，不仅取消了石油天然气勘探开发限于合资、合作的规定，外资可直接参与我国油气勘探开发[2]，还取消了"城市人口50万以上的城市供排水管网的建设、经营须由中方控股"的规定，呈现对外资更为开放包容的态度。《鼓励外商投资产业目录》对于石油、天然气的勘探、开发和矿井瓦斯利用，石油勘探、钻井、集输设备制造以及页岩气装备制造，新能

① 孔庆江：《〈中华人民共和国外商投资法〉与相关法律的衔接与协调》，《上海对外经贸大学学报》2019年第3期。
② 陈嘉茹：《从〈外商投资法〉看我国油气对外合作法律制度的完善》，《石油科技论坛》2019年第3期。

源电站、清洁能源微电网的建设、经营，使用天然气、电力和可再生能源驱动的区域供能项目的建设、经营等领域，明确鼓励外商投资，亦可以成为引导外商投资能源服务产业的重要规范来源。此外，其他构成外商投资法律制度的法律、法规、规范性文件，由于涉及对于外商投资的管理规定，如《外商投资法实施条例》《外商投资安全审查办法》《外商投资企业投诉工作办法》《外商投资信息报告办法》等，也应成为规范外商投资能源服务贸易领域的法律依据。

（二）能源法法律制度的解释适用

能源法是调整能源开发、利用、管理和服务活动中的社会关系的法律规范的总称。[①] 外国投资、经营者进入中国能源服务市场，当然要受到中国与能源有关的法律规制。虽然我国尚未制定"能源法""石油法""天然气法"等能源行业立法，但相关能源法律、法规如《煤炭法》《电力法》《节约能源法》《可再生能源法》等，对各个能源产业部门的能源服务作了不同管理规定，应当作为能源服务贸易的规范依据。

在能源法法律制度体系中，我国发布的一些直接涉及能源服务贸易具体领域的行政法规、地方性法规、部门规章以及各类规范性文件，是规范能源服务贸易行为的直接渊源。例如，国务院颁布的能源行政法规中，《对外合作开采海洋石油资源条例》第 3 条规定了参与合作开采海洋石油资源和外国企业的合法权益受法律保护合作开采海洋石油资源的一切活动应当遵守法律法规有关规定。参与实施石油作业的企业和个人受中国法律的约束及中国政府有关主管部门检查监督。《对外合作开采陆上石油资源条例》第 4 条关于参与合作开采陆上石油资源的外国企业的权益保护、合作开采活动，监督管理亦有类似规定。与能源服务贸易直接相关的地方性法规，以《四川省鼓励外商投资勘查开采矿产资源条例》为典型；国务院各部、委、局根据各自的行政职能划分颁布的能源规章和规范性文件，如财政部、国家税务总局《关于我国石油企业在境外从事油（气）资源开采所得税税收抵免有关问题的通知》、商务部《关于进一步做好对外承包工程项目数据库信息填报工作的通知》、商务部、国家发展和改革委员会、国

---

① 莫神星：《能源法学》，中国法制出版社，2019，第 11 页。

土资源部《关于进一步扩大煤层气开采对外合作有关事项的通知》等，这些规范性文件往往调整能源服务贸易领域的具体事项，具有针对性，也可以作为规范能源服务贸易行为的依据。

二 国际法层面：WTO 及沿线国家能源服务贸易规范梳理

"海丝"框架下的能源服务贸易，旨在通过加强我国与沿线国家的能源服务贸易，在保障我国能源安全、扩大我国对外开放水平的同时，弥补沿线各国在能源装备服务、能源基础设施建设服务、能源安装服务等能源服务方面存在的能源资源禀赋不均的状况，实现我国与各国能源市场的深度融合，促进各国能源的协同发展。因此，必须梳理国际法层面涉及 WTO 框架下的能源服务贸易、双边合作与多边合作模式中的能源服务贸易角度的相关规范，分析当下我国与沿线各国在构建能源服务贸易法律机制方面的现状，从而为后文分析制度疏失与提出对应完善构想作出铺垫。

（一）WTO 框架下的能源服务贸易

中国和"海丝"沿线国家大多为 WTO 成员（部分为世贸组织观察员国）。WTO 作为规范国际贸易管理行为的国际组织，其所产生的 WTO 服务贸易总协议（GATS）是调整国际贸易关系的规则，包括四个附件：多边贸易协定、《关于争端解决规则与程序的谅解协定》、《贸易政策评审机制协定》、诸边贸易协定。[①] 其中，能源服务贸易行为除了受一般贸易规则约束外，主要由 GATS 对能源服务贸易行为予以规范。GATS 包括三个层面内容：（1）主体规范，共计 29 条；（2）8 个附件；（3）各成员的具体承诺减让表。[②] 接下来，将就 GATS 中与能源服务贸易有关的重点内容做梳理。

1. 适用范围

就国际条约对缔约方的约束力而言，首先需要关注的是条约的适用范围问题。GATS 第 1 条以"范围和定义"，开宗明义地规定"本协定适用于各成

---

① 谭民、陆志明：《中国—东盟能源贸易与投资合作法律问题研究》，云南人民出版社，2016，第 70 页。

② 房东：《〈WTO 服务贸易总协定〉法律约束力研究》，北京大学出版社，2006，第 5 页。

员影响服务贸易的措施"。由于对于"服务"的经济特性作出抽象的法律概括实际困难较大，GATS 并未对"服务"给出准确定义，仅仅从交易方式的角度对"服务贸易"作了四分式的规定。该协定将所指"服务"，划分为 12 大类服务部门，规范对象包括任何部门的任何服务。能源服务贸易由于并未将其划分为独立的部门，仅零散存在于各个部门及分部门。然而，能源产业链中哪些服务内容应当属于 GATS 规范的对象，一直存在较大争议。

2. 一般义务和纪律

在 GATS 中，第 2~15 条规定了一般义务与纪律，确定了对于各个成员方都具有普遍约束力的一般规则，主要为最惠国待遇、透明度义务、促进发展中国家的更多参与、促进经济一体化原则等，其中，对于缔约国来说最重要的就是最惠国待遇和透明度原则的要求。

（1）最惠国待遇

服务贸易的最惠国待遇原则，即每一成员给予任何其他参加方的服务或服务提供者的待遇，应立即和无条件地给予不低于任何其他国家同类服务和服务提供者的待遇。最惠国待遇不仅是关贸总协定对货物贸易所确立的首要原则，也是服务贸易的基本原则。考虑到发展中国家的服务贸易水平普遍偏低，实现贸易自由化有诸多困难，GATS 最终确定的最惠国待遇为"无条件的"最惠国，但考虑实际情况，GATS 也对这种无条件的最惠国待遇规定了若干例外和豁免。

（2）透明度原则

为了实现 GATS 序言中的各项目标，第 3 条规定，各成员方在服务贸易领域中的各种法律与管制措施应具有透明度。为此，第 3 条从以下几个方面规定了成员方的基本义务。一是立即公布相关措施。即每一成员应迅速公布有关或影响 GATS 运用的所有普遍适用的措施，最迟应在此类措施生效之时。上述措施即使不能公布，也应以其他方式公开化。二是每年向理事会报告新的或更改的措施。意即若新的立法或对现行法律、法规或行政准则的任何修正对该成员依本协定具体承诺所涵盖的服务贸易构成重大影响，各成员应将其及时并至少每年向服务贸易理事会报告。三是设立咨询点。即若其他成员就上述事项请求某一成员提供详细情况，该成员应及时予以答复，并设立咨询点，咨询点应在《建立世界贸易组织的协定》生效后的两年内设立。就每一发展中成员而言，这一期限经协商可以适当放宽。咨询点无须成为法律和规章的保存处。[①]

3. 具体承诺

GATS 第 16 至 18 条为"具体承诺"条款，主要规定了各成员应根据其具体承诺履行"市场准入"和"国民待遇"义务。根据 GATS 的规定，市场准入和国民待遇不是自动适用于各部门，而是需要通过谈判由各个成员具体确定其所适用的服务部门。通过谈判，该义务会因缔约国的不同、服务部门的不同、服务模式的差异而发生变化。这些义务性条款的适用直接依赖各成员的具体承诺，是与各成员的具体承诺表密切相关的。无具体承诺，则无国民待遇义务或市场准入义务和其他相关义务。以各国具体承诺表为依托，GATS 中的大量规范适用是"因人而异""因表而异"的。在各成员的服务贸易具体承诺减让表中，又可以将承诺分为"水平承诺"和"具体承诺"。"水平承诺"适用于所有服务部门，而"具体承诺"是根据具体服务部门的情况，针对四种服务模式，从"市场准入限制"和"国民待遇限制"以及"其他承诺"方面对该具体服务部门作出的要求。各国能源服务贸易的开放水平和程度，可通过其签署的"服务贸易具体承诺表"进行了解。

（二）双边合作模式下的能源服务贸易规范梳理

能源服务贸易的双边合作，通常指能源服务贸易合作双方通过签订一系列的与能源服务贸易有关的双边合作协议，通过这类协议明确规定双方在能源服务贸易中的权利和义务以及违约后所应当承担的法律责任。当前我国与沿线国家的能源服务贸易主要采用的就是这种双边合作模式，其优点是一对一合作，可以结合合作双方各自的国情和竞争优势进行深度合作，合作目标明确、领域自由，也便于合作双方进行监管，属于互补性合作，收益明显。[②] 我国与沿线国家的能源服务贸易双边合作规范，主要表现为两种形式，一类是双方通过签订自由贸易协定（Free Trade Agreement；FTA），建立自由贸易区，为能源服务贸易的开放作出相关承诺；另一类是国家间签订的一系列条约或协议。当前我国签署的各类 FTA 中，其承诺表可直观反映能源服务贸易开放程度，将在后文与 GATS 以及 CAFTA 等共同

[①] 李军：《国际服务贸易与技术贸易》，中国人民大学出版社，2008，第 175 页。

[②] 李蕾：《中国加快沿边开放与能源供应战略研究——基于"一带一路"区域能源合作的视角》，博士学位论文，对外经济贸易大学，2015。

分析。我国当前与沿线国家签订的与能源服务贸易相关的条约、协议具有以下特点。

1. 签署的能源服务贸易双边合作规范数量繁多且类型多样

我国与沿线国家签署的涉及能源服务贸易的条约和协议多达数千条，我国与沿线国家签署的各类 FTA，体现为各类联合公报、联合声明、协定、议定书、谅解备忘录、条约、公约等。这种双边合作规范可以划分两种类型，一类是综合性条约，以联合声明、联合公报等为主，这类综合性条约一般在文中的某个部分或某个条款涉及能源服务贸易；另一类是专门以具体能源服务贸易为对象签署的条约和协议，主要表现为两国间签订的谅解备忘录、框架协议等。综合性联合公报、联合声明往往将石油的勘探、开采、炼化、运输和实施重点开发项目等内容作为加强能源领域合作的重点条款。以具体能源服务贸易为对象签署的条约和协议，则更加具有针对性，是双方深化能源服务贸易的重要依据。

2. 涉及的能源部门相对广泛

我国与沿线国家开展的能源服务贸易所涉能源产业部门相对广泛，既包括石油、天然气、煤炭，也包括电力、核电、新能源、可再生能源等。如《中华人民共和国和科威特国关于建立战略伙伴关系的联合声明》谈道："愿支持两国企业在原油贸易、油气资源勘探开发、工程服务、炼油化工等领域进一步开展合作，加强电力、核电、新能源和可再生能源领域合作。"《中华人民共和国政府和印度尼西亚共和国政府联合声明》表示，"双方同意加强电力、油气、煤炭、新能源和可再生能源合作，愿共同推动尽早签署关于在和平利用核能研发领域开展合作的协定"。此外，中国与沿线国家还就某些具体领域的能源服务贸易合作签署专门条约，如中国和老挝《关于建立电力合作战略伙伴关系的谅解备忘录》、中国和越南《电力与可再生能源合作谅解备忘录》聚焦于电力与可再生能源的合作与发展。

3. 双边合作以能源服务产业链上游为主

就能源服务贸易的产业链而言，我国与沿线国家关注的重点，以能源产业链上游的能源资源的勘探、开发等为主，并初步开始有限地关注到中下游产业链上的能源服务贸易合作。例如《中华人民共和国国家发展和改革委员会与埃及共和国石油部关于加强石油天然气领域合作的框架协议》表示，"双方鼓励各自企业在两国开展石油勘探开发、炼油、石油化工、天然气生产与加工、运输与分销、行业设备生产与营销方面的合作"。中埃两国初步将合作的意向从能源的勘探开发等上游产业扩展到运输与分销、行业设备与营销等中下游产业，是一个巨大的进步，值得进一步推进和深化合作。

（三）多边合作模式下的能源服务贸易规范梳理

依托"一带一路"倡议，我国与"21世纪海上丝绸之路"沿线国家建立了诸多多边合作机制，以各类区域、次区域合作机制为典型，如"中国—东盟自由贸易区"（CAFTA）、"区域全面经济伙伴关系"（RCEP）、"大湄公河次区域经济合作"（GMS）和"澜沧江—湄公河合作"（LMC）等。

1. CAFTA 服务贸易协议

"中国—东盟自贸区"对于国际贸易关系的调整规范主要体现在五大文件中，分别为《中国—东盟全面经济合作框架协议》《中国—东盟全面经济合作框架协议货物贸易协议》《中国—东盟全面经济合作框架协议投资协议》《中国—东盟全面经济合作框架协议服务贸易协议》以及《CAFTA 争端解决机制协议》。这五大法律文件，几乎吸纳了 WTO 多边贸易协定的所有实体内容，WTO 的争端解决机制也被 CAFTA 的规范所兼容。对于主要调整服务贸易关系的《CAFTA 服务贸易协议》，中国和东盟 11 国都参照GATS 的模式各自对承诺开放的服务部门拟出具体承诺表，但《CAFTA 服务贸易协议》要求各缔约方应努力作出超越 GATS 业已作出的承诺。由于国际上对于能源服务部门划分的缺失，东盟各国对于能源服务贸易的承诺分散于各个部门，其中印尼和菲律宾根据自己国家能源服务部门的情况将能源服务单列了出来并作出统一承诺。尤其是印尼还在建筑及工程等方面作出了高于 WTO 水平的承诺。

2. RCEP 下的能源服务贸易

随着区域贸易投资一体化的趋势在全球不断加强，为了适应更高水平的开放和自由化趋势，2012 年由东盟正式发起 RCEP 谈判，历经 8 年共计31 轮谈判、19 次部长级会谈后，最终于 2020 年 11 月 15 日正式由 15 国签署 RCEP 协定，这意味着覆盖全球人口最多、经贸规模最大、最具发展潜力的全球最大自贸区的诞生。根据 RCEP 规定，协定生效需 15 个成员中至少 9 个成员批准，其中要至少包括 6 个东盟成员国和中国、日本、韩国、澳大利亚和新西兰中至少 3 个国家。RCEP 协定已达到生效门槛，于 2022 年 1 月 1 日正式生效。通过对与服务贸易相关的协定内容以及各国的服务贸易具体承诺表、服务和投资保留及不符措施承诺表的分析，可以了解各国能源服务贸易的开放程度及开放趋势。

RCEP 服务贸易自由化基本框架，主要包括两章一般规则和三个规则性附件、各国对应承诺表附件。RCEP 第八章"服务贸易"共计 25 条，主要包含定义、范围以及市场开放相关条款，外加金融服务、电信服务和专业服务三个附件。第九章"自然人临时移动"，确定了自然人临时移动的普遍适用原则和义务。RCEP 的服务部门开放措施，体现在各成员提交的服务具体承诺表中。其中，中国、新西兰、泰国、菲律宾、越南、老挝、柬埔寨、缅甸 8 个国家以正面清单方式作出承诺，针对所有部门及各个分部门的不同服务提供模式，列明承诺的市场准入要求和限制条件，国民待遇条件和资格及其他承诺。日本、韩国、新加坡、马来西亚、文莱、印尼、澳大利亚 7 个国家则以负面清单方式作出承诺，列明现行不符措施和保留不符措施，主张义务豁免。对各国具体承诺表进行分析，可以发现 RCEP 整合升级了各成员间已有 FTA 的开放规则，且将进一步取消影响服务贸易的限制和歧视性措施，扩大市场准入，其中，中国的服务贸易开放承诺达到了已有自由贸易协定的最高水平。[①] 但是从各国承诺开放的服务部门情况而言，与能源直接相关的服务部门开放仍受较大限制，能源服务贸易的开放水平仍然有待提升。

3. GMS 和 LMC 下的电力贸易

大湄公河次区域和东盟的范围相交叠，也高度契合了中国—东盟合作框架，有利于推进东盟一体化进程，其构建的次区域间的电力贸易机制，促进了东盟的电力服务贸易的发展。包括中国在内的大湄公河次区域六国政府为了加强供电可靠性、协调发电及输电设施的安装和运行、降低投资和运行成本等，于 2002 年在金边签署《大湄公河次区域电力贸易政府间协议》，为中国与 GMS 政府在电力贸易方面的合作提供了规则约束。此外，《大湄公河次

---

① 孟夏、孙禄：《RCEP 服务贸易自由化规则与承诺分析》，《南开学报》（哲学社会科学版）2021 年第 4 期。

区域电力贸易运营协议》《次区域电力贸易运营协议第一阶段实施原则谅解备忘录》《实施次区域跨国电力贸易路线图谅解备忘录》等也进一步为在大湄公河次区域国家之间建立起一个高效、可靠的电力贸易框架提供规范支撑，为中国能源服务企业实施"走出去"战略提供了难得的机遇。

2016 年 3 月 23 日，澜沧江—湄公河合作（以下简称澜湄合作）首次领导人会议成功召开，并签署《澜沧江－湄公河合作首次领导人会议三亚宣言》和《澜沧江－湄公河国家产能合作联合声明》两份重要文件，宣告着澜湄合作机制的诞生。澜湄合作确定了"3+5"合作框架，包括三大合作支柱即"政治安全、经济和可持续发展、社会人文"，五个优先方向即"互联互通、产能、跨境经济、水资源和农业减贫"。其中，电力互联互通是澜湄合作的优先领域之一，近年来，澜湄国家的电力工业发展迅猛，电力基础设施建设也不断完善，各国间建成了一批电力互联互通工程，区域能源配置优化成果明显，能源结构也逐渐得到改善。①

第三节　海丝之路能源服务贸易的
法律保障机制疏失

我国当前已经构建了初具模型的能源服务贸易法律机制，在国内法层面与国际法层面，为能源服务贸易行为提供了规范依据。但国内法层面的能源服务贸易立法体系分散，国际法层面的能源服务贸易立法也存在准入限制较多的问题。

一　国内法：能源服务贸易立法体系分散

通过对现行对外贸易和外商投资、能源法法律制度的拓展适用，可以初步实现对能源服务贸易进出口行为的促进、保护和管理，但是当前还并未建立完善的能源服务贸易法律体系，能源服务贸易立法还存在缺乏基本

---

① 参见《澜沧江—湄公河合作五年行动计划（2018—2022）》，《人民日报》2018 年 1 月 11日，第 9 版。

法的指导和规范、缺乏全面统筹和规划、立法层级较低等问题。

(一) 能源服务贸易立法缺乏基本法的指导和规范

完整的能源服务贸易立法体系，需要以全面综合的服务贸易基本法、能源法基本法为指导。能源服务贸易属于服务贸易的重要领域，然而我国当前还欠缺服务贸易基本法，仅有《对外贸易法》可以作为间接规范能源服务贸易的一般性法律。由于货物贸易、技术贸易、服务贸易之间的调整方式和调整范围差异巨大，《对外贸易法》作为规范货物进出口、技术进出口和国际服务贸易的一般性法律，仅仅在此法的第四章以 5 条法律条文重点规定了国家对国际服务贸易采取的原则、管理主体及内容、可以限制或者禁止国际服务贸易的情形等，具有极强的原则性，缺乏对于服务贸易的适用原则、调整范围的规定。能源关涉国家政治、经济安全，但"能源法"尚未出台，使得整个能源法体系缺乏基本方向的指引，能源服务贸易立法存在结构性缺陷。

(二) 能源服务贸易立法缺乏全面统筹和规划

当前能源服务贸易立法还存在产业部门分布不均、产业链规范不齐全的问题，缺乏全面统筹和规划。从产业部门来看，当前的能源服务贸易有关立法，多集中于石油、天然气、电力领域，且大多较为概括和抽象，对于从事能源服务贸易活动主体的权利、义务规定得不够明确，存在诸多立法空白。从能源服务涉及的产业链来看，当前我国对于能源服务贸易的规定，多集中于能源服务上游产业链，能源服务中下游产业链的规定较少。要想扩大我国的对外开放水平，深入参与国际贸易，就不能局限于部分产业部门、部分产业链的对外开放，而是应当对能源服务进行全方位盘点，根据我国的国情与市场需求，引进外国资本投入能源服务产业的"硬骨头"中，补强我国能源服务产业的"短板"，对于具有区域优势的能源服务产业，要以完善的法律保障机制大力鼓励其参与国际竞争，开拓能源服务的国际市场。

(三) 能源服务贸易立法层级较低

我国当前与能源服务贸易直接相关的立法数量较少，立法层级不高。

除属于行政法规的《对外合作开采海洋石油资源条例》（2013）、《对外合作开采陆上石油资源条例》（2013）外，还包括《商务部、国家发展和改革委员会、国土资源部关于进一步扩大煤层气开采对外合作有关事项的通知》，然而该文件的性质仅仅为部门规范性文件，法律位阶不高。同时，虽取《外商投资准入特别管理措施负面清单》（2020）取消了大部分对于能源服务产业禁止外商投资的规定，也在《鼓励外商投资产业目录》（2020）中列出了鼓励外商投资的能源服务具体产业，但是对于外商投资的具体资质要求却并未列明，许多具体的准入资格要求往往存在于部门的内部规范性文件中，不符合国际上对服务贸易的透明度要求。

二　国际法：能源服务贸易准入限制较多

当前能源服务贸易在国际法层面正在朝自由化、规范化逐步转变，但依然存在诸多限制和障碍。各国对于能源服务贸易的开放仍然保持着相对谨慎的态度，加之能源关系国家安全的特殊性，导致准入限制过高。

（一）能源服务贸易并未单列导致承诺混乱分散

WTO 的《服务部门分类表》（Services Sectoral Classification List；W/120）以联合国统计署制作的《核心产品分类临时目录》（Provisional Central Product Classification；CPC）为依据，将服务部门分为 12 个部门和 160 多个分部门，并以此作为各国服务部门开放的具体谈判对象。问题在于，除印尼和菲律宾外，能源服务并未被作为独立的部门单列出来，其所涉及的能源服务仅仅分散于其他各部门和分部门中。根据 GATS 和 CAFTA 以及 RCEP 等具体承诺内容来看，与能源有关的服务，主要存在于表 7 所示的分部门中，其所对应的 "W/120" 部门为 "建筑及相关工程服务"（CPC513、516、522）、"销售服务"（CPC613、632）、"交通运输服务"（CPC711、713、721、722、742）、"商业服务"（CPC867、883、887）。由于能源相关服务分散于各部门之中，导致各国对于能源相关服务承诺分散，且存在较多与其他部门和产业交叉的情况，增加了能源服务贸易开放的阻碍。

表7　能源相关服务梳理

CPC	部门/分部门名称	CPC	部门/分部门名称
	建筑及相关工程服务		交通运输服务
513	民用工程	711	铁路运输
5133	水利	71122	散装液/气体
5134	长输管道、通信和电力线路/电缆	713	管道运输
5135	本地管道/电缆及其附属工程	7131	石油/天然气
5136	采矿/制造业		
516	安装工程	721	海运
5163	燃气供应装配	72122	散装液/气体
51641	电气布线/安装	722	内水运输
		72222	散装液/气体
522	土木工程	742	存/仓储
52233	堤坝	7422	散装液/气体
52241	长输管道		商业服务
52243	长输电线/缆	867	建筑/工程设计和其他技术服务
52250	市内管道/电缆及附属工程	8671	建筑
52261	采矿	8672	工程
52262	电厂	86751	地质/球物理和其他科学勘探
52263	化工及相关设施	86752	地下勘测
613	销售服务	883	采矿业相关服务
	汽车燃料零售		
632	非食品零售	887	能源分销相关服务
63297	燃料油/瓶装天然气/煤/木材		

资料来源：谭民、陆志明《中国—东盟能源贸易与投资合作法律问题研究》，云南人民出版社，2016，第100页。

注：表中613为汽车燃料零售，与632共同归属于销售服务类别。

（二）缺乏能源服务专项合作条约和能源专项合作机制

我国与沿线国家的能源服务贸易合作的双、多边合作机制的立法相对较为分散，缺乏能源服务专项合作条约和能源专项合作机制。双边合作立法中，主要通过签订各类双边条约，对能源服务的各个产业部门做了不同程度的规范。但综合性声明和宣言缺乏针对性且过于抽象，对于能源服务贸易合作中各方的权利义务等具体内容，尚待后续合作进一步确定。此外，我国与沿线国家签订的调整具体领域的能源服务贸易合作协议或协定，主要聚焦于部分能源产业如油气资源的勘探开发，对于其他能源服务的产业部门并不适用，不利于国家间能源服务的整体发展。在多边合作中，以 CAFTA 服务贸易协议为典型的区域合作机制对包括能源服务在内的服务贸易进行规范，对能源服务贸易的自由化起到极大的促进作用，但也由于其并非以能源为专门的规范对象，并非能源专项合作机制，难以根据能源的特殊性对能源服务构建全方位的法律规制机制。

（三）沿线国家能源服务贸易开放程度较低

1. 开放的国家和部门不够

构建完善的"海丝"能源服务贸易法律保障机制的重要目标之一，就是促进区域间能源市场的深度融合，实现区域能源的协同发展，让沿线各国在能源服务贸易方面展开范围更加广阔、程度更加深厚的合作。从当前情形来看，与我国开展能源服务贸易的国家还不够广泛，在开展能源服务贸易合作的国家中，进行合作的能源服务部门较少，许多部门尚未完全向我国开放。

从当前我国与"海丝"沿线国家的能源服务贸易合作情况来看，在"一带一路"倡议下，我国与其他国家能源服务合作愈发密切，如东盟十国，但与沿线能源资源大国的合作还有待进一步拓展。以卡塔尔为例，卡塔尔作为我国的天然气进口大国，与其开展广泛深入的能源服务贸易对于保障我国的天然气供应安全具有重要作用，然而当前我国与卡塔尔的能源服务贸易却止步于中游合作，对于其他产业链上的天然气合作推进缓慢。我国应当重视与沿线能源资源大国开展能源服务贸易的重要性，以完善的法律机制保障与沿线各国的能源服务贸易。

此外，许多国家还存在较多完全未对我国开放的能源服务部门。在 WTO 的服务贸易承诺以"正面清单"模式为主的要求下，某服务部门是否开放、向谁开放由各成员国自行决定，未列入其承诺清单的部门即对该国不予开放，是各成员国的保留部分。从当前我国与其他国家签署的具体承诺来看，没有一个国家全部开放了涉及能源服务的所有部门，基本都只是选择性开放，有的国家仅象征性开放了一两个次要部门，这使得我国一些具有比较优势的能源服务，无法进入他国市场，造成了事实上的准入困难。

2. 市场准入限制

能源服务贸易的障碍，还体现在对于承诺开放的部门施加的市场准入限制和国民待遇限制。所谓市场准入限制，是指各国政府为了相互开放市场而在服务贸易方面作出的一些限制性措施，各国可以自行决定外国服务及其提供者进入本国能源服务市场的条件。考虑到服务贸易关乎本国安全的重要性，各国一般会对进入本国服务市场的外国服务提供者施加诸多准入限制，对服务的开放持一种严谨保守的态度，加之能源服务是国民经济的关键领域，因此各国对其准入条件限制会更多。

通过对我国签订的各类 FTA、GATS 和 CAFTA、RCEP 具体承诺表进行分析，发现各国对我国的能源服务市场准入限制，一般体现在对商业存在的外资比例限制、合作形式要求、许可证期限、从业资质要求、分支机构设立要求等。以将能源服务单列出来的印尼为例，其准入限制是"通过在印尼建立的代表处联合经营"，对于民用工程的建筑工作，印尼还规定了联合经营、许可证期限、合资比例等（CPC 513）；菲律宾将能源服务置于"其他"服务部门之下，将能源服务作为单独的谈判对象，规定"电厂的建设"应当在 BOT 方式下允许外资持有 100% 的股份，但从事建筑活动需持有"专门承包商许可证"。当涉及与石油和天然气的勘探与开发有关的服务，菲律宾还规定若得到总统许可，外资可以 100% 控股（CPC883）。其他如越南、泰国、巴基斯坦、马来西亚等"海丝"沿线国家，都存在此类准入限制。

3. 国民待遇限制

国民待遇方面的限制是指国家对于进入本国能源服务市场的外国服务及其提供者，可以在一程度上背离国民待遇原则而给予歧视待遇。对国民待遇的限制条件，主要体现在商业存在和自然人流动这两方面。从商业存在方面来看，印尼对燃气供应系统建设规定了营业执照费、联营资质要求（CPC 5163）；菲律宾对从事电厂的建设和运营服务的商业存在要求，从事建筑活动应持有 PCAB 颁发的"承包商许可证"；巴基斯坦对从事一般建筑工作的商业存在规定了优先使用当地服务的情况，并规定外国服务提供者应在项目建设过程中通过在职培训和分享最优做法等途径向当地员工传授技术和管理经验。

国民待遇限制对自然人流动模式所规定的限制性条件，主要有两种类型。一是直接规定对自然人流动不作承诺，例如菲律宾对石油和天然气的勘探与开发的规定（CPC883）、菲律宾对石油精炼厂的规定、新加坡对土木工程的一般建筑工作的规定（CPC513）、缅甸对海洋运输国际货运的规定。二是除水平承诺外不做承诺，例如柬埔寨与能源分销有关的服务（CPC887、CPC 516）、越南与采矿业有关的服务（CPC883）、新加坡机动车燃料的零售服务（CPC 613），又如印尼对能源服务的规定，"与水平承诺的具体规定相同"，此时水平承诺的内容为"对外籍人士征收的费用"。此外，马来西亚也对提供专业服务的自然人流动作出了明确的国民待遇限制：仅限在马来西亚注册的职业工程师提供工程服务（CPC 8672）。

第四节　海丝之路能源服务贸易安全法律保障机制构想

"海丝"能源服务贸易安全法律保障机制的完善构想，就是以法律形式，明确我国与沿线国家进行能源服务贸易的边界与范围，对我国能源服务产业以适度保护与适度开放相结合的方式，从国内法与国际法层面，构建完善的法律保障机制。

一　国内法层面：构建完善的能源服务贸易法律体系

加强中国与沿线国家的能源服务贸易，保障我国能源服务安全，首要任务是制定一套与我国在国际上的各项能源服务贸易承诺相接轨的能源服务贸易法律体系，以稳定、透明、体系性的能源服务贸易法律制度，构建完善的法律保障机制，做到既能有利于培育我国的能源优势服务产业，鼓励能源企业广泛参与国际竞争，又能大力吸引我国所需要的外国能源服务、能源技术，同时保护我国的能源核心与弱势产业，维护我国的能源安全。

（一）明确我国能源服务贸易开放的范围和标准

当前 WTO 并未对能源服务贸易的范围和标准进行界定，而能源服务贸易的范围界定，是清晰地明确各国能源服务开放范围、进行能源服务贸易谈判的重要前提和基础。能源服务贸易专项规范缺失，导致我国对于能源服务领域的对外开放缺乏总体统筹和全面规划，开放的能源服务产业链和产业部门参差不齐，不利于我国能源服务贸易的整体发展。为此，我们应结合本国能源政策，对能源服务贸易的范围和标准进行界定，明确能源服务开放界限，便于在贸易谈判中达成有利于中国能源服务产业发展的方案。

在能源服务涵盖范围问题上，为了满足中国对能源进口的需要以及保障能源资源的供应安全，应将能源的生产、加工、转化、传输、配销等全部纳入 WTO 框架下的能源服务谈判之中，且限于 "W/120" 所确定的开放部门。在能源服务的界定标准问题上，我国可将能源服务划分为 "核心" 能源服务与 "非核心" 能源服务。[①] 所谓 "核心" 能源服务，即是指能源服务产业链上必不可少或关键的能源服务，将其和那些与能源服务相关但广泛应用于其他部门的服务区分开来。这种 "核心" 与 "非核心" 能源服务的划分，可以较好地根据能源服务的重要性程度及种类区分予以不同程度的规范和保护，既有利于我国与其他国家的能源服务贸易谈判，又有利于集中对能源服务核心部门施加保护，且可以避免对涉及能源相关服务的重复承诺和服务的过分开放。

（二）建立健全能源服务贸易法律体系

针对我国当前在能源服务贸易立法体系中存在的缺乏基本法的指导和规范、缺乏全面统筹和立法层级较低的问题，应当进一步加强立法工作，建立完整透明规范的能源服务贸易法律体系。

1. 填补与能源服务贸易有关的基本法空白

建立健全能源服务贸易法律体系，首先要填补与能源服务贸易有关的基本法空白，加快制定出台服务贸易法和能源法。应通过服务贸易法将我国服务贸易的市场准入原则、投资、优惠条件等以法律的形式确定下来，以提升我国服务贸易的透明度，保证我国的服务贸易朝着制度化规范化的

---

① 李庆灵：《WTO 能源服务贸易谈判之最新进展及中国的对策》，《世界贸易组织动态与研究》2011 年第 3 期。

方向发展。^① 能源法作为能源领域的基本法，可以对能源监管体制做原则性规定，并与国际上的相关能源规定衔接，确定我国能源服务业的产业政策和战略产业，确定不同能源服务产业的发展方向与规范义务，提高我国能源服务企业的竞争力，同时可以将国内保护措施法律化，借以约束他国的能源服务贸易行为。^②

2. 制定能源服务贸易专项规范

由于能源服务贸易所涉范围广泛，牵涉产业链繁多，加之能源的特殊性和关键性，亟须出台能源服务贸易专项规范对能源服务范围、界定标准等进行专门规定，并对能源服务的开放作出专门指导，借以增强能源服务贸易开放的体系性。在能源服务贸易专项规范的指引下，对不同产业部门、不同产业链上的能源服务进行总体规划与安排，并可基于此分别单独制定调整能源服务贸易具体领域的法律规范，对具体能源服务产业的开放与管理作出更为细致全面的规定。

3. 清理现行与能源服务贸易有关的法律规范

现行与能源服务贸易有关的法律规范，存在规范层级与内容不匹配、规范间内容冲突等问题，应通过梳理现行与能源服务贸易有关的法律、法规、规范性文件，根据调整内容确立不同的规范层级，清理或修改规范间矛盾冲突部分，以形成一个完整、统一、稳定、透明的能源服务贸易法律体系。对于涉及能源服务贸易的本国企业、外商投资企业和个人实际权利与义务的，应当以更高位阶的法律、行政法规形式进行规定，以增强法律制度的合法性、权威性和透明性。对于规范间冲突矛盾的部分，应及时进行清理与修改。例如，作为部门规章的《外商投资准入特别管理措施（负面清单）》（2020 年）取消了石油天然气勘探开发限于合资、合作的限制，但是作为行政法规的《对外合作开采海洋石油资源条例》（2013 年）、《对外合作开采陆上石油资源条例》（2013 年）规定"对外合作开采海洋资源的业务，由中国海洋石油总公司全面负责""中国石油天然气集团公司、中国石油化工集团公司负责对外合作开采陆上石油资源的经营业务"，

---

① 陈彬：《中国服务贸易法律制度与管理体系的完善：一个比较法的研究》，第四届国际服务贸易论坛会议论文，2010，第 185 页。

② 廖霞林：《浅析 GATS 框架下我国能源服务贸易谈判应注意的几个问题》，中国法学会环境资源法学研究会年会会议论文，2006，第 481 页。

由于后者法律效力高于前者，因此当前外商独资进入上游领域还存在法律障碍。① 只有根据调整内容确立不同规范的法律层级，及时修改法律、法规、各类规范性文件中冲突、矛盾的部分，形成一个统一、协调、完整的能源服务贸易法律体系，才能为能源服务的国际贸易提供完善的法律保障。

总之，完整的能源服务贸易法律体系，应当既包括《对外贸易法》《服务贸易法》《能源法》这样的综合性法律，又有能源服务贸易专项规范这些专门规则，还包含各类协调一致的涉及能源服务贸易具体领域的行政法规、部门规章、地方性法规以及各类规范性文件，和国际上 WTO 能源服务贸易规则、我国与"海丝"沿线国家签署的各类条约形成相衔接的统一的整体。

二 国际法层面：扩大开放并注重对弱势能源服务产业的保护

保障能源服务贸易安全，还应从国际法的角度，以法律的形式保障能源服务双边、多边贸易的安全，促进我国能源服务既能充分利用自身优势"走出去"，又能避免我国能源服务市场的过分扩大，危及自身安全。

（一）将能源服务单列

是否将能源服务单列是多哈回合的重要谈判内容，也是国际上一直争论不休的话题。然而，随着能源服务的重要性凸显，未将能源服务单列的弊端已逐渐显露。这不仅会导致一国国内法无序，也会使得各国在对能源服务作出承诺时，由于不清楚其具体的范围和界限，过分扩大服务贸易的开放范围，危及本国的服务行业和部门，也有可能会因为对关键与重要能源服务的遗漏，导致其能源服务缺乏外国投资与帮助，不利于本国能源产业的发展。将能源服务单列，可以方便各国在谈判中对能源服务进行要价和作出承诺，有利于促进能源服务贸易的自由化。建议参考印尼和菲律宾在承诺中所采取的做法，将能源服务单列在第 12 个"其他服务"部门之

---

① 陈嘉茹：《从〈外商投资法〉看我国油气对外合作法律制度的完善》，《石油科技论坛》2019 年第 3 期。

下，在我国与其他国家进行服务贸易相关谈判时，对于核心和重要能源服务进行专项承诺。

（二）设立能源服务专项条约和能源合作专项机制

能源服务专项条约是国家间以促进能源服务贸易合作为整体规范对象的条约，我国与"海丝"沿线国家可以通过开展能源服务贸易专项谈判，加深国家间能源服务贸易整体合作水平，并以能源服务专项条约的形式固定下来，增强合作的规范性、透明性和稳定性。而能源合作专项机制，其中既包括以所有能源为调整对象的专项合作机制，也包括以具体领域的能源服务贸易为调整对象的专项合作机制。专门性的能源合作机制，可以更加高效、专业地解决能源问题，促进能源发展与合作，且可以在能源领域发挥更大的国际影响力。我国除了应继续加强与这些能源国际组织的合作之外，还可以构建新的能源合作机制，如《推动丝绸之路经济带和 21 世纪海上丝绸之路能源合作愿景与行动》提出的共建"一带一路"能源合作俱乐部。立足于当前"一带一路"的倡议背景，积极构建能源合作俱乐部，为"海丝"沿线国家创造一个开放性、共享性的能源合作平台。

（三）结合我国能源服务优势领域扩大能源服务贸易合作范围

对于我国具有区域优势的能源服务产业，应当通过构建完善的法律机制，鼓励优势能源服务产业勇敢"走出去"，深度参与国际能源合作，以我国向其他国家提供的能源服务保障我国的能源供应安全和能源运输安全，拓展对外合作的广度和深度。

1. 拓展能源服务贸易合作的国家和部门

我国应进一步拓展开展能源服务贸易的国家，加强与沿线能源资源储量丰富的国家的能源服务贸易合作，以及通过双边、多边合作进一步扩大沿线国家向我国开放的能源服务贸易部门。

"海丝"沿线国家拥有丰富的能源资源储量，大力勘探、开采、利用其能源资源并出口，这个过程将会产生大量的能源服务贸易需求。[①] 而我

---

① 李蕾：《中国加快沿边开放与能源供应战略研究》，博士学位论文，对外经济贸易大学，2015。

国虽囿于技术发展水平，在能源服务贸易中总体上不具备竞争优势，但在特定领域具有局部优势，例如能源资源的勘探、开采，石油的炼制和加工等，可在这些方面加强与沿线国家的能源服务贸易合作。我国可以通过与沿线国家签订能源服务专项合作条约，建立具有针对性的能源服务合作机制或构建自由贸易区，深入开展全方位的能源服务合作，将沿线国家的资源优势与我国具有的能源服务贸易区域优势相结合，提升能源资源利用率，进一步巩固与沿线国家的能源合作、构建更稳定的能源伙伴关系。

此外，应通过谈判扩大沿线国家对我国开放的能源服务部门，加强清洁能源的合作。目前我国与沿线国家的能源服务贸易立法，主要集中于能源服务产业链的上游产业链，这凸显我国能源服务优势领域地位同时，也表明各国的能源服务还有较多部门没有向我国开放，我国与沿线国家能源服务贸易合作的部门还有待进一步谈判。例如老挝在 RCEP 具体承诺中，虽然作出了高于以往任一 FTA 的能源服务贸易承诺，但能源分销相关服务（CPC887）、能源运输相关服务（如 CPC71122、7131）等，并未对我国进行开放，仍需加强与其谈判。同时，我国的新能源发展位居世界前列，已建成全球最大的清洁能源系统，在推动我国清洁能源持续健康发展的同时，我们还应当加强与沿线各国的清洁能源合作，支持发展中国家开发清洁能源和保护生态环境，树立负责任的大国形象。

2. 通过谈判降低沿线国家的市场准入和国民待遇限制

由于能源服务与各国的经济政治安全密切相关，加之"海丝"沿线国家中发展中国家占多数，在服务贸易竞争中处于弱势地位，各国出于对自己国家产业的保护与安全的考量，会对能源服务贸易的开放施加诸多限制性措施，要想实现完全能源服务贸易自由化是不可能的。谈判不是为了完全消除能源服务贸易壁垒，仅仅是为了满足各国在能源服务方面的需求，弥补能源资源禀赋不均的状况，扩大中国具有区域竞争优势的能源服务产业的出口。截至 2021 年 1 月 1 日，我国原油加工的年加工能力为 57386 万吨，位居世界第二，仅次于美国，且远高于伊拉克（3805 万吨）、科威特（3680 万吨）、卡塔尔（2185 万吨）等产油大国。① 可见，我国在石油的

---

① 张学青：《2020 年世界主要国家和地区原油加工能力统计》，《国际石油经济》2021 年第 5 期。

炼制和精细加工方面，具有明显的竞争优势，可以在这个领域助推中国企业更好地"走出去"。同时，我国的油气管道建设能力具有较强的竞争力，勘探开发技术和工程服务、建设施工、装备制造能力具有优势，装备企业在中低端市场具有明显的价格优势和地缘优势，而这些都正是沿线国家所缺乏的。[①] 因此，应在这些方面加大与沿线国家的谈判，在扩大与沿线国家开展能源服务贸易的部门和国家外，还应就当前已经对我国承诺开放的能源服务贸易部门，结合我国的竞争优势部门，开展谈判和磋商，进一步取消或减少其对我国能源服务的市场准入限制和国民待遇限制，促进能源服务贸易的畅通，加强我国与沿线国家的能源产能合作和基础设施互联互通。

（四）加强对我国弱势能源服务产业的培育和保护

在加强具有区域优势的能源服务产业出口的同时，也应当注意对我国弱势能源产业的培育与保护，警惕能源服务的过分开放使得外国服务提供者涌入，挤压能源弱势企业的生存空间。可以考虑从以下几方面着手。

1. 对弱势能源服务产业适度保护

对于我国的弱势能源服务产业，应当确定对其采取适度保护的模式，在这种模式下，既可以起到开放市场、引入竞争、促进发展的作用，又可以避免我国当前幼稚或敏感的能源服务产业受到太大打击。[②] 在这种模式下，主要对弱势能源服务产业采取三种不同的政策，即对关系国家主权、国家安全、国家机密的能源服务产业，绝对禁止外资进入；对关系国民经济命脉、人民生活安定的重要能源服务部门，允许外资进入，但不允许外商独资或控股，且对其施加比例限制；对于其他服务部门，允许开放，但可在国民待遇原则下对其施加国内法政策的限制。[③]

2. 充分利用 GATS 优惠规定

保护我国能源服务弱势产业，还应充分借助 GATS 优惠规定。在 GATS

① 孙贤胜、钱兴坤、姜学峰主编《2015 年国内外油气行业发展报告》，石油工业出版社，2016，第 320~321 页。
② 陶凯元：《国际服务贸易法律的多边化与中国对外服务贸易法制》，法律出版社，2000，第 235 页。
③ 陈彬：《中国服务贸易法律制度与管理体系的完善：一个比较法的研究》，第四届国际服务贸易论坛会议论文，2010，第 185 页。

第 4 条（发展中国家的更多参与）和第 19 条（具体承诺的谈判）中，对于有关成员对发展中国家的促进和帮助义务、发达国家在发展中国家设置联络点以便利发展中国家服务信息的获取义务、对最不发达国家的特别优惠义务等作出规定。我国作为发展中国家，可以充分利用这些条款，加强对我国国内弱势能源服务企业的培育和保护。我国在能源服务贸易的国际竞争中，在知识、技术、资本等要素服务领域，不具有竞争优势，应妥善运用 GATS 等国际规则的优惠规定，保护和促进能源服务弱势产业，以提高我国能源服务的整体水平。

3. 积极推进自由贸易区建设

通过积极推进自由贸易区建设，可以规避在多边贸易体系中受发达国家优势限制的弊端。由于发达国家在能源服务贸易中的经济和技术优势，其不断尝试推动世界能源服务实现全面贸易自由化，进而借以利用其在能源服务中的优势竞争地位掌握能源服务出口的主动权。在这种背景下，我国一方面要利用我国在 WTO 中的成员国身份作用，积极参与能源服务贸易新规则的谈判和制定，将能源服务贸易承诺限制在一定范围内，以保护我国的能源服务弱势产业。另一方面，要积极推动各类自由贸易区的建立，利用我国在区域间的能源服务优势，为弱势能源产业获得喘息和生长机会。

第七章　海丝之路能源通道安全法律保障机制

能源通道安全的保障与实现是"海丝"建设的核心命题，对确保我国能源海运安全具有重大意义，而这一步目标的实现离不开法律保障机制的助力。以法律保障机制保障与实现"海丝"能源通道安全，应当揭示能源通道安全与我国能源安全存在何种内生关联，明晰"海丝"建设之于能源安全目标实现的价值意义，梳理此能源通道主要能源供给国与沿线国家的具体组成，提炼出影响能源通道安全的主要因素。此外，还需从法律视角切入，以传统安全与非传统安全二分的思路保障"海丝"能源通道安全，梳理此能源通道安全保障方面的法律规定，归纳能源通道安全法律保障机制并展开具体检讨，并基于四大能源通道安全法律保障机制的现状提出完善建议。

第一节　海丝之路能源通道概述

系统梳理"海丝"能源运输概况与现状，一方面证明实现石油与天然气运输安全保障是"海丝"能源通道安全保障的核心命题，另一方面证成保障此能源通道安全之于我国特有的重大意义。

一 海丝之路能源海上运输概况

多煤、少油、缺气的资源禀赋条件，决定了在相当长的历史时期内我国化石能源消费中石油与天然气领域的消费需要通过进口满足，我国能源进出口中也会选取不同的运输方式。国际能源运输系统主要由三个部分组成：水运、管道运输和陆运，其中以水运中的海洋运输为主，但管道运输承担的份额在不断上升，我国情况也是如此。[①] 通过研析我国主要能源海运概况，可明确海运在我国油气运输中所占据的重要地位以及"海丝"建设于我国油气海运安全的重大意义。

（一）我国石油海上运输概况

根据国家统计局公布的数据，2020 年我国石油消费占能源消费的比重达到了 18.9%，原油属于我国进口的主要能源品种，2017 年至 2020 年我国原油进口量分别为 4.19 亿吨、4.62 亿吨、5.06 亿吨和 5.42 亿吨，可见我国原油进口需求呈逐年上升趋势。计算国家统计局公布的石油平衡表可知，近年来我国石油对外依存度超过了 70%。石油进口需求高涨且对外依存度始终居高不下，是目前我国石油能源消费的真实写照。

石油进口主要包括管道运输与海上运输，虽然我国已通过中哈原油管道、中缅原油管道、中俄原油管道、中俄原油管道二线等管道实现石油进口，但其运输石油量仍远不能满足我国的石油消费需求。通过公开数据资料的获取与分析可知，海运仍然是满足我国石油进口需求的主要方式。2016 年国务院发展研究中心对外经济研究部副部长王金照在分析中指出："中国石油进口量的 80% 要经过马六甲海峡，38% 要经过霍尔木兹海峡"，说明截至 2016 年，我国仍有不少于 80% 的石油进口需要通过海运方式实现。[②] 2021 年《BP 世界能源统计年鉴》公布的中国石油进口主要来源国所在的地理位置情况也表明，目前我国的能源进口大部分仍然需要通过海上运输实现。

① 沈文辉：《国际能源运输系统与国际能源安全——一种非传统安全视角的透视》，《中南林业科技大学学报》（社会科学版）2015 年第 3 期。
② 王金照：《"一带一路"能源合作的思路和政策》，《国家治理》2016 年第 26 期。

（二）我国天然气海上运输概况

根据国家统计局公布的数据，2020 年我国天然气消费占能源消费的比重达到了 8.4%，显著低于煤与石油，但其比重呈现逐年上升态势，且其作为清洁能源的特性决定了在未来我国能源结构转型中将扮演日益重要的角色。气态是天然气的原初状态，这一物理属性决定天然气的商业化利用与贸易起初均通过管道运输方式进行。但随着科学技术的发展，在低温高压下实现了天热气的液化，1964 年液化天然气得以投入商业使用。[①] 在未来 20 至 30 年间，全球尤其亚洲对天然气的需求不断上升，液态天然气在全球天然气供应中的重要性日益增加。[②] 由于液化天然气主要通过海运方式运输，其在我国天然气进口总量中的高占比凸显保障我国天然气海运安全的重要性。

（三）我国油气海运安全与海上丝路建设

通过对我国当前能源消费结构中主要能源的消费与进口数据进行分析，发现保障油气海运安全即保障能源海运安全，对以海丝之路建设为契机确保石油与天然气海运安全具有重大意义。海丝之路战略构想提出之初便与我国能源安全密不可分，其对我国能源安全的意义价值不容忽视。

中国在海上的首要目标就是保证能源安全以维持经济发展和实力增长，海丝之路倡议顺应了中国崛起对能源供应的要求，有助于海上航线的保护。[③] 在能源消费领域，我国煤炭对外依存度极低，国内煤炭生产满足了绝大部分的煤炭消费需求。与之形成鲜明对比的，是我国石油与天然气对外依存度多年以来过高且缓慢上升的严峻现状。这一客观现实决定了我国能源海运安全取决于我国石油与天然气的海运安全，确保石油与天然气运输安全于我国能源海运安全而言具有重大意义。管道运输与海运均是油气进口的主要方式，分别对应我国"一带一路"建设。为保障我国能源海运安全，应当以海丝之路建设为契机，确保我国石油与天然

① 李冉：《天然气管道外交与地缘政治博弈》，中国社会科学出版社，2020，第 34 页。
② 黄晓勇：《中国的能源安全》，社会科学文献出版社，2014，第 93 页。
③ 毛彬彬、陈遥：《国际社会对 21 世纪海上丝绸之路的认知——以印度和东盟为例》，《东南亚纵横》2016 年第 3 期。

气海上运输安全。

二　海丝之路能源通道发展现状

通过梳理阐述沿线油气来源国具体构成，可以归纳我国主要油气来源地与海丝之路主要通道的内在关联，明确我国能源通道发展现状，揭示我国能源通道安全与"海丝"的内在关联。

（一）我国油气进口主要来源国组成

首先有必要梳理我国石油与天然气进口的主要来源国，明确我国油气供给现状。我国石油与天然气的海运进口来源国众多，这里只选取石油与液化天然气进口数据均列前十大来源国家/地区进行分析。根据2021年《BP世界能源统计年鉴》公布的数据，2020年我国石油与天然气的能源进口中，前十大进口来源国家/地区、进口能源量及进口占比如表8、表9所示。

表 8　2020 年中国海运进口石油前十大来源国家/地区

国家/地区	数量（单位：百万吨）	占比（单位：%）
沙特阿拉伯	84.9	15.24
俄罗斯	83.4	14.97
南美洲和中美洲	72.0	12.92
西非（非洲西部）	71.8	12.89
伊拉克	60.1	10.79
其他中东地区	53.1	9.53
阿联酋	31.2	5.60
科威特	27.5	4.94
美国	19.8	3.55
欧洲	18.8	3.37

表9　2020年中国海运进口液化天然气前十大来源国家

国家	数量（单位：十亿立方米）	占比（单位：%）
澳大利亚	40.6	43.19
卡塔尔	11.2	11.91
马来西亚	8.3	8.83
印度尼西亚	7.4	7.87
俄罗斯	6.9	7.34
美国	4.4	4.68
巴布亚新几内亚	4.1	4.36
尼日利亚	3.3	3.51
秘鲁	1.5	1.60
阿曼	1.4	1.49

从表8可见，我国前十大石油进口来源国家/地区中，从欧洲进口的石油占比不超过4%，对我国石油进口影响较小。我国石油进口主要来源，一是沙特阿拉伯、伊拉克、阿联酋、科威特和其他中东地区国家，这一部分的占比达到46.1%；二是俄罗斯，占比接近15%；三是美国和南美洲、中美洲国家，其占比达到了16.47%；四是非洲西部国家，占比接近13%。以上四大来源地至我国的海运线路安全直接决定了我国石油进口的安全稳定。

而基于表9对我国液化天然气进口来源国家/地区进行分析。考虑到我国的天然气进口，不仅有海上运输，还有管道运输。因此，液化石油气海上运输中占比低于5%的国家与地区，对于我国天然气供给安全的影响极低，可不列入研究范畴。目前天然气进口的五大主要来源国中，第一是澳大利亚，占比超过40%，作为海上丝绸之路的沿线国家，澳大利亚向我国供应天然气的稳定顺畅程度相当大程度上决定着我国的天然气安全。第二是卡塔尔，卡塔尔向我国出口的天然气占比远小于澳大利亚，选取卡塔尔为分析对象，分析其海运通道发展现状，能够助力于提升中东国家海运安全水平。第三是马来西亚与印尼，两国的地理位置决定了其向我国的天然气进口无须经过马六甲海峡，不会受到该地区复杂形势的影响。第四是俄罗斯，俄罗斯与我国的能源合作与贸易关系长期保持稳定，当下其向我国进口的液化天然气占比为 7.34%。

基于上述分析，可得出三点结论。（1）我国源自中东地区的石油与天然气进口占比较高，我国源自非洲的石油与天然气进口占比虽较低，但油气的进口多元化有助于确保我国能源安全。因此，自中东地区、非洲地区至我国的油气海运安全值得重点分析探讨。（2）目前来说，源自俄罗斯的油气进口占比虽均不高，但长期而言，俄罗斯与我国的油气贸易将发挥愈发重要的作用。尤其要考虑到，目前俄罗斯正通过建造 LNG 动力破冰船实现北海航线全年开放战略计划，如北极航线顺利开通，俄罗斯将能通过液化天然气动力破冰船将液化天然气、石油等能源运送到亚洲。[①] 我国也将受益于此，因此有必要高度重视聚焦自俄罗斯至我国的油气海运安全。（3）我国源自澳大利亚、马来西亚、印尼、美国、南美洲和中美洲地区的油气海运进口虽不经马六甲海峡，但亦有必要就其海运安全具体状况展开分析。

（二）我国能源海运安全与海丝之路重点建设通道

首先要明确，海丝之路辐射范围是一个不断拓展变化的概念。起初，海丝之路的空间范围被认为包括东盟十国，南亚的印度、巴基斯坦、斯里兰卡、马尔代夫，西亚和北非的阿拉伯联盟，与之对应被大致划分为东盟部分、南亚部分、波斯湾和红海三大部分。[②] 经过多年的发展，"海丝"规模日渐扩大。2015 年 5 月，习近平主席与普京总统就"一带一路"与"欧亚经济联盟"对接达成共识。[③] 自此，俄罗斯加入"一带一路"并不断加深与我国能源贸易领域的合作，尤其对北极航道的开辟取得了一系列成果，实现了欧亚更近距离的沟通，也令俄罗斯与我国更便捷的海运成为可能。海丝之路辐射范围由此得到拓展，东北亚航道安全受到越来越多的关注。

在明确海丝之路辐射范围不断变动的基础上，有必要明确当下"海

---

① 蔡高强、朱丹亚：《"冰上丝绸之路"背景下中俄北极能源合作的国际法保护》，《西安石油大学学报》（社会科学版）2020 年第 3 期。

② 黄茂兴、贾学凯：《"21 世纪海上丝绸之路"的空间范围、战略特征与发展愿景》，《东南学术》2015 年第 4 期。

③ 张德广：《俄罗斯与"一带一路"》，《时事报告》2016 年第 1 期。

丝"辐射范围内的主要通道。根据 2017 年 6 月 19 日发布的《"一带一路"建设海上合作设想》，可以将三大海运通道列入海丝之路辐射范围：第一，中国—印度洋—非洲—地中海通道；第二，中国—大洋洲—南太平洋通道；第三，经北冰洋至欧洲通道。自马来西亚、印尼、中东、非洲地区国家向我国的油气海运主要经过中国—印度洋—非洲—地中海通道，自俄罗斯向我国的油气海运部分经过北冰洋至欧洲通道，澳大利亚虽属大洋洲，但自澳大利亚向我国的油气进口主要经过中国—印度洋—非洲—地中海通道的末段。而美国并未加入海上丝绸之路，其油气海运主要路线未经过上述三大通道，南美洲、中美洲与我国海上丝绸之路的联系并不紧密，因而此三者暂不作为本书研究对象，但在通道安全影响因素分析中，美国对地缘政治、国际形势的影响也应当列入研究范围。

　　综上，须认真对待两大海上丝绸之路通道安全：一是"海丝"中国—印度洋—非洲—地中海通道安全，这关系到自澳大利亚、马来西亚、印尼、中东、非洲地区国家向我国进出口能源的海运安全；二是"海丝"北冰洋至欧洲及东北亚能源通道安全，这关系到自俄罗斯向我国进出口能源的海运安全。长远来看，一旦北极航线正式开通，实现全面通航，还将影响自欧洲向我国进口能源的海运安全。

三　海丝之路能源通道安全保障重要性之证成

　　首先，通过保障海丝之路能源通道安全确保我国能源海运安全，能助力于实现低碳发展，能源转型目标。在我国的能源结构组合当中，石油与天然气是两大主要能源。而长期以来，我国石油需求的满足主要依赖于海运运输的进口，石油海运路线又与我国海丝之路沿线国家存在密切重合。天然气在我国能源消费结构领域的占比虽不足 10%，但其作为清洁能源，在降低温室气体排放以及减轻环境污染方面具有天然优势。随着我国越来越强调低碳发展能源结构的转型与升级，尤其是自 2020 年底，我国正式提出碳达峰与碳中和目标后，天然气作为清洁能源，在我国的能源消费结构所占比重将越来越高。2019 年版的《世界与中国能源展望》预计，2035年我国天然气占一次能源需求的占比将达到 14.2%，2050 年我国天然气占一次能源需求的占比将达到 16.5%。因此，通过保障我国海上能源通道安全确保我国能源海运安全，对实现低碳发展与能源转型具有重大意义。

其次，保障我国海上能源通道安全确保我国能源海运安全，能增强我国在国际外交领域的话语权。以澳大利亚与我国的外交博弈为例，一方面澳大利亚需要通过海量的天然气出口，实现其海外能源贸易目标，追求经济利益；另一方面，我国有强烈的液化天然气进口需求，两国在经济利益取向上的一致性决定了，除非我国与澳大利亚的外交关系与政治博弈环境严重恶化，否则双方液化天然气进口格局不会受到太大干扰。但近年来，我国与澳大利亚的外交关系紧张，两国之间不时互有制裁举措，这给两国间液化天然气贸易活动带来不稳定因素。长期而言，液化天然气贸易领域对澳大利亚的过度依赖会限缩我国与澳大利亚的外交博弈空间。因此，我国不能将液化天然气的主要进口份额依赖于单一国家或地区，应当通过确保海丝之路其他能源通道的海运安全，稳步实现我国能源海运进口的多元化，增强我国在国际外交领域的话语权，争取更大利益博弈空间。

最后，保障我国海上能源通道安全，能提高我国在国际海运贸易领域的地位，在外交上争取更多主动权。我国正与俄罗斯共同推进开辟北极通道，对世界传统海运贸易格局必将产生深远的影响。以往受科技与自然环境因素限制，开辟北极通道充满困难和挑战。但随着全球气温升高，北极地表覆盖冰层消融，北极通道的开辟进度随之加快，全方位全年段通航不再遥不可及。长期以来，世界主要国家能源货物贸易均通过传统通道运输，传统安全因素影响着海上航运的效率与安全。北极能源航道沿线地缘环境复杂程度相对较低，在运输距离与时长上又具有显著优势，其开通对于沿线及其延长线上相关国家权益发展有利，但对沙特阿拉伯、埃及、新加坡等传统航道重要节点的中心地位、中介能力会起到稀释作用，使世界贸易减少对传统航道的依赖。① 研究如何保障俄罗斯至我国的北极能源通道后段的航行安全，对确保我国能源海运安全而言意义重大，将使我国在未来北极通道的航运贸易中占据主动地位，扭转在传统能源通道中的被动局面。

---

① 熊文、罗熙、孙婷、俞越、徐丹丹：《基于北极航道开通情景的世界贸易网络演进分析》，《地理与地理信息科学》2021 年第 3 期。

第二节 海丝之路能源通道安全状况及影响因素

一 海丝之路能源通道安全状况

（一）非洲地区国家至我国能源通道安全状况

海丝之路非洲地区国家至我国能源通道分为前、中、后三段，各段所处地区与经过国家不同，其具体安全状况也千差万别。前段由非洲西部延伸至莫桑比克海峡前，该段经过的非洲国家众多，索马里海盗活动区是可能影响通道安全的重点区域。中段经过的亚洲国家众多，其中需要经过马六甲海峡，这是影响通道安全的重点区域。后段的安全状况将在分析澳大利亚至我国能源通道安全状况时一并分析。非洲地区国家至我国能源通道距离最长，运送所需时间最久。这一通道的安全局势较此前已有改善，尤其是 2020 年 10 月利比亚国内冲突双方签订停火协议，结束战争状态。随着利比亚"完全和永久"停火，其石油产量恢复进程将远超预期。① 非洲西部国家能向我国供应的原油出口量将显著提升。

总体而言，马六甲海峡航行安全是海丝之路非洲地区国家至我国能源通道中段的主要威胁，主要受到以下四大问题困扰：第一，海峡运输能力日趋饱和，一旦发生事故，将威胁海峡航行安全；第二，海盗和恐怖主义活动威胁海峡航行安全；第三，印尼、马来西亚和新加坡三国合作共管的协调度影响海峡航行安全；第四，美、日、印度与我国的利益角逐加剧了海峡海运安全问题的复杂性。②

（二）中东地区国家至我国能源通道安全状况

海丝之路中东地区国家至我国能源通道同样分为前、中、后三段。前段由中东地区延伸至莫桑比克海峡前，起点为波斯湾，中途需要穿过霍尔木兹海峡，该地区海运安全同样面临海盗袭击与恐怖活动的威胁。通道中

---

① 墨尘：《利比亚一个伤愈复出的"重量级选手"》，《石油知识》2021 年第 1 期。
② 张洁：《中国能源安全中的马六甲因素》，《国际政治研究》2005 年第 3 期。

段安全状况前文已做分析，通道后段的安全状况将在分析澳大利亚至我国能源通道安全状况时具体分析，在此仅分析通道前段安全状况。

自中东地区的石油进口量占我国石油进口比重合计超过46%，海丝之路中东地区国家至我国能源通道具有极重要的地位。该通道前段易受到通道沿线海盗袭击、中东地区政治军事局势恶化等因素的影响。首先，中东地区向我国出口石油的国家主要有沙特阿拉伯、阿联酋、伊拉克、科威特，这些国家分布于波斯湾沿岸，这意味着我国从这些国家的石油进口都需要经过霍尔木兹海峡。但霍尔木兹海峡恰好位于索马里海盗活动范围内，该地区的航行安全易受外来袭击的影响。其次，霍尔木兹海峡复杂的国际利益博弈加剧了该地区政治军事局势的恶化，常年来围绕霍尔木兹海峡，美国与伊朗等国博弈背景下不时发生的船舶扣留事件及海峡封锁威胁也为该地区的海运安全增添了不稳定因素。再次，是中东地区的国内冲突、国家冲突及国际冲突共存交织且存在冲突演化的可能性，导致中东地区长期以来的动荡，危及我国能源海运安全。2019年9月14日发生的沙特油田遇袭事件即说明了中东地区供油国能源供应面临的安全威胁。

（三）澳大利亚至我国能源通道安全状况

海丝之路澳大利亚至我国能源通道分为前后两段，前段由澳大利亚延伸至卡里马塔海峡，后段由马来西亚经过南海，最终到达我国东南沿岸城市。

在当前我国液化天然气进口比重中，澳大利亚占据主要份额，且短时间内难以找到完全替代的合作国家/地区。海丝之路澳大利亚至我国能源通道前段的能源安全主要受供气国主观因素及我国与澳大利亚外交关系的影响。澳大利亚在政治上走亲美路线，每当中美关系发生恶化，澳大利亚往往充当"反华急先锋"，这是影响澳大利亚至我国能源通道前段能源安全的最主要因素。另外，海丝之路澳大利亚至我国能源通道后段的能源安全状况主要取决于南海地区的安全局势。南海争议正在呈现一种典型的"双层博弈"模式："大国战略竞争"加"小国利益博弈"①。南海航线的

---

① 朱锋：《南海主权争议的新态势：大国战略竞争与小国利益博弈——以南海"981"钻井平台冲突为例》，《东北亚论坛》2015年第2期。

运输安全已直接关系到我国石油的供应和经济的持续稳定发展。[①]

（四）俄罗斯至我国能源通道安全状况

海丝之路俄罗斯至我国的北极能源通道安全对我国能源安全的意义在于长远的未来。目前我国与俄罗斯的能源贸易主要通过管道运输方式进行，但成本太高。如开辟全新海运通道，确保我国能源安全同时，还能实现能源运输成本的大幅下降。海丝之路俄罗斯至我国的北极能源通道后段由白令海峡延伸至我国黄海与东海海域，仅经过俄罗斯、韩国、朝鲜、日本。目前北极能源通道后段安全状况主要受到白令海峡恶劣气候、冰层封冻、我国与沿岸国家外交关系亲疏影响。

二　海丝之路能源通道安全影响因素

（一）基于传统安全视角的考察

1. 他国政局因素

他国政局是影响我国海丝之路能源通道安全的重要因素。海丝之路能源通道的中非洲地区国家至我国能源通道和中东地区国家至我国的能源通道的能源海运安全最易受此因素的影响。应对策略在于：降低对政局不稳定国家的能源依赖度。海丝之路的建设方向与重点在于加强我国与沿线国家的经济贸易往来，不谋求政治、军事、武力上的合作，加之政治局势的稳定与否，属于他国内政事务，互不干涉内政是我国和平共处五项原则之一。因此，短期来看，我国应当密切关注该能源通道上的能源供给国与沿岸国的政局稳定程度并随时根据情势变化调整从各国家/地区的能源进口比重。长期来看，应当坚持并进一步加强我国与各通道上其他国家的能源合作，实现我国能源的进口多元化。

2. 外交因素

有研究发现，外交关系对双边贸易有着明显的促进作用，其对双边贸易的促进作用为 14.7%。[②] 可见外交关系的好坏影响着能源贸易与运输的

---

①　张礼祥：《南海能源安全问题及其战略选择》，《理论导刊》2012 年第 3 期。

②　蒋业恒、李清如：《外交关系对双边贸易的促进作用研究》，《东岳论丛》2013 年第 9 期。

稳定顺畅程度。海丝之路能源通道辐射范围内的问题，许多都需要回归至我国与沿岸国或能源供给国的外交关系层面加以解决，典型如南海局势中我国与南海诸国的关系处理、中澳两国的能源贸易定位与关系处理等。以我国与澳大利亚的外交关系为例，考虑到目前我国在液化天然气领域对澳大利亚有较高的依赖度，应当与澳大利亚增强合作共识，减少摩擦争端。但同时也不必过分担忧和扩大中澳关系的恶化对能源贸易的影响程度，毕竟在液化天然气进口上，两国具有高度的利益一致性，能够通过液化天然气的进出口实现双赢，这是双方虽然时有制裁举措但并未中断减少液化天然气贸易的决定性理由。由此可知，经济利益取向的一致性是达成能源贸易领域合作的关键所在，在应对策略上我们应当强调重视经济合作，淡化搁置政治立场分歧。具体可采取两大策略：首先，应当尽量减弱或避免外部负面因素对我国与通道内相关国家的外交关系的影响，并加强两国间的经济往来合作。如在处理中澳关系上，为应对来自美国的外部影响，应当以"一带一路"建设为契机，加深双方经贸联系、增强政治互信和经济依赖。① 其次，应当降低对特定通道、特定地区、特定国家的能源依赖度，削弱能源进口的来源集中度，提高能源进口多元化水平。

3. 潜在军事冲突与地缘政治因素

潜在的军事冲突因素对海丝之路能源通道安全的影响表现为一旦通道上能源供给国陷入军事冲突，我国能源供给将陷入中断。在海丝之路通道辐射范围内可能发生军事冲突的是中东地区与霍尔木兹海峡地区。中东地区的动荡局势影响该地区的能源生产，进而对各国的能源出口产生影响。规避中东地区这一影响因素的应对之策在于，定向强化与该地区内多国的能源合作，尤其是与军事冲突风险水平低的国家（如沙特阿拉伯）的能源合作，确保石油供给的稳定。霍尔木兹海峡地区长期以来国际矛盾突出，围绕伊朗核问题，美、伊、俄多国各方的政治博弈从未停歇，间断性传出封锁海峡的消息使该地区的能源海运安全面临威胁。但这一影响因素的威胁不宜被过分夸大，首先，各国出于自身利益考量将在博弈中实现自身利益的最大化而非放任伊朗实施封锁；其次，伊朗实施封锁与否关键在于其

---

① 王晶、卢进勇：《中国与澳大利亚贸易的现状、影响因素和发展策略》，《国际贸易》2015年第10期。

与美国的关系状况，在拜登政府上台、美国表示准备加入伊核协议后，对霍尔木兹海峡的封锁更多的是伊朗作为博弈谈判的筹码手段，而非真正付诸行动的计划。我国既无意介入这些潜在的冲突事件，就不必过分担忧美伊冲突将引发海峡封锁的后果。一如学者所言，如果今天美国与伊朗在霍尔木兹海峡爆发大规模武装冲突，伊朗在军力上的全面劣势意味着其对霍尔木兹海峡航运活动的袭扰能力会进一步降低。①

（二）非传统安全视角下的考察

1. 海盗因素

在海丝之路能源通道辐射范围内，曾经发生过海盗劫掠的事件。近几年来，随着各国的视与合作护航活动的开展，南海地区、霍尔木兹海峡地区的海盗袭击次数有所下降。但几内亚湾区、索马里海域、马六甲海峡海盗侵扰袭击船只的事件仍时有发生，威胁我国的能源海运安全。总体而言，海盗活动的猖獗程度与各国的重视程度以及执法护航频率成反比。随着我国加强了对霍尔木兹海峡地区航行安全的管制，并伴随一系列反海盗演练活动的开展，海盗因素已基本不会对南海能源海运安全造成威胁。消除海盗因素对海丝之路能源通道安全的影响，应对之策在于强化多国合作并建立常态化护航机制。

2. 恐怖主义因素

恐怖主义因素威胁到我国海丝之路能源通道安全，根源在于恐怖组织长期以来谋求破坏马六甲海峡的航行安全。作为世界能源运送的咽喉要道，马六甲海峡一旦遭受恐怖袭击，不仅我国能源安全面临威胁，世界范围内的能源货物贸易都将因此受阻。为此，各国均高度重视两大海峡的恐怖组织活动情况并严防恐怖袭击的发生。我国交通运输部曾于2019年7月4日发布通知将拟驶往马六甲海峡的中国籍国际航行船舶保安等级提高为3级。恐怖主义因素的应对之策在于，增强中国在海上恐怖主义全球治理立法中的话语权、完善中国国内立法、加强海上联合执法等。②

---

① 曹峰毓：《论中东能源地缘政治中的海上通道问题——对霍尔木兹海峡安全问题的再思考》，《当代世界与社会主义》2021年第2期。
② 刘笑晨、王淑敏：《全球治理视角下打击海上恐怖主义的法律机制问题初探》，《中国海商法研究》2016年第4期。

3. 气候环境因素

气候环境因素是影响俄罗斯至我国能源通道安全的主要因素，北极恶劣的气候环境更是对船舶航行安全有着严重的威胁，低温会影响船舶的操纵性能，能见度过低将增大事故发生频率和加大船舶航行危险度，常年有风对船舶直航提出了难题。[1] 应对之策在于加强与俄罗斯的航道合作，并在实际通航中根据气候特点，设计改造船只与配备高水平船舶驾驶人员。

第三节 海丝之路能源通道安全法律梳理与检讨

一 海丝之路能源通道安全法律保障梳理

海丝之路能源通道安全同时面临传统安全威胁与非传统安全威胁。应对解决的前提在于对通道安全法律保障思路与现行法律规范进行全面梳理，明确现有法律措施机制应当如何回应以及在多大程度上回应了通道安全保障的需求。

（一）海丝之路能源通道安全法律保障思路梳理

梳理海丝之路能源通道安全法律保障思路，目的在于明确现有法律措施机制应当如何回应通道安全保障的现实需要。将不同安全影响因素归类成传统安全威胁与非传统安全威胁，进而以不同思路在法律层面采取应对处理措施，实现逻辑自洽。

1. 传统安全视角下的法律保障思路

他国政局因素、外交因素、潜在军事冲突与地缘政治因素是海丝之路能源通道的传统安全威胁，应对策略分别是：密切关注相关国政局稳定程度，调整能源进口比重和实现我国能源进口多元化，减弱避免第三方外部负面因素影响与降低能源依赖度，强化与中东地区多国的能源合作。申言之，关于传统安全威胁所包含的三大安全影响因素，不适宜追求直接消除

---

[1] 胡晓芳、蔡敬标：《北极航道航行船舶操纵性设计需求分析》，《中国舰船研究》2015 年第 3 期。

安全影响因素本身对能源通道安全造成的威胁，而是在全面认识准确把握传统安全威胁的基础上，探寻迂回解决之道。

选择这一整体思路回应当前海丝之路通道所面临的传统安全威胁，取决于我国推进海丝之路的原初定位。新时代我国提出的海丝之路建设，其重点在于强化与他国经济贸易领域的合作。中国要传递的信息是，中国走向海洋，不会重复西方列强海上争夺霸权的老路，而是以和平的方式进行。中国的发展不会威胁东南亚国家及丝绸之路沿线国家的经济、政治与安全。① 基于这一定位，面对一系列对能源通道产生威胁的影响因素，应当在尊重既定事实现状的前提下考虑我国的斡旋博弈空间，从法律角度助力于上述应对策略的实现。不宜介入他国政局冲突，但可以选择调整能源进口比重和实现我国能源进口多元化，重视与非洲地区与中东地区各国的能源合作，以能源合作协议的形式确保我国能源供应运输的稳定。在与他国的能源合作贸易中淡化政治分歧，强调经济利益的一致性是应然选择，通过法律手段强化我国与澳大利亚、东盟各国、日本、韩国、朝鲜在能源、货物、服务等领域的贸易合作。面对军事冲突与地缘政治因素对海丝之路能源通道安全带来的挑战，可保持高度关注，但应当明确不参与介入的立场，以法律形式强化与中东多国，尤其是局势稳定、战乱风险较小的国家的能源合作。

2. 非传统安全视角下的法律保障思路

对于海丝之路能源通道的非传统安全威胁，应对策略分别是强化多国合作并建立常态化护航机制、增强海上恐怖主义全球治理立法中的话语权与推动强化多边合作、加强与俄罗斯的航道开辟合作。其总体思路在于，应当在识别影响因素反映出的特征属性的基础上针对性解决，减轻甚至消除三大安全影响因素，保障能源通道安全。

直面非传统安全威胁，打击海盗与恐怖主义活动，维护能源通道安全，参与气候环境治理推动能源通道开辟，不仅是保障我国海丝之路能源通道安全的应然选择，也是我国展现负责任的大国形象、积极参与全球安全治理与环境治理的内在要求。因此，以法律手段应对非传统安全威胁、

---

① 全毅、汪洁、刘婉婷：《21 世纪海上丝绸之路的战略构想与建设方略》，《国际贸易》2014 年第 8 期。

保障海丝之路能源通道安全思路的具体展开是：面对海盗行为对海丝之路能源通道安全的威胁，可以制定或完善专门性公约、构建常态化执法合作机制、加强海上联合执法；面对恐怖主义活动对海丝之路能源通道安全的威胁，可加强全球反恐怖主义立法、健全国家地区间的反恐合作机制措施、提高反恐执法能力水平等；面对海丝之路俄罗斯至我国能源通道上恶劣气候环境可能对海运安全产生的影响，可基于北极航道开辟的进度情况，着手考虑制定专门性双边抑或多边条约，以条约形式强化对俄罗斯至我国能源通道的气候环境安全保护。

（二）海丝之路能源通道安全保障规范梳理

现行有效的国内立法与我国缔结、参加、签订、加入、承认的国际条约是我国法律体系的组成部分。体系化梳理应从国内法与国际法两大层面展开，国内法目前没有关于能源通道安全的专门立法，而是以能源安全保障的宏观视角，分散在宪法与其他法律文件中，前文已述，此处不再展开。本部分侧重从国际法视角对现有海丝之路能源通道安全保障方面的法律规范进行系统梳理，主要有以下三大类型：多边条约、双边条约、软法。

1. 多边条约

多边条约是指三个及以上国家或缔约国就其共同关心的，涉及国际社会共同利益和切身利益的，规定普遍行为规则的重大国际问题所达成的协议。[①] 现有关于海丝之路能源通道安全保障的多边条约可分为综合性多边条约与专门性多边条约。

（1）综合性多边条约

综合性多边条约体现缔约各国更广泛深入的国家事务合作，而不局限于某一领域。能源通道安全保障往往是其部分篇章条文的规定。具体而言主要有《联合国海洋法公约》和《能源宪章条约》。

《联合国海洋法公约》被誉为"海洋宪法"，是海丝之路的法制基础。[②]《联合国海洋法公约》中与能源通道安全保障相关的法律规定有：第 24 条

---

① 冯棣明：《国际海事条约在中国的适用问题研究》，硕士学位论文，大连海事大学，2003。
② 张晏瑲：《由国际海洋法论海上丝绸之路的挑战》，《法律科学》2016 年第 1 期。

规定沿海国负有不妨碍外国船舶无害通过领海的义务；第 100～103 条分别规定所有国家负有制止海盗行为的义务，海盗行为的定义，军舰、政府船舶或政府飞机叛变而从事海盗行为的处理，海盗船舶与飞机的定义；第 105 条规定对海盗船舶或飞机的扣押；第 110 条对规定军舰对从事海盗行为船只的登临权。《联合国海洋法公约》关于能源通道安全的法律规定主要体现在能源运送的过境通行与对海盗行为的制止打击方面，为打击海盗行为提供了法律支撑。此外，《东南亚友好合作条约》通过象征性、原则性、宣示性的规定凝聚各方的友好合作共识，但由此导致的具体规定的欠缺也使其难以为争端的和平解决、地区紧张局势的应对提供有力的法律方案。

2015 年中国签署《国际能源宪章宣言》，由《能源宪章条约》的观察员国变为签约观察员国。《能源宪章条约》不仅为国际能源投资提供法律保护，为能源过境贸易和跨国仲裁提供争端解决机制，也对推动和促进能源领域的贸易、投资和运输活动具有重要意义。从内容上看，《能源宪章条约》主要包括投资保护、能源贸易和运输保护、能源效率及争端解决等几部分，其中关于能源运输保护与争端解决的规定与能源通道安全密切相关。与目前我国加入且正生效的国际条约相比，《能源宪章条约》在内容针对性与规定完备程度上具备显著优势，但这尚不足以证成我国加入《能源宪章条约》的必要性。因为中国油气管道政策法律与《能源宪章条约》远不兼容，如果现在贸然加入《能源宪章条约》，中国将无法承担沉重的"过境输送"义务。[1] 因此，在对待加入该条约问题时应采取更为审慎的态度，通过多边磋商，待宪章条约完善其内容和机制之际再加入，可以更好地维护国家的能源安全。[2]

（2）专门性多边条约

现有关于能源通道安全的专门性多边条约众多，从海上航行安全、海洋环境保护、打击恐怖主义活动等方面提升了能源通道安全状况。在海上航行安全、海上救援与非法行为规制方面的专门性多边条约主要有《制止危及海上航行安全非法行为公约》《亚洲地区反海盗及武装劫船合作协定》

---

① 王涛、胡德胜、姜勇：《中国油气管道法律政策与〈能源宪章条约〉的兼容性研究》，《中国人口·资源与环境》2019 年第 6 期。

② 杨晓锋：《能源宪章最新动向：洞察与借鉴》，《情报杂志》2021 年第 4 期。

《反对劫持人质国际公约》《1979 年国际海上搜寻和救助公约》《1989 年国际救助公约》。《制止危及海上航行安全非法行为公约》第 3 条中列举可能危及船舶航行安全的一系列行为并明确其构成犯罪，同时设置了一系列程序性规定与缔约国义务，以实现对海上危及航行安全行为的有效打击。虽未直接定义海盗，但在第 3 条中规定危害海上航行安全的行为构成犯罪，危及海上安全的非法行为宽于一般的海盗行为，其概念内涵实际上包括海盗①，与《亚洲地区反海盗及武装劫船合作协定》配套，实现了对海盗行为的精准打击。《反对劫持人质国际公约》将劫持人质行为视为国际恐怖主义的表现并予以打击，体现对能源通道航行安全的维护。《1979 年国际海上搜寻和救助公约》《1989 年国际救助公约》体现对能源通道船员生命安全的保护。

在海洋环境保护方面的专门性多边条约主要有《1990 年国际油污防备、反应和合作公约》。该公约是国际海事组织在船舶污染防治方面最重要的公约之一，于 1995 年 5 月 13 日生效②，体现了对能源通道环境安全的保护。

在打击恐怖主义活动方面的专门性多边条约主要有《制止恐怖主义爆炸的国际公约》《制止向恐怖主义提供资助的国际公约》《制止恐怖主义爆炸事件的国际公约》，反映出对恐怖主义爆炸犯罪行为与资助恐怖主义犯罪行为的严厉打击，体现了对能源通道海运秩序的维护。

2. 双边条约的法律规定

在海丝之路的建设过程中，一系列的双边条约是能源通道安全的有力保障。我国与日本签署了《中日海上搜寻救助合作协定》，与韩国签署了《中韩海上搜寻救助合作协定》，与越南签署了《中国防城港至越南下龙湾高速客轮线搜寻救助合作协议》《海军北部湾联合巡逻协议》《关于指导解决中国和越南海上问题基本原则协议》。

此外，为进一步凝聚共识消除分歧，在部分尚未签订双边条约的事项上，我国以谅解备忘录的形式与多国达成共识合作，虽不具有法律拘束

---

① 莫世健：《论海盗罪的国际性和海盗罪处罚国家性的冲突与协调》，《当代法学》2015 年第 3 期。

② 耿红、杨建刚、陈轩：《船载散装有毒有害物质溢漏应急处理技术研究》，2008 年船舶防污染国际公约实施学术交流研讨会论文，2008，第 63 页。

力，但为我国与各国更深入的法律合作奠定了基础，主要有：《中国海警局和大韩民国国民安全处合作谅解备忘录》《中国海警局和菲律宾海岸警卫队关于建立海警海上合作联合委员会的谅解备忘录》《中国海警局与越南海警司令部合作备忘录》《中国国家海洋局与印尼海洋渔业部关于海洋领域合作的谅解备忘录》《中华人民共和国国家海洋局与泰王国自然资源与环境部关于海洋领域合作的谅解备忘录》。

3. 软法

国际条约与国际惯例被视为国际法的法律渊源，但不具有法律强制力的软法同样在国际安全秩序的维护中发挥举足轻重的作用。国际软法的引领、补充和重构功能，可以更好地促进"一带一路"合作机制中硬法机制的形成。[①] 能源通道安全保障的国际软法，除了我国与其他国家或组织签订的联合声明，最受关注同样也最具有探讨价值的软法性文件是《南海各方行为宣言》。该文件所涉及的南海局势敏感议题以及可能上升为硬法的前景决定了其在海丝之路能源通道安全保障领域发挥着重要作用。就目前而言，《南海各方行为宣言》向《南海各方行为准则》推进和落实的磋商过程中存在一系列待解决的难题：空间适用范围问题、法律拘束力问题、如何澄清和落实《南海各方行为宣言》中的关键性条款问题。[②]《南海各方行为准则》的顺利出台仍需要东盟与中国坚定磋商信念排除外部干扰，凝集各方智慧共识，消除分歧。

二 海丝之路能源通道安全法律保障机制探讨

海丝之路能源通道的安全保障研究，最终落脚点应当回归至现实层面的机制运行及反思，方对海丝之路能源通道安全的法律机制建设有所裨益。这就要求我们认清，海丝之路能源通道安全不是国与国间通过协商谈判即可达成的简单目标，其目标实现至少需要克服以下四大难题：第一，政局动荡、军事对抗与地缘政治冲突为代表的传统安全威胁中断地区/国

---

① 吴小国：《构建"一带一路"合作机制对国际软法的需求》，《湖北警官学院学报》2019年第5期。

② 王勇：《〈南海行为准则〉磋商难点与中国的应对》，《中国海洋大学学报》（社会科学版）2020年第1期。

家的能源供应与运送；第二，非传统安全威胁仍盘旋于能源通道各海域上空；第三，国家间的政治博弈阻碍、压制能源贸易往来活动；第四，关键咽喉要道安全现状呈现极端复杂态势。意欲解决难题，改善能源通道安全现状，至少需要以下四大机制发挥作用：传统安全威胁法律应对机制、非传统安全威胁法律治理机制、贸易保护法律机制、关键航道法律治理机制。

（一）传统安全威胁法律应对机制

海丝之路能源通道传统安全威胁法律应对机制的构建重点，一是基于安全局势的准确预判，及时调整特定国家/地区的能源贸易活动；二是基于安全局势的识别把握，以法律贸易协议调整能源贸易活动以及实现能源进口多元化。

我国海丝之路能源通道传统安全威胁法律应对机制表现为国内法层面与国际法层面的双重制度缺失。国内法层面，虽然《宪法》《电力法》《煤炭法》中已有关于能源安全保护的法律规范，但专门针对能源通道安全的法律规范仍然处于缺失状态。2020年形成的《能源法（征求意见稿）》虽在第六章、第八章有关于能源安全与国际合作的内容，但并未就如何回应外部地区局势的变化对能源通道安全的影响进行规定，也并未就如何规避地区局势竞争带来的安全风险进行规定。

国际法层面，条约与软法性文件中侧重于非传统安全议题的法律保障，虽也涉及部分地区的安全局势问题，但并未专门对中东地区与非洲地区的安全局势的协调解决加以规定。基于这一缺失，应当将地区安全局势法律应对思路转向研判重点地区或国家安全局势，并进一步展开区分探讨。包括传统安全威胁发生时，可能对能源通道安全产生何种程度的影响，未发生但有可能发生时又将如何应对，用具体问题的研究填补法律应对机制的缺失。

（二）非传统安全威胁法律治理机制

海丝之路能源通道上正面临或曾面临海盗与恐怖主义威胁的地区有：几内亚湾地区、马六甲海峡地区、索马里海峡地区、霍尔木兹海峡地区、南海地区。而围绕此两大非传统安全威胁，目前已创制大量多边条约、双边条约予以针对性规制。海丝之路能源通道非传统安全威胁法律治理机制可在现有条约基础上加以统合构建，并在执法层面实现海盗行为规制与反恐活动的常态化与机制化。但从立法层面看，重中东地区与东南亚地区，轻非洲地区至霍尔木兹海峡地区的取向导致了对非传统安全威胁问题规制效果的不理想。从执法层面看，联合执法机制仍待进一步完善，执法资源与能力的缺失是另一障碍。目前我国加入了一些国际条约，主要内容为海盗行为、恐怖主义活动、海上搜救救助等规定，最终落脚于非传统安全的保障，国际法的共同利益性决定了其在国际社会共同认同的安全议题方面易于凝聚各方共识①。应当立基于此一属性，直面海丝之路能源通道的非传统安全威胁，建设硬法软法协同作用的立法体系与各国协调合作的执法体系，完善海丝之路能源通道非传统安全威胁法律治理机制。

（三）贸易保护法律机制

从国家主体关系层面解读，海丝之路能源通道贸易保护法律机制与能源通道海运安全有着内在逻辑关联。形成我国周边的安全局势与能源海运途经地区的复杂局势的根源在于我国与能源生产国、能源途经地区所在国的紧张关系，此种紧张关系的形成与加剧，又往往伴随着关系外第三方国家的推波助澜，一旦将分歧上升到地缘政治竞争高度，国家间关系的恶化加剧将不可避免。目前海丝之路能源通道贸易保护法律机制的缺陷首先表现在规范层面的不完备，能源安全保障的国内立法处于缺失状态，作为能源安全细分领域的能源贸易安全法律保护更是尚未有专门规定。国际法层面，南海地区我国与东盟签订了《中国—东盟全面经济合作框架协议》，与东盟在能源与货物贸易领域的合作日渐趋于深入，但与澳大利亚的经贸往来的法律保障仍难言理想。海丝之路能源通道贸易保护法律机制的缺陷还表现在法律保障关注焦点的失衡：第一，未实现对全部安全影响因素的规制；第二，关注沿岸国家地区安全局势的影响，但未充分认识外部国家对能源通道安全的影响并针对性应对；第三，对未来能源通道安全的关注不足。

---

① 胡铁军：《论国际法所调整的利益关系——兼谈国际法的本质属性及其影响》，《时代法学》2005 年第 4 期。

（四） 关键航道法律治理机制

关键航道上传统安全威胁与非传统安全威胁交织的极端复杂形势，对海丝之路通道安全提出了严峻挑战。以法律手段应对三大航道安全威胁的路径在于构建海丝之路能源通道关键航道法律治理机制，全面审视特定航道地区对我国能源安全的影响，在此基础上展开法律行动。而具体法律应对路径的展开，关键在于厘清海丝之路能源通道关键航道法律治理机制所保障的能源安全概念内涵，并基于不同层次下的概念界定完善机制。准确界定能源安全概念，才能客观评估现有安全威胁对能源通道安全的影响程度，谨慎应对的同时不陷入扩大化现象与过度解读的陷阱。

海丝之路能源通道安全视域下的能源安全概念包括两方面内容：能源供应运输顺畅稳定与能源供应运输不被中断。前者对应的是更高层次的能源安全，是在确保我国能源消费需求的基础上对关键航道能源海运提出的更高要求，航道易受海盗侵袭、恐怖主义袭击、运输上限的限制，体现为非传统视角下的安全威胁，针对性构建法律治理机制才能确保能源供应运输的顺畅稳定；后者对应的是基础层次的能源安全，体现为传统视角下的安全威胁。关键航道被全面封锁禁运抑或陷入长期军事冲突，均可能对我国能源安全造成巨大冲击，从根本上恶化我国能源海运安全局势。区分上述两层次的能源安全概念并针对性构建法律治理机制具有重大现实必要性。

第四节　海丝之路能源通道安全法律保障机制完善

完善海丝之路能源通道安全法律保障机制，应从四方面改善海丝之路能源通道安全状况：完善海丝之路能源通道传统安全威胁法律应对机制，从而基于中东与非洲地区的复杂政治军事环境，提升能源进口多元化水平，确保能源供应安全；完善海丝之路能源通道非传统安全威胁法律治理机制，从而围绕层出不穷的海盗行为与恐怖主义袭击等非传统安全威胁，探索提出行之有效的治理机制；完善海丝之路能源通道贸易保护法律机制，从而通过贸易合作改善缓和南海局势、应对对澳液化天然气依赖度过高问题；完善海丝之路能源通道关键航道法律治理机制，从而围绕关键航道安全治理需要，构建合作机制，实现国家间协调合作治理。

一　海丝之路能源通道传统安全威胁法律应对机制之完善

完善海丝之路能源通道传统安全威胁法律应对机制，首先需要通过对不同区域内国家政局形势的判断，通过能源合作协议的方式与国内政局与社会秩序稳定的国家展开能源贸易合作。政治因素是影响对非投资的重要因素，非洲国家的政权稳定性、法律秩序情况和腐败程度直接影响到投资非洲的风险，一个稳定的政府和透明、公平性高的法律秩序直接影响投资项目的持续性，防止违约风险，因此政治因素是投资国对非投资的重要考虑因素。[①] 考虑到政局因素对能源通道安全的显著影响，应当基于不同地区的安全局势调整能源进口比重。两大能源通道的起点地区中，非洲目前各国的安全局势较稳定，而中东地区一些国家仍然陷于混乱失序中。非洲国家有望于将来实现能源供应的顺畅稳定，尤其是利比亚国内达成停火协议后为满足支出需求重建经济，需要大幅提高石油产量，预期我国与利比亚合作前景广阔，可基于政局稳定程度评估基础上与利比亚签订能源合作协议，此种做法也有利于降低我国对中东地区石油进口的高度依赖。

我国海外投资法律保护方面存在立法层次过低且粗浅、《多边投资担保公约》没有得到有效利用等问题。[②] 从法律层面加强与利比亚石油贸易合作，可从国家与企业两个层面展开。国家层面需要在构建科学及时的政治风险预警机制与应急处置机制的基础上探索如何更好地为能源进口提供法律保护，包括加强关于我国企业海外能源投资贸易的国内立法保护以及重视利用多边及双边条约机制，完善海外石油投资管理制度和法规，加强政府服务和监管职能[③]，并充分利用已签订的多边条约以及积极与利比亚协商签订双边投资条约保障石油企业利益。企业层面应当在开展投资贸易前重视政治风险评估，以及全方位了解利比亚的法律法规，实现法律风险

---

① 孙石磊：《非洲外来直接投资主要影响因素研究——中国与西方国家比较》，博士学位论文，北京理工大学，2015。

② 田甜：《论我国企业海外投资的政治风险法律保护》，硕士学位论文，天津师范大学，2016，第9~12页。

③ 严丹：《利比亚战争前后的中利石油合作研究》，硕士学位论文，兰州大学，2016，第38页。

的事先预防与控制。

其次，应对潜在军事威胁因素可能对海丝之路能源通道的影响，并特别关注法律机制在应对这一因素时的失灵现象，预判局势并采取行动。目前我国参与的大量国际条约，主要关于海盗行为、恐怖主义活动、海上搜救救助，落脚于非传统安全的保障，而在军事安全、政治外交关系方面，虽有个别文件中有关于传统安全的表述，但其属于政治文件而非法律文件，不具有法律拘束力，如《南海各方行为宣言》。造成这一现象的根源在于，法律机制在传统安全议题上所能发挥的作用极为有限。国际法在事关各国国家重大利益的领域往往难以达成一致性的法律文书意见，即使形成也难以在冲突争议产生时发挥实质作用。

认识到这一机制失灵现象后，还需深入分析目前所涉及因素可能会对自中东地区至我国的能源通道安全产生何种程度的影响。军事对抗一旦现实化，其对特定地区安全与社会秩序的破坏难以估量，能源供应很可能由此陷入中断。虽然中东地区的安全局势一直不容乐观，但对我国能源通道安全的影响有限，中东地区国家中，沙特阿拉伯向我国出口石油最多，其国内虽时有安全事件发生，但演变为军事对抗的可能性较小；伊拉克在我国石油进口中亦占有较高比重，值得随时关注其安全状况。中东地区的复杂局势还将随着欧美俄各国的战略博弈与选择发生动态演变，还需要高度关注中东地区内部国家、组织间的军事对抗与可能的冲突，根据现实情况评估其对能源通道安全状况的影响并采取法律应对措施。正如国务委员兼外长王毅所倡议的，应当在维护伊核全面协议前提下，搭建一个海湾地区多边对话平台，讨论当前面临的地区安全问题，以集体协商方式管控危机，为缓和紧张局势注入动力，争取达成维护地区和平稳定的新共识。

二 海丝之路能源通道非传统安全威胁法律治理机制完善进路

近年来在国际社会共同努力下，霍尔木兹海峡地区的海盗袭击虽仍偶有发生，但海盗已不被认为是霍尔木兹海峡航运活动的重要威胁。① 非洲

---

① 曹峰毓：《论中东能源地缘政治中的海上通道问题——对霍尔木兹海峡安全问题的再思考》，《当代世界与社会主义》2021年第2期。

沿岸地区非传统安全威胁的有效应对，成为海丝之路能源通道非传统安全威胁法律治理机制的重点完善方向，这需要在立法与执法两层面展开。一是在立法层面上，我国与东南亚地区各国高度重视，能源通道安全问题并围绕马六甲海峡安全治理需要，签订了大量多边或双边条约，展开安全治理合作，然而，我国与非洲地区沿岸国家在这一领域的规范性文件缺失，妨碍了安全合作治理的进一步深入开展。应当通过国际法层面的立法，应对该地区面临的非传统安全威胁，立足长远推动签订区域性多边国际条约，短期则可通过双边条约或软法性文件加强我国与非洲沿岸国家的合作。同时应当注意，不论是区域性多边条约的创制与签订，抑或是双边条约的创制与签订，应当注意要立足于如《联合国海洋法公约》在内的现有国际条要求，不得与其内容相违背。

二是从执法层面分析，重点海域沿岸国家，甚至整个非洲都缺乏在几内亚湾建立常态化的高效反海盗机制的能力和资源。[1] 我国应当在尊重非洲各国自主行动维护沿岸海运安全的前提下，积极组织护航活动，同时推动非洲沿岸国形成专门联合执法机构应对海盗威胁。马六甲海峡地区通过多边条约与信息共享机构很大程度上有效消除了海盗威胁，我国可以此为参照，呼吁号召非洲各国以已有的几内亚湾委员会为平台，强化执法层面的沟通与协调。

目前而言马六甲海峡处于三国共管状态，但同时各国基于其海运利益也有参与安全治理的需要，打击海盗行为与恐怖主义活动的过程中尤其应当重视协调我国与沿岸国的执法权限。海上能源通道的沿海国应通过合作，建立起相应的联合执法机制，以协调各自领海管辖权在打击海上犯罪行为方面的作用。[2] 从执法层面完善法律治理机制，应当明确海上执法权限，加强对在马六甲海峡航行的能源运输船舶的监管，积极参加海上联合巡逻行动，构建海上信息交流平台，完备海上执法合作体系。[3]

---

① 孙海泳：《"一带一路"背景下中非海上互通的安全风险与防控》，《新视野》2018 年第 5 期。

② 罗超：《海上能源通道安全国际法律制度的缺陷与完善》，《云南大学学报》（法学版）2011 年第 3 期。

③ 孙玮：《马六甲海峡能源运输通道安全法律保障研究》，硕士学位论文，辽宁大学，2014。

三 海丝之路能源通道贸易保护法律机制完善进路

完善海丝之路能源通道贸易保护法律机制目的在于，强化国家间或地区内的贸易合作，从而解决南海局势紧张以及对澳液化天然气依赖度过高问题。

目前关于南海地区能源议题的相关研究，主要是围绕领土划界与能源开发争议展开，我国与南海地区国家的争议焦点也在此。但还应将南海地区的紧张局势受到第三方国家的影响这一因素列入考量范围，南海争议问题存在大国战略竞争和小国利益博弈之间的联动关系。① 欧美各国在南海问题上的干预介入会破坏南海地区的安全局势。拜登政府上台后政府高层在亚洲地区的密集出访，足以显示其对亚太政治局势的高度重视。欧洲国家不时派遣军舰进入南海，行使所谓航行自由权的行为更是加剧了地区紧张局势。因此，海丝之路能源通道贸易保护法律机制完善方向之一即规避南海安全局势的外部负面影响因素。同时，海丝之路能源通道贸易保护法律机制还应当结合"一带一路"倡议，实现我国与东盟的贸易合作，淡化政治博弈色彩，强调经济利益的共赢。我国提出的"一带一路"倡议不同于美国曾经的亚太再平衡战略或印太战略，"一带一路"倡议的提出和实践所代表的是一种包含、合作、包容、开放、共赢理念的新地缘经济观。② 我国与东盟国家在经济利益取向上的一致性决定了二者能在地缘经济竞争与合作中实现互利共赢。拜登政府的战略影响与菲律宾总统换届选举也对地区局势带来了不确定性因素。"海丝"能源通道贸易保护法律机制应当从条约层面进一步推动共识形成，消除分歧，实现由《南海各方行为宣言》向《南海各方行为准则》的转变，在前言部分已经初步达成一致的情况下，推进磋商进程；从加强经济竞争合作层面展开，"海丝"能源通道贸易保护法律机制还应当积极推进中国—东盟区域经济法制一体化进程，建立与健全中国与东盟在"一带一路"建设合作发展中法律冲突协调解决机

---

① 朱锋：《南海主权争议的新态势：大国战略竞争与小国利益博弈——以南海"981"钻井平台冲突为例》，《东北亚论坛》2015 年第 2 期。

② 丁云宝：《"一带一路"视域下的新地缘经济观》，《同济大学学报》（社会科学版）2019年第 2 期。

制、风险防范法律保障机制、争端解决法律保障机制。[①]

此外，考虑到我国在液化天然气进口方面对澳大利亚的高度依赖，应当在维持中澳正常贸易往来的前提下，降低能源依赖度，提升进口多元化供给水平。为实现这一目标，可通过海丝之路能源通道贸易保护法律机制强化我国与其他国家的能源贸易合作。长期来看，摆脱对澳大利亚液化天然气进口的高依赖有助于提升我国能源通道安全水平。而俄罗斯北极航道开辟的加快为我国天然气进口提供了更多的选择，在北极航线开通和北极能源开发的影响下，东南亚地区的地缘政治环境将发生变化，全球地缘政治中心可能北移，东南亚地区的紧张局势也将得到缓解，东南亚国家在南海和马六甲海峡合作的深度、广度以及可持续度或将不断提高。[②]

为保障我国长期的天然气供应安全，需要以"海丝"能源通道贸易保护法律机制加强与俄罗斯合作。我国已与俄罗斯签订了《关于丝绸之路经济带建设和欧亚经济联盟建设对接合作的联合声明》，可在该声明基础上，签订加强海上丝绸之路贸易合作的专门性条约，条约重点内容包括：油气交易价格区间及磋商机制、多元化争端解决机制、能源合作开发环保标准、新型能源合作监督机制。[③] 同时，亦需加强与日、韩、朝沿岸国的合作，各国在北极航道能源海运利益上的一致决定了其达成合作的可实现性，我国可与沿岸各国在北极航道地区的海事搜救、航行污染防控、安全护航等方面达成双边或多边条约，并以条约为基础构建沟通合作机构，以法律形式强化合作。随着北极航道的加快开辟与逐渐通航，海丝之路俄罗斯至我国能源通道的战略地位将愈发上升，欧美与其他大国在该海运通道上展开竞争博弈的可能性也日益增大，提前预判并以法律形式实现我国与俄、日、韩、朝各国的合作，能确保在激烈的博弈中维护、保障本国的能源海运安全。

---

① 曹平、李冬青：《中国与东盟在"一带一路"建设合作中的法律保障机制研究——以广西与东盟共建海上丝绸之路为视角》，《改革与战略》2015年第12期。

② 李振福：《北极问题与东南亚地区：联系、影响及趋势》，《东南亚纵横》2020年第6期。

③ 蔡高强、朱丹亚：《"冰上丝绸之路"背景下中俄北极能源合作的国际法保护》，《西安石油大学学报》（社会科学版）2021年第3期。

四 海丝之路能源通道关键航道法律治理机制完善进路

海丝之路能源通道关键航道包括霍尔木兹海峡航道、马六甲海峡航道与南海航道三大咽喉要道，不仅对我国的能源安全，也对欧亚众多国家的能源安全影响甚巨。

在传统安全范畴大前提下，可以根据目前各关键航道的安全状况，包括与我国的距离远近、沿岸国与我国的关系友好度、目前的安全局势三个要素进一步细分。首先从与我国的距离远近看，中国并不是马六甲海峡与霍尔木兹海峡的沿岸国，两航道与我国的距离较远；南海属于中国管辖海域，距离较近，地理距离与我国对该航道安全局势的支配控制力成反比。其次从沿岸国与我国的关系友好度看，"一带一路"合作框架下的密切经贸合作往来使我国与南海地区的东盟成员国间关系趋于友好。霍尔木兹海峡与马六甲海峡地区重点沿岸国家中，伊朗是影响霍尔木兹海峡安全局势的重要国家，也是我国全面战略伙伴，2021 年 3 月我国与伊朗签署 25 年全面合作协议，在政治、战略和经济等方面展开合作。马六甲海峡处于马来西亚、新加坡、印尼三国共管状态，沿岸三国与我国均有经济合作往来。三大航道的安全局势或多或少受到域外大国因素的干扰，在霍尔木兹海峡地区直接体现为美伊冲突，马六甲海峡安全局势同时受到美、日、韩等国的影响，南海地区的安全局势不时面临欧美国家的干预影响。但南海地区各国在密切经贸往来中已然构建了良好合作关系，地缘经济层面的合作与竞争取代了以往的政治军事竞争。而地理位置的优势将决定，即使出现第三方大国干预南海地区的紧张局势，我国仍能采取有力措施维护能源海运安全。倒是霍尔木兹海峡与马六甲海峡距离我国较远，控制支配力较低，如该地区美伊矛盾冲突或马六甲海峡出现多国博弈，我国在该航道的能源海运安全很可能面临威胁。

因此，海丝之路能源通道关键航道法律治理机制应当基于上述安全状况的细化分析，差异化开展法律治理。一是应对解决南海地区传统安全威胁，在经济合作层面应当通过多边条约或双边条约保障加强我国与东盟国家的经贸合作，构建经济利益共同体，在领土争议解决方面采取磋商谈判方式，强调和平解决争端。与此同时，也要为我国为维护该地区安全而开展的相应行动寻求坚实的国际法支撑，可通过运用《联合国海洋法公约》分析中国在南海地区的岛礁建设合法性问题，明确"中国目前通过岛礁建设对领土主权进行加强，完全符合国际法"[1]。二是应对解决马六甲海峡与霍尔木兹海峡地区安全威胁。当中首要应对的安全威胁来自马六甲海峡地区，该地区实际上处于三国共管状态，但三国也同样表示：欢迎马六甲海峡的其他使用国在尊重海峡沿岸三国主权的前提下，协助维护海峡航道的安全。海丝之路能源通道关键航道法律治理机制应当基于新加坡、马来西亚、印尼三国的联合声明进行针对性完善，规范层面可尝试以条约或软法形式强化该地区与新马印三国在维护地区安全方面的合作，合作形式层面可借助新加坡信息共享中心，加强我国与东南亚各国在该区域的安全治理执法合作，并进一步提高沿岸国的安全治理执法能力与执法水平，如帮助沿岸国提升军队和执法力量，提高打击海盗的反应能力，帮助沿岸国提升海军或武装力量的现代化军事水平。[2]

---

① 张政：《〈联合国海洋法公约〉与中国南海岛礁建设问题》，《学术探索》2016 年第 5 期。
② 黄敏：《马六甲—新加坡海峡航行安全保障法律问题研究》，硕士学位论文，武汉大学，2017。

参考文献

一 中文类参考文献

（一）著作

［1］毛泽东：《毛泽东选集》，人民出版社，1991。

［2］邓小平：《邓小平文选》，人民出版社，1993。

［3］习近平：《论坚持推动构建人类命运共同体》，中央文献出版社，2018。

［4］习近平：《深化文明交流互鉴共建亚洲命运共同体》，人民出版社，2019。

［5］习近平：《习近平谈治国理政》（第三卷），外文出版社，2020。

［6］习近平：《习近平谈治国理政》，外文出版社，2014。

［7］习近平：《携手推进"一带一路"建设——在"一带一路"国际合作高峰论坛开幕式上的演讲》，人民出版社，2017。

［8］习近平：《在全国民族团结进步表彰大会上的讲话》，人民出版社，2019。

［9］习近平：《之江新语》，浙江人民出版社，2013。

［10］习近平：《摆脱贫困》，福建人民出版社，2014。

［11］习近平：《决胜全面建成小康社会　夺取新时代中国特色社会主义伟大胜利——在中国共产党第十九次全国代表大会上的报告》，人民出

版社，2019。

[12] 陈玉山：《中国宪法序言研究》，清华大学出版社，2016。

[13] 陈郁主编《企业制度与市场组织：交易费用经济学文选》，格致出版社、上海三联书店，2017。

[14] 程中原：《转折年代：邓小平在 1975—1982》，当代中国出版社，2014。

[15] 崔守军：《中非能源合作国家风险与防范》，石油工业出版社，2019。

[16] 单文华：《中国对外能源投资的国际法保护：基于实证和区域的制度研究》，清华大学出版社，2014。

[17] 电力规划设计总院、中国—中东欧国家能源项目对话与合作中心：《中国—中东欧能源合作报告》，人民日报出版社，2020。

[18] 房东：《〈WTO 服务贸易总协定〉法律约束力研究》，北京大学出版社，2006。

[19] 费孝通：《乡土中国　生育制度》，北京大学出版社，1998。

[20] 葛兆光：《宅兹中国：重建有关"中国"的历史论述》，中华书局，2011。

[21] 郭红欣：《环境风险法律规制研究》，北京大学出版社，2016。

[22] 国务院新闻办公室：《伟大的跨越：西藏民主改革 60 年》，人民出版社，2019。

[23] 胡长明：《大智周恩来》，光明日报出版社，2015。

[24] 黄晓勇：《中国的能源安全》，社会科学文献出版社，2014。

[25] 蒋传光：《邓小平法制思想概论》，人民出版社，2009。

[26] 金冲及主编《毛泽东传（1893—1949）》，中央文献出版社，2004。

[27] 金观涛、刘青峰：《兴盛与危机：论中国社会超稳定结构》，法律出版社，2011。

[28] 兰天：《中国外贸增长引致环境损害的冲突与协调研究》，经济科学出版社，2012。

[29] 李军：《国际服务贸易与技术贸易》，中国人民大学出版社，2008。

[30] 李明倩：《〈威斯特伐利亚和约〉与近代国际法》，商务印书馆，2017。

[31] 李冉：《天然气管道外交与地缘政治博弈》，中国社会科学出

社，2020。

[32] 梁咏：《中国海外能源投资法律保障与风险防范》，法律出版社，2017。

[33] 梁咏：《中国投资者海外投资法律保障与风险防范》，法律出版社，2010。

[34] 刘超：《页岩气开发法律问题研究》，法律出版社，2019。

[35] 吕忠梅：《环境法新视野》（第三版），中国政法大学出版社，2019。

[36] 莫神星：《能源法学》，中国法制出版社，2019。

[37] 庞广仪：《民国时期粤汉铁路历史研究》，合肥工业大学出版社，2014。

[38] 强世功：《立法者的法理学》，三联书店，2007。

[39] 强世功主编《政治与法律评论》（第 3 辑），法律出版社，2013。

[40] 全国人大常委会办公厅、中共中央文献研究室编《人民代表大会制度重要文献选编》，中国民主法制出版社、中央文献出版社，2015。

[41] 史丹：《中国能源安全的新问题与新挑战》，社会科学文献出版社，2013。

[42] 世界知识出版社编《亚非人民团结大会文件汇编》，世界知识出版社，1958。

[43] 世界知识出版社编《中华人民共和国对外关系文件集》（第 10 集），世界知识出版社，1965。

[44] 世界知识出版社编《中华人民共和国对外关系文件集》（第 6 集），世界知识出版社，1961。

[45] 苏力：《大国宪制：历史中国的制度构成》，北京大学出版社，2018。

[46] 孙贤胜、钱兴坤、姜学峰主编《2015 年国内外油气行业发展报告》，石油工业出版社，2016。

[47] 谭民、陆志明：《中国—东盟能源贸易与投资合作法律问题研究》，云南人民出版社，2016。

[48] 陶凯元：《国际服务贸易法律的多边化与中国对外服务贸易法制》，法律出版社，2000。

[49] 万猛、顾宾主编《中非法律评论（第二卷）》，中国法制出版

社，2016。

[50] 王传丽主编《国际经济法》（第二版），法律出版社，2009。

[51] 王冀青：《斯坦因第四次中国考古日记考释》，甘肃教育出版社，2004。

[52] 王家诚：《论能源产业战略管理》，中国计量出版社，2003。

[53] 王希：《原则与妥协：美国宪法的精神与实践》（增订版），北京大学出版社，2014。

[54] 王义桅：《"一带一路"：机遇与挑战》，人民出版社，2015。

[55] 吴飞：《心灵秩序与世界历史：奥古斯丁对西方文明的终结》，三联书店，2013。

[56] 武汉大学国际法研究所：《武大国际法评论（第十一卷）》，武汉大学出版社，2009。

[57] 肖国兴：《破解"资源诅咒"的法律回应》，法律出版社，2017。

[58] 肖兴利：《国际能源机构能源安全法律制度研究》，中国政法大学出版社，2009。

[59] 熊向晖：《我的情报与外交生涯》，中信出版社，2018。

[60] 徐乃斌主编《国际法学》，中国政法大学出版社，2013。

[61] 徐以骅等：《宗教与当代国际关系》，上海人民出版社，2012。

[62] 杨震：《法价值哲学导论》，中国社会科学出版社，2004。

[63] 余太山：《早期丝绸之路文献研究》，上海人民出版社，2009。

[64] 岳树梅等：《"一带一路"能源合作法律机制构建研究》，厦门大学出版社，2019。

[65] 张曙光、盛洪主编《科斯与中国：一位经济学大师的中国影响力》，中信出版社，2013。

[66] 张文显：《法哲学范畴研究（修订版）》，中国政法大学出版社，2001。

[67] 张勇：《能源立法中生态环境保护的制度建构》，上海人民出版社，2013。

[68] 张中秋：《中西法律文化比较研究》（第五版），法律出版社，2019。

[69] 章永乐：《此疆尔界："门罗主义"与近代空间政治》，三联书店，2021。

［70］朱杰勤：《中外关系史》，广西师范大学出版社，2011。

［71］朱玉麒主编《西域文史》第15辑，科学出版社，2021。

［72］朱玉麒主编《西域文史》第7辑，科学出版社，2012。

［73］竺杏月、狄昌娅编《国际服务贸易与案例》，东南大学出版社，2018。

［74］卓泽渊：《法的价值论》，法律出版社，1999。

［75］邹振环：《晚清西方地理学在中国》，上海古籍出版社，2000。

（二）译著

［1］〔巴基斯坦〕F. S. 艾贾祖丁：《首脑之间：中美建交中的巴基斯坦秘密渠道》，唐俊译，世界知识出版社，2018。

［2］〔德〕迪特尔·梅迪库斯：《德国民法总论》，邵建东译，法律出版社，2000。

［3］〔德〕卡尔·施米特：《大地的法》，刘毅、张陈果译，上海人民出版社，2017。

［4］〔德〕卡尔·施米特：《陆地与海洋——古今之"法"变》，林国基、周敏译，华东师范大学出版社，2006。

［5］〔德〕李希霍芬：《李希霍芬中国旅行日记》，李岩、王彦会译，商务印书馆，2016。

［6］〔法〕阿·德芒戎：《人文地理学问题》，葛以德译，商务印书馆，1993。

［7］〔法〕布尔努瓦：《丝绸之路》，耿昇译，新疆人民出版社，1982。

［8］〔法〕伏尔泰：《伏尔泰文集（第四卷）：风俗论（上册）》，梁守锵译，商务印书馆，2019。

［9］〔法〕玛扎海里：《丝绸之路——中国—波斯文化交流史》，耿昇译，新疆人民出版社，2006。

［10］〔古希腊〕柏拉图：《法律篇》（第二版），张智仁、何勤华译，商务印书馆，2016。

［11］〔古希腊〕柏拉图：《理想国》，顾寿观译，岳麓书社，2016。

［12］〔荷〕格劳秀斯：《海洋自由论》，宇川译，上海三联书店，2005。

［13］〔美〕T. 科利特、A. 约翰逊、C. 纳普、R. 博斯维尔编《天然

气水合物——能源资源潜力及相关地质风险》，邹才能、胡素云、陶士振等译，石油工业出版社，2012。

[14]〔美〕安索尼·T. 克罗曼：《迷失的律师：法律职业理想的衰落》，田凤常译，法律出版社，2010。

[15]〔美〕保罗·卡恩：《摆正自由主义的位置》，田力译，中国政法大学出版社，2015。

[16]〔美〕本尼迪克特·安德森：《想象的共同体：民族主义的起源与散布》，吴叡人译，上海人民出版社，2005。

[17]〔美〕彼得·帕雷特主编《现代战略的缔造者：从马基雅维利到核时代》，时殷弘等译，世界知识出版社，2006。

[18]〔美〕波普尔：《开放社会及其敌人》，陆衡等译，中国社会科学出版社，2016。

[19]〔美〕福山：《历史的终结与最后的人》，陈高华译，广西师范大学出版社，2014。

[20]〔美〕何伟亚：《怀柔远人：马嘎尔尼使华的中英礼仪冲突》，邓常春译，社会科学文献出版社，2015。

[21]〔美〕加里·纳什等：《美国人民：创建一个国家和一种社会》（下卷第8版），刘德斌等译，北京大学出版社，2018。

[22]〔美〕科林·弗林特、皮特·泰勒：《政治地理学》，刘云刚译，商务印书馆，2016。

[23]〔美〕理查德·B. 斯图尔特、霍华德·拉丁、布鲁斯·A. 阿克曼、理查德·拉扎勒斯：《美国环境法的改革——规制效率与有效执行》，王慧编译，法律出版社，2016。

[24]〔美〕罗伯特·V. 珀西瓦尔：《美国环境法——联邦最高法院法官教程》，赵绘宇译，法律出版社，2014。

[25]〔美〕芮乐伟·韩森：《丝绸之路新史》，张湛译，北京联合出版公司，2015。

[26]〔美〕萨义德：《东方学》，王宇根译，三联书店，2007。

[27]〔美〕索尔·科恩：《地缘政治学：国际关系的地理学》（第二版），严春松译，上海社会科学院出版社，2011。

[28]〔美〕托马斯·库恩：《科学革命的结构》，金吾伦、胡新和译，

北京大学出版社，2012。

　　［29］〔日〕宫本一夫：《从神话到历史：神话时代夏王朝》，吴菲译，广西师范大学出版社，2014。

　　［30］〔日〕长泽和俊：《丝绸之路史研究》，钟美珠译，天津古籍出版社，1990。

　　［31］〔瑞典〕斯文·赫定：《丝绸之路》，江红、李佩娟译，新疆人民出版社，2013。

　　［32］〔英〕C. B. 麦克弗森：《占有性个人主义的政治理论》，张传玺译，浙江大学出版社，2018。

　　［33］〔英〕F. 佩蒂多、〔意〕P. 哈兹波罗主编《国际关系中的宗教》，张新樟译，浙江大学出版社，2009。

　　［34］〔英〕奥里尔·斯坦因：《斯坦因西域考古记》，向达译，新疆人民出版社，2010。

　　［35］〔英〕彼得·弗兰科潘：《丝绸之路：一部全新的世界史》，邵旭东、孙芳译，浙江大学出版社，2016。

　　［36］〔英〕菲利普·安德鲁斯—斯皮德、罗兰德·丹罗伊特：《中国、石油与全球政治》，张素芳、何永秀译，社会科学文献出版社，2014。

　　［37］〔英〕吉登斯：《民族-国家与暴力》，胡宗泽、赵力涛译，三联书店，1998。

　　［38］〔英〕拉乌尔·麦克劳克林：《罗马帝国与丝绸之路》，周云兰译，广东人民出版社，2019。

　　［39］〔英〕裕尔：《东域纪程录丛——古代中国闻见录》，考迪埃修订、张绪山译，中华书局，2008。

　　［40］〔英〕珍妮特·米斯基：《斯坦因：考古与探险》，田卫疆等译，新疆美术摄影出版社，1992。

（三）期刊论文

　　［1］习近平：《共同构建人类命运共同体》，《求是》2021年第1期。

　　［2］习近平：《关于〈中共中央关于全面深化改革若干重大问题的决定〉的说明》，《求是》2013年第22期。

　　［3］习近平：《加快建设社会主义法治国家》，《求是》2015年第

1 期。

　　[4] 习近平：《推动我国生态文明建设迈上新台阶》，《求是》2019 年第 3 期。

　　[5] 习近平：《推动形成优势互补高质量发展的区域经济布局》，《求是》2019 年第 24 期。

　　[6] 习近平：《在庆祝中国共产党成立 100 周年大会上的讲话》，《求是》2021 年第 14 期。

　　[7] 习近平：《在庆祝中国共产党成立 95 周年大会上的讲话》，《求是》2021 年第 8 期。

　　[8]〔法〕福柯：《尼采·谱系学·历史学》，苏力译，《社会理论论坛》1998 年总第 4 期。

　　[9]〔日〕平山郁夫：《日本的"丝绸之路热"》，童斌译，《世界历史》1979 年第 6 期。

　　[10] 白彤东、肖涧秋：《走向毁灭经典哲学之路?》，《世界哲学》2008 年第 1 期。

　　[11] 毕洪业：《俄罗斯地缘政治思想的演变及影响》，《俄罗斯研究》2018 年第 2 期。

　　[12] 蔡高强、朱丹亚：《"冰上丝绸之路"背景下中俄北极能源合作的国际法保护》，《西安石油大学学报》（社会科学版）2021 年第 3 期。

　　[13] 曹峰毓：《论中东能源地缘政治中的海上通道问题——对霍尔木兹海峡安全问题的再思考》，《当代世界与社会主义》2021 年第 2 期。

　　[14] 曹明德：《中国参与国际气候治理的法律立场和策略：以气候正义为视角》，《中国法学》2016 年第 1 期。

　　[15] 曹平、李冬青：《中国与东盟在"一带一路"建设合作中的法律保障机制研究——以广西与东盟共建海上丝绸之路为视角》，《改革与战略》2015 年第 12 期。

　　[16] 曾向红、张少文：《从"亚太"到"印太"：批判地缘政治学视角下美国亚太战略的调整》，《当代亚太》2021 年第 3 期。

　　[17] 曾向红：《"一带一路"的地缘政治想象与地区合作》，《世界经济与政治》2016 年第 1 期。

　　[18] 陈德敏、郑泽宇：《中国企业投资"一带一路"沿线国家环境风

险的法律规制》,《新疆社会科学》2020 年第 2 期。

［19］陈凡、蓝国华:《全面贯彻"治国必治边、治边先稳藏"重要战略思想》,《新西藏(汉文版)》2018 年第 9 期。

［20］陈嘉茹:《从〈外商投资法〉看我国油气对外合作法律制度的完善》,《石油科技论坛》2019 年第 3 期。

［21］陈同滨:《"丝绸之路:起始段和天山廊道的路网"遗产解读》,《中国文化遗产》2014 年第 3 期。

［22］陈扬勇:《新中国成立后毛泽东对战争与和平的思考与应对——读〈毛泽东年谱(1949—1976)〉》,《党的文献》2016 年第 4 期。

［23］成金华、尤喆:《"山水林田湖草是生命共同体"原则的科学内涵与实践路径》,《中国人口·资源与环境》2019 年第 2 期。

［24］程芳:《能源环境问题的外部性分析》,《学术论坛》2013 年第 6 期。

［25］程荃:《论能源危机对欧盟能源应急法律政策发展的影响》,《暨南学报》(哲学社会科学版)2015 年第 1 期。

［26］单文华、王鹏、王晗:《"一带一路"建设背景下中国加入〈能源宪章条约〉的成本收益分析》,《国际法研究》2016 年第 1 期。

［27］翟崑:《"一带一路"建设的战略思考》,《国际观察》2015 年第 4 期。

［28］翟语嘉:《"21 世纪海上丝绸之路"框架下能源通道安全保障法律机制探究》,《法学评论》2019 年第 2 期。

［29］丁广伟、徐建慧:《中国—欧亚经济联盟经贸协定的经贸效应分析》,《价格月刊》2020 年第 10 期。

［30］丁云宝:《"一带一路"视域下的新地缘经济观》,《同济大学学报》(社会科学版)2019 年第 2 期。

［31］杜红娟、余涛:《空想社会主义的产生、发展、贡献与局限再论》,《湖北社会科学》2020 年第 3 期。

［32］杜群、万丽丽:《美国页岩气能源资源产权法律原则及对中国的启示》,《中国地质大学学报》(社会科学版)2016 年第 3 期。

［33］杜月:《制图术:国家治理研究的一个新视角》,《社会学研究》2017 年第 5 期。

[34] 段宇平、吴昊：《中国全球能源投资分析》，《中外能源》2015年第 3 期。

[35] 范进学：《宪法上的环境权：基于各国宪法文本的考察与分析》，《人权》2017 年第 5 期。

[36] 方旭：《豪斯霍弗与"地缘政治学的世界"》，《读书》2019 年第 6 期。

[37] 方旭：《拉采尔与地缘政治学的历史起源问题》，《云南社会科学》2020 年第 6 期。

[38] 费孝通：《家庭结构变动中的老年赡养问题——再论中国家庭结构的变动》，《北京大学学报》1983 年第 3 期。

[39] 冯佐库：《中非友协对非民间外交工作的回顾》，《公共外交季刊》2012 年第 3 期。

[40] 高程：《地缘政治：大国战略背后看不见的手》，《文化纵横》2019 年第 6 期。

[41] 高连福：《关于主客二分模式的思考》，《哲学研究》2011 年第 5 期。

[42] 葛汉文：《批判地缘政治学的发展与地缘政治研究的未来》，《国际观察》2010 年第 4 期。

[43] 顾功耘：《论重启改革背景下的经济法治战略》，《法学》2014 年第 3 期。

[44] 郭双林、董习：《李希霍芬与〈李希霍芬男爵书信集〉》，《史学月刊》2009 年第 11 期。

[45] 郭文：《"空间的生产"内涵、逻辑体系及对中国新型城镇化实践的思考》，《经济地理》2014 年第 6 期。

[46] 韩晓青：《毛泽东给耿飚的战略指示："打开西面的大门"》，《党史博采（纪实）》2011 年第 1 期。

[47] 韩秀丽：《中国海外投资的环境保护问题——基于投资法维度的考察》，《厦门大学学报》（哲学社会科学版）2018 年第 3 期。

[48] 韩秀丽：《中国海外投资中的环境保护问题》，《国际问题研究》2013 年第 5 期。

[49] 何志勇：《从"西域"到"丝绸之路"：近代日本的丝路认知》，

《东北亚外语研究》2021 年第 1 期。

[50] 贺斌、肖欣:《中非命运共同体:从"休戚与共"到"更加紧密"》,《中国新闻周刊》2018 年第 34 期。

[51] 贺晴川:《哲学的马基雅维利主义——重审斯宾诺莎的政治哲学》,《世界哲学》2019 年第 3 期。

[52] 亨利、陈岚:《巴西—中国石油贸易 20 年:演变、特征与趋势》,《拉丁美洲研究》2020 年第 6 期。

[53] 洪俊杰、孙乾坤、石丽静:《新一代贸易投资规则的环境标准对我国的挑战及对策》,《国际贸易》2015 年第 1 期。

[54] 洪农:《"海上丝绸之路"倡议与沿线国家的不同视角》,《亚太安全与海洋研究》2015 年第 3 期。

[55] 侯璐璐、刘云刚:《政治地理学中生存空间概念的演变》,《地理科学进展》2019 年第 5 期。

[56] 胡城军:《论国际法所调整的利益关系——兼谈国际法的本质属性及其影响》,《时代法学》2005 年第 4 期。

[57] 胡晓芳、蔡敬标:《北极航道航行船舶操纵性设计需求分析》,《中国舰船研究》2015 年第 3 期。

[58] 胡玉鸿:《以人为本的法理解构》,《政法论丛》2019 年第 1 期。

[59] 胡玉鸿:《质疑与回应:围绕法律以人为本的法理论辩》,《政法论坛》2014 年第 5 期。

[60] 胡长春:《嘉靖"议复河套"述略》,《江西社会科学》2002 年第 7 期。

[61] 黄茂兴、贾学凯:《"21 世纪海上丝绸之路"的空间范围、战略特征与发展愿景》,《东南学术》2015 年第 4 期。

[62] 黄群:《哲人言辞中的城邦——卢梭与莫尔、培根的理想政制》,《中国人民大学学报》2012 年第 3 期。

[63] 甲由、秦节程:《毛泽东关于实施对外援助的战略考虑》,《党史博览》2018 年第 1 期。

[64] 姜虹:《知识、阶级与权力:18、19 世纪的贵族博物学》,《科学学研究》2017 年第 8 期。

[65] 蒋业恒、李清如:《外交关系对双边贸易的促进作用研究》,《东

岳论丛》2013 年第 9 期。

[66] 蒋猷龙：《儒法斗争与古代丝绸技术的发展》，《丝绸》1975 年第 3 期。

[67] 柯坚：《全球气候变化背景下我国可再生能源发展的法律推进——以〈可再生能源法〉为中心的立法检视》，《政法论丛》2015 年第 4 期。

[68] 孔庆江：《〈中华人民共和国外商投资法〉与相关法律的衔接与协调》，《上海对外经贸大学学报》2019 年第 3 期。

[69] 黎跃进：《"丝绸之路"与中日文学、文化交流》，《东方丛刊》2018 年第 2 期。

[70] 李安山：《中非合作的基础：民间交往的历史、成就与特点》，《西亚非洲》2015 年第 3 期。

[71] 李冠群：《中美印关系与所谓的"珍珠链战略"》，《当代世界与社会主义》2011 年第 6 期。

[72] 李国敏、王红续：《建立经巴基斯坦通向世界的"现代丝绸之路"——60 多年前中国领导人的战略决策及其实施》，《兵团党校学报》2019 年第 1 期。

[73] 李红梅：《地缘政治理论演变的新特点及对中国地缘战略的思考》，《国际展望》2017 年第 6 期。

[74] 李庆灵：《WTO 能源服务贸易谈判之最新进展及中国的对策》，《世界贸易组织动态与研究》2011 年第 3 期。

[75] 李昕蕾：《中美清洁能源竞合新态势与中国应对》，《国际展望》2021 年第 5 期。

[76] 李雅菲、唐文睿：《"新丝绸之路"计划与美国中亚战略走向探析》，《北华大学学报》（社会科学版）2016 年第 5 期。

[77] 李振福：《北极问题与东南亚地区：联系、影响及趋势》，《东南亚纵横》2020 年第 6 期。

[78] 李中耀：《乾隆统一新疆与清中期西域边塞诗的兴起》，《江海学刊》2000 年第 2 期。

[79] 林伯强、李江龙：《环境治理约束下的中国能源结构转变——基于煤炭和二氧化碳峰值的分析》，《中国社会科学》2015 年第 9 期。

[80] 林永生、张生玲:《中国能源贸易进展与思考》,《国际贸易》2013 年第 9 期。

[81] 刘冰玉:《中国金融机构对非洲绿色信贷的发展、困境及应对》,《商业研究》2020 年第 10 期。

[82] 刘超:《矿业权行使中的权利冲突与应对——以页岩气探矿权实现为中心》,《中国地质大学学报》(社会科学版) 2015 年第 2 期。

[83] 刘超:《页岩气开发中环境法律制度的完善:一个初步分析框架》,《中国地质大学学报》(社会科学版) 2013 年第 4 期。

[84] 刘超:《页岩气特许权的制度困境与完善进路》,《法律科学》2015 年第 3 期。

[85] 刘恩媛:《论"一带一路"环境争端解决机制》,《国际贸易》2018 年第 4 期。

[86] 刘进:《关于〈中华人民共和国电力法〉实施成效评述》,《环境与可持续发展》2015 年第 1 期。

[87] 刘进宝:《"丝绸之路"概念的形成及其在中国的传播》,《中国社会科学》2018 年第 11 期。

[88] 刘进宝:《东方学视野下的"丝绸之路"》,《清华大学学报》(哲学社会科学版) 2015 年第 4 期。

[89] 刘明萍、张小虎:《投资争端解决机制中的承认与执行规则——以"一带一路"为视阈》,《南华大学学报》(社会科学版) 2018 年第 4 期。

[90] 刘润为:《人类命运共同体思想是对"三个世界划分"理论的继承和发展》,《世界社会主义研究》2019 年第 4 期。

[91] 刘卫先、刘菁元:《环境标准制定中的利益衡量》,《河南财经政法大学学报》2019 年第 4 期。

[92] 刘笑晨、王淑敏:《全球治理视角下打击海上恐怖主义的法律机制问题初探》,《中国海商法研究》2016 年第 4 期。

[93] 刘中民:《国际关系理论变革视野下的宗教与外交》,《国际观察》2017 年第 4 期。

[94] 罗超:《海上能源通道安全国际法律制度的缺陷与完善》,《云南大学学报》(法学版) 2011 年第 3 期。

[95] 洛桑江村:《深入推进西藏民族团结进步模范区建设》,《求是》

2020 年第 14 期。

[96] 吕江：《"一带一路"与后疫情时代国际能源秩序重塑：全球挑战、治理反思与中国选择》，《社会主义研究》2021 年第 4 期。

[97] 吕忠梅：《〈环境保护法〉的前世今生》，《政法论丛》2014 年第 5 期。

[98] 吕忠梅：《环境权入宪的理路与设想》，《法学杂志》2018 年第 1 期。

[99] 吕忠梅：《建立"绿色发展"的法律机制：长江大保护的"中医"方案》，《中国人口·资源与环境》2019 年第 10 期。

[100] 吕忠梅：《论环境法的沟通与协调机制——以现代环境治理体系为视角》，《法学论坛》2020 年第 1 期。

[101] 吕忠梅：《习近平新时代中国特色社会主义生态法治思想研究》，《江汉论坛》2018 年第 1 期。

[102] 吕忠梅：《寻找长江流域立法的新法理——以方法论为视角》，《政法论丛》2018 年第 6 期。

[103] 马晓娟：《〈清史稿〉"西域—新疆撰述"探析》，《史学史研究》2011 年第 3 期。

[104] 马妍：《试论中国与国际能源署的关系》，《现代国际关系》2015 年第 10 期。

[105] 毛彬彬、陈遥：《国际社会对 21 世纪海上丝绸之路的认知——以印度和东盟为例》，《东南亚纵横》2016 年第 3 期。

[106] 孟夏、孙禄：《RCEP 服务贸易自由化规则与承诺分析》，《南开学报》（哲学社会科学版）2021 年第 4 期。

[107] 莫世健：《论海盗罪的国际性和海盗罪处罚国家性的冲突与协调》，《当代法学》2015 年第 3 期。

[108] 穆艳杰、于宜含：《"人与自然是生命共同体"理念的当代建构》，《吉林大学社会科学学报》2019 年第 3 期。

[109] 牛新春：《中东政治演进的特点》，《现代国际关系》2021 年第 2 期。

[110] 潘光：《美国"新丝绸之路"计划的缘起、演变和发展前景——对话"新丝绸之路"构想的提出人斯塔教授》，《当代世界》2015

年第 4 期。

[111] 裴玉章:《〈丝绸之路〉是一次成功、有力的对内对外宣传》,《现代传播》(中国传媒大学学报)1982 年第 1 期。

[112] 裴玉章:《NHK 与日本的"丝绸之路"热》,《国际新闻界》1980 年第 3 期。

[113] 秦亚青:《国际政治的关系理论》,《世界经济与政治》2015 年第 2 期。

[114] 全毅、汪洁、刘婉婷:《21 世纪海上丝绸之路的战略构想与建设方略》,《国际贸易》2014 年第 8 期。

[115] 沈文辉:《国际能源运输系统与国际能源安全——一种非传统安全视角的透视》,《中南林业科技大学学报》(社会科学版)2011 年第 3 期。

[116] 师学良:《柏拉图〈法律篇〉土地与农业法条译注》,《古代文明》2013 年第 2 期。

[117] 史春林:《"21 世纪海上丝绸之路"建设的安全保障——海上通道非传统安全治理合作法理依据及完善》,《亚太安全与海洋研究》2021 年第 2 期。

[118] 舒先林:《"21 世纪海上丝绸之路"与中国能源外交》,《国际展望》2015 年第 5 期。

[119] 苏力:《较真"差序格局"》,《北京大学学报》(哲学社会科学版)2017 年第 1 期。

[120] 孙海泳:《"一带一路"背景下中非海上互通的安全风险与防控》,《新视野》2018 年第 5 期。

[121] 孙南翔:《〈新加坡调解公约〉在中国的批准与实施》,《法学研究》2021 年第 2 期。

[122] 孙佑海:《绿色"一带一路"环境法规制研究》,《中国法学》2017 年第 6 期。

[123] 孙喆:《〈中俄尼布楚条约〉与〈康熙皇舆全览图〉的绘制》,《清史研究》2003 年第 1 期。

[124] 谭柏平:《我国能源安全面临的挑战及法律对策》,《广西师范大学学报》(哲学社会科学版)2012 年第 6 期。

［125］谭民、邱寅莹：《中国—东盟能源贸易合作国际法问题探讨》，《昆明理工大学学报（社会科学版）》2013 年第 5 期。

［126］谭卓、杨松岭、蔡文杰：《"21 世纪海上丝绸之路"油气勘探开发合作战略》，《国际经济合作》2017 年第 5 期。

［127］唐士其：《主权原则的确立及其在当代世界的意义》，《国际政治研究》2002 年第 2 期。

［128］唐晓峰：《李希霍芬的"丝绸之路"》，《读书》2018 年第 3 期。

［129］唐中华：《阿基坦的埃莉诺：英法两国的传奇王后》，《世界文化》2017 年第 11 期。

［130］田晓云：《中国企业海外矿业投资法律风险防范研究》，《商业时代》2014 年第 19 期。

［131］涂怡超、徐以骅：《21 世纪以来宗教与国际关系研究的发展——徐以骅教授访谈》，《国际政治研究》2017 年第 4 期。

［132］汪洪亮：《民国边政学视野下的丝绸之路沿线地理研究——以〈边政公论〉所刊论著为中心》，《北方民族大学学报》（哲学社会科学版）2016 年第 2 期。

［133］汪习根、李曦光：《"一带一路"视角下法治服务体系的优化——基于法律价值理念的分析》，《武汉大学学报》（哲学社会科学版）2018 年第 1 期。

［134］汪习根、王康敏：《论区域发展权与法理念的更新》，《政治与法律》2009 年第 11 期。

［135］汪习根、王雄文：《论科学的法律发展观——发展权视角的思考》，《当代法学》2005 年第 2 期。

［136］汪习根：《论习近平法治思想的时代精神》，《中国法学》2021 年第 1 期。

［137］王灿发、江钦辉：《论生态红线的法律制度保障》，《环境保护》2014 年第 Z1 期。

［138］王格格、周棉：《日本早稻田大学清国留学生留言簿〈鸿迹帖〉释读》，《历史档案》2018 年第 4 期。

［139］王冀青：《"丝绸之路"英译形式探源》，《敦煌学辑刊》2019 年第 1 期。

［140］王冀青：《李希霍芬首创德语词组"丝绸之路"的早期法译形式》，《敦煌学辑刊》2018 年第 4 期。

［141］王健：《李希霍芬中国内陆至边疆商道考察与"丝绸之路"的命名——以〈李希霍芬中国旅行日记〉为据》，《江苏社会科学》2020 年第 4 期。

［142］王金照：《"一带一路"能源合作的思路和政策》，《国家治理》2016 年第 26 期。

［143］王晶、卢进勇：《中国与澳大利亚贸易的现状、影响因素和发展策略》，《国际贸易》2015 年第 10 期。

［144］王社坤：《我国战略环评立法的问题与出路——基于中美比较的分析》，《中国地质大学学报》（社会科学版）2012 年第 3 期。

［145］王涛、胡德胜、姜勇：《中国油气管道法律政策与〈能源宪章条约〉的兼容性研究》，《中国人口·资源与环境》2019 年第 6 期。

［146］王向远：《从东方学史看西方学界的丝绸之路研究》，《北京师范大学学报》（社会科学版）2020 年第 1 期。

［147］王永魁：《"第三世界"与"三个世界"的提法及涵义考证》，《北京党史》2011 年第 3 期。

［148］王勇：《〈南海行为准则〉磋商难点与中国的应对》，《中国海洋大学学报》（社会科学版）2020 年第 1 期。

［149］王雨辰：《习近平"生命共同体"概念的生态哲学阐释》，《社会科学战线》2018 年第 2 期。

［150］王昱睿、祖媛：《东道国政治风险与中国大型能源项目投资——基于"一带一路"沿线国家的考察》，《财经问题研究》2021 年第 7 期。

［151］王志远：《"冰上丝绸之路"：马克思主义地理学视阈的认知建构》，《欧亚经济》2019 年第 4 期。

［152］王卓宇：《能源贫困与联合国发展目标》，《现代国际关系》2015 年第 11 期。

［153］郖国义：《"丝绸之路"名称概念传播的历史考察》，《学术月刊》2019 年第 5 期。

［154］吴凡、桑百川、谢文秀：《贸易摩擦视角下的中美两国能源合

作现状、空间及策略》,《亚太经济》2018年第6期。

[155] 吴小国:《构建"一带一路"合作机制对国际软法的需求》,《湖北警官学院学报》2019年第5期。

[156] 吴英杰:《全面贯彻新时代党的治藏方略》,《求是》2020年第19期。

[157] 肖国兴:《〈能源法〉与中国能源法律制度结构》,《中州学刊》2010年第6期。

[158] 肖国兴:《〈能源法〉制度设计的困惑与出路》,《法学》2012年第8期。

[159] 肖国兴:《再论能源革命与法律革命的维度》,《中州学刊》2016年第1期。

[160] 谢克昌:《我国能源安全存在结构性矛盾》,《中国石油企业》2014年第8期。

[161] 熊文、罗熙、孙婷、俞越、徐丹丹:《基于北极航道开通情景的世界贸易网络演进分析》,《地理与地理信息科学》2021年第3期。

[162] 徐朗:《"丝绸之路"概念的提出与拓展》,《西域研究》2020年第1期。

[163] 徐绍史:《统筹国内国际两个大局的战略抉择——深入学习习近平总书记关于"一带一路"战略构想的重要论述》,《求是》2015年第19期。

[164] 杨俊杰:《"弄丢"了的丝绸之路与李希霍芬的推演》,《读书》2018年第5期;

[165] 杨晓锋:《能源宪章最新动向:洞察与借鉴》,《情报杂志》2021年第4期。

[166] 杨泽伟:《共建"丝绸之路经济带"背景下中国与中亚国家能源合作法律制度:现状、缺陷与重构》,《法学杂志》2016年第1期。

[167] 杨泽伟:《我国能源安全保障的法律问题研究》,《法商研究》2005年第4期。

[168] 杨泽伟:《中国能源安全问题:挑战与应对》,《世界经济与政治》2008年第8期。

[169] 杨振发:《国际能源合作中的国家能源主权原则研究》,《红河

学院学报》2010年第5期。

［170］叶荣泗：《我国能源安全的法律保障》，《中国发展观察》2008年第1期。

［171］殷洁、罗小龙：《资本、权力与空间："空间的生产"解析》，《人文地理》2012年第2期。

［172］于文轩：《生态环境协同治理的理论溯源与制度回应——以自然保护地法制为例》，《中国地质大学学报》（社会科学版）2020年第2期。

［173］余敏友、唐旗：《论WTO构建能源贸易规则及其对我国能源安全的影响》，《世界贸易组织动态与研究》2010年第2期。

［174］鱼宏亮：《晚清时期李希霍芬中国地理考察及其影响》，《历史档案》2021年第1期。

［175］俞荣新：《经济要发展　铁路应先行——邓小平与修建成渝铁路》，《福建党史月刊》2014年第7期。

［176］岳树梅：《"金砖国家"能源合作的法律机制构建》，《法学》2014年第2期。

［177］张德广：《俄罗斯与"一带一路"》，《时事报告》2016年第1期。

［178］张洪波：《以安全为中心的法律价值冲突及关系架构》，《南京社会科学》2014年第9期。

［179］张洁：《中国能源安全中的马六甲因素》，《国际政治研究》2005年第3期。

［180］张雷：《中国能源安全问题探讨》，《中国软科学》2001年第4期。

［181］张礼祥：《南海能源安全问题及其战略选择》，《理论导刊》2012年第3期。

［182］张奇：《我国能源生产与消费革命的挑战与展望》，《国家治理》2018年第33期。

［183］张绍欣：《法律地理学视野中的康乾舆地测绘》，《读书》2018年第5期。

［184］张生玲、胡晓晓：《中国能源贸易形势与前景》，《国际贸易》2020年第9期。

［185］张文显：《国家制度建设和国家治理现代化的五个核心命题》，《法制与社会发展》2020年第1期。

［186］张文显：《新时代中国社会治理的理论、制度和实践创新》，《法商研究》2020年第2期。

［187］张五常：《交易费用的范式》，《社会科学战线》1999年第1期。

［188］张小虎：《非洲国家宪法环境权比较研究——兼谈南非与肯尼亚宪法环境权的启示》，《人大法律评论》2018年第2期。

［189］张小虎：《化解对非投资的环境法律风险》，《中国投资》（中英文）2019年第14期。

［190］张小军：《丝绸之路经济带国际能源合作法律机制探析》，《生产力研究》2015年第9期。

［191］张晓平、高珊珊、刘卫东等：《李希霍芬的中国考察及其当代人文——经济地理学价值刍议》，《世界地理研究》2020年第1期。

［192］张学青：《2020年世界主要国家和地区原油加工能力统计》，《国际石油经济》2021年第5期。

［193］张晏瑄：《论全球能源互联网的法律制约与契机》，《河北法学》2018年第8期。

［194］张晏瑄：《由国际海洋法论海上丝绸之路的挑战》，《法律科学》2016年第1期。

［195］张宇燕、管清友：《世界能源格局与中国的能源安全》，《世界经济》2007年第9期。

［196］张政：《〈联合国海洋法公约〉与中国南海岛礁建设问题》，《学术探索》2016年第5期。

［197］赵玉意：《国际投资仲裁机构对涉环境国际争端的管辖：主导与协调》，《国际经贸探索》2017年第9期。

［198］赵赟：《国际法视域下"一带一路"建设中的法律风险及防范》，《理论学刊》2018年第4期。

［199］郑渝川：《李希霍芬对中国的傲慢与审慎》，《博览群书》2016年第11期。

［200］中共水利部党组：《建设人水和谐美丽中国》，《求是》2017年第17期。

［201］周保巍：《"国家理由"，还是"国家理性"？——三重语境下的透视》，《读书》2010 年第 4 期。

［202］周林刚：《作为基本法的〈共同纲领〉——1949 年"建国"的正当性原理及其宪法意义》，《华东政法大学学报》2018 年第 3 期。

［203］周凌云：《世界能源危机与我国的能源安全》，《中国能源》2001 年第 1 期。

［204］周云亨、余家豪：《海上能源通道安全与中国海权发展》，《太平洋学报》2014 年第 3 期。

［205］朱雄关、张帅：《"一带一路"背景下构建我国能源合作的对策探讨》，《学术探索》2017 年第 7 期。

（四）报纸

［1］习近平：《共创亚洲和平与繁荣的美好未来——在亚信第五次外长会议开幕式上的讲话》，《中国青年报》2016 年 4 月 29 日，第 3 版。

［2］习近平：《共同开创金砖合作第二个"金色十年"——在金砖国家工商论坛开幕式上的讲话》，《人民日报》2017 年 9 月 4 日，第 2 版。

［3］习近平：《加强合作推动全球治理体系变革 共同促进人类和平与发展崇高事业》，《中国青年报》2016 年 9 月 29 日，第 1 版。

［4］习近平：《坚持合作创新法治共赢 携手开展全球安全治理——在国际刑警组织第八十六届全体大会开幕式上的主旨演讲》，《中国青年报》2017 年 9 月 27 日，第 2 版。

［5］习近平：《进一步关心海洋认识海洋经略海洋 推动海洋强国建设不断取得新成就》，《中国青年报》2013 年 8 月 1 日，第 1 版。

［6］习近平：《开放共创繁荣创新引领未来——在博鳌亚洲论坛 2018 年年会开幕式上的主旨演讲》，《人民日报》2018 年 4 月 11 日，第 3 版。

［7］习近平：《迈向命运共同体 开创亚洲新未来——在博鳌亚洲论坛 2015 年年会上的主旨演讲》，《中国青年报》2015 年 3 月 29 日，第 1 版。

［8］习近平：《齐心开创共建"一带一路"美好未来》，《人民日报》2019 年 4 月 27 日，第 3 版。

［9］习近平：《推动全球治理体制更加公正更加合理》，《中国青年报》2015 年 10 月 14 日，第 1 版。

［10］习近平：《携手建设中国—东盟命运共同体——在印度尼西亚国会的演讲》，《人民日报》2013 年 10 月 4 日，第 2 版。

［11］习近平：《在纪念孔子诞辰 2565 周年国际学术研讨会暨国际儒学联合会第五届会员大会开幕会上的讲话》，《人民日报》2014 年 9 月 25 日，第 2 版。

［12］习近平：《在纪念马克思诞辰 200 周年大会上的讲话》，《人民日报》2018 年 5 月 5 日，第 2 版。

［13］习近平：《致首届丝绸之路沿线民间组织合作网络论坛贺信》，《人民日报》2017 年 11 月 22 日，第 1 版。

［14］《弘扬"两路"精神献身强军实践——深入学习贯彻习近平同志关于弘扬"两路"精神的重要论述》，《人民日报》2014 年 12 月 14 日，第 5 版。

［15］《习近平主持召开中央财经委员会第三次会议强调　大力提高我国自然灾害防治能力　全面启动川藏铁路规划建设》，《人民日报》2018 年 10 月 11 日，第 1 版。

［16］《中共中央　全国人大常委会　国务院　全国政协　中央军委关于庆祝西藏和平解放 60 周年的贺电》，《中国青年报》2011 年 7 月 20 日，第 3 版。

［17］邓小平：《解放思想，实事求是，团结一致向前看》，《人民日报》1983 年 7 月 1 日，第 1 版。

［18］杜尚泽、侯露露：《隔海相望的邻居：中拉命运共同体之船扬帆远航——记习近平主席对拉美三国进行国事访问》，《中国青年报》2016 年 11 月 26 日，第 3 版。

［19］杜尚泽、申琳、张晓松、朱基钗：《这在党和国家历史上是第一次——记习近平作为中共中央总书记、国家主席、中央军委主席到西藏庆祝西藏和平解放 70 周年并进行考察调研》，《河北日报》2021 年 7 月 25 日，第 1 版。

［20］樊锦诗：《敦煌学的历史、传承和突破发展》，《光明日报》2016 年 6 月 28 日，第 9 版。

［21］国纪平：《唱响中非合作共赢共同发展主旋律——写在 2018 年中非合作论坛北京峰会召开之际》，《人民日报》2018 年 9 月 1 日，第 1 版。

［22］郝永平、黄相怀：《集中力量办大事的显著优势成就"中国之治"》，《人民日报》2020 年 3 月 13 日，第 9 版。

［23］李林：《习近平法治思想的核心要义》，《中国社会科学报》2020 年 11 月 23 日，第 4 版。

［24］刘超：《完善环境空间治理规则》，《人民日报》2020 年 7 月 27 日，第 5 版。

［25］吕忠梅：《人与自然和谐共生的现代化需要法治》，《光明日报》2020 年 11 月 5 日，第 11 版。

［26］马小宁、管克江、谢亚宏、赵益普：《习主席是"一带一路"伟大筑梦者》，《人民日报》2018 年 9 月 22 日，第 1 版。

［27］毛泽东：《在中国人民政治协商会议第一届全体会议上的开幕词》，《人民日报》1949 年 9 月 22 日，第 1 版。

［28］人民日报评论部：《坚持"一国两制"》，《人民日报》2019 年 11 月 26 日，第 5 版。

［29］生态环境部党组：《以习近平生态文明思想引领美丽中国建设——深入学习〈习近平谈治国理政〉第三卷》，《人民日报》2020 年 8 月 14 日，第 9 版。

［30］汪习根：《生存权发展权是首要的基本人权》，《人民日报》2021 年 2 月 19 日，第 9 版。

［31］王毅：《砥砺前行二十载，继往开来谱新篇》，《人民日报》2021 年 9 月 16 日，第 6 版。

［32］魏哲哲：《人民幸福生活是最大的人权》，《人民日报》2018 年 12 月 11 日，第 4 版。

［33］张京品、田金文：《为了雪域高原不再遥远——"两路"精神形成记》，《广州日报》2021 年 8 月 22 日，第 A2 版。

［34］张燕玲：《共建"一带一路"开创国际合作新局面》，《人民日报》2018 年 10 月 30 日，第 7 版。

［35］赵志研：《梁启超：提出"中华民族"概念第一人》，《中国民族报》2009 年 1 月 16 日，第 7 版。

［36］《粤港澳大湾区发展规划纲要》，《人民日报》2019 年 2 月 19 日，第 1 版。

二 外文类参考文献

(一) 著作

[1] Annabel Walker, *Aurel Stein: Pioneer of the Silk Road*, John Murray Publishers Ltd, 1995.

[2] J. R. Kipling, *The Five Nations*, The Portable Poetry Press, 2019.

[3] Leo Strauss, *The City and Man*, Chicago: University of Chicago Press, 1978.

[4] *Max Weber, Economy and Society*, University of California Press, 1978.

[5] Henri Lefebvre, *The Production of Space*, Translated by Donald Nicholson-Smith, London Blackwell Ltd, 1991.

[6] Jagjeet Lally, *India and the Silk Roads: The History of a Trading World*, C Hurst & Co Publishers Ltd, 2021.

[7] Michael Pillsbury, *The Hundred-Year Marathon: China's Secret Strategy to Replace America as the Global Superpower*, New York: Henry Holt and Co. 2016.

[8] R. B. J. Walker, *Inside/Outside: International Relations as Political Theory*, New York: Cambridge University Press, 1992.

[9] R. E. Kasperson & J. V. Minghi, *The Structure of Political Geography*, Routledge Press, 2011.

[10] Shoushuang Li, *The Legal Environment and Risks for Foreign Investment in China*, Springer, 2007.

(二) 论文

[1] Brian Sang YK, "Tending Towards Greater Eco-Protection in Kenya: Public Interest Environmental Litigation and Its Prospects Within the New Constitutional Order", *Journal of African Law*, 2013 (1).

[2] Dragana Barjaktarevic, Liljana Markovic, "Relationship between Environmental Law and Energy Law", *International Journal of Economics and*

Law, 2019 (9).

［3］ Geoffrey Wade, "China Tries to Rebuild Regional Trust with Maritime Silk Road", *World Politics Review*, 2014 (9).

［4］ Jean-Marc F. Blanchard, Colin Flint, "The Geopolitics of China's Maritime Silk Road Initiative", *Geopolitics*, 2017 (2).

［5］ Martyn Housden, "Lebensraum: Policy or Rhetoric?", *History Today*, 2001 (11).

［6］ Montgomery Blah, "China's Belt and Road Initiative and India's Concerns", *Strategic Analysis*, 2018 (4).

［7］ Roy Andrew Partain, "Avoiding Epimetheus: Planning Ahead For The Commercial Development of Offshore Methane Hydrates", *Sustainable Development Law & Policy*, 2015 (15).

［8］ Tang Xiaoyang, Irene Yuan Sun, "Social Responsibility or Development Responsibility-What Is the Environmental Impact of Chinese Investments in Africa: What Are Its Drivers, and What Are the Possibilities for Action", *Cornell International Law Journal*, 2016 (1).

［9］ Wojciech Bagiński, "Shale Gas in Poland-the Legal Framework for Granting Concessions for Prospecting and Exploration of Hydrocarbons", *Energy Law Journal*, 2011 (32).

［10］ Brahma Chellaney, "China's Creditor Imperialism", *Japan Times*, Dec. 21, 2017.

［11］ Hannah Wiseman, Francis Gradijan, "Regulation of Shale Gas Development, Including Hydraulic Fracturing", *International Arbitration and Environmental Law*, January 20, 2012.

［12］ J. Daniel Arthur, P. E., Bruce Langhus, P. G., Ph. D., "David Alleman, An Overview of Modern Shale Gas Development in The United States", *ALL Consulting*, 2008.

后　记

　　本书是本人主持的华侨大学 2014 年度"海上丝绸之路"专项研究重点课题"能源海上丝绸之路安全保障法律机制研究"（HSZD2014-05）结项成果。主要研究内容涉及我国"一带一路"的框架思路、愿景行动，以及具体的"21 世纪海上丝绸之路"合作机制、重点方向之下，中国与海丝之路沿线国家能源合作中的能源安全保障法律机制。

　　本人长期从事环境法学研究。从环境法学的理论框架、知识结构和法律规范体系看，能源法应该属于"边缘地带"。虽然在十余年来的专业学习和研究中，也偶有关注与涉猎能源法的理论与制度，但往往是在阅读文献时的旁涉，而非主动地系统阅读。直至 2012 年，我无意中关注到的我国的页岩气产业政策，引起了我的研究兴趣，之后我广泛搜集并阅读了有关页岩气法律问题的中外研究文献，进而系统恶补了能源法的基础理论和知识体系，并以"页岩气开发法律问题研究"为题，成功地申报了 2013 年国家社科基金项目。自此之后，能源法律问题（尤其是新能源法律问题）就一直成为我关注的研究方向。国家主席习近平于 2013 年 9 月和 10 月，分别提出共建"丝绸之路经济带"和"21 世纪海上丝绸之路"的重大倡议，"一带一路"迅速成为学界研究热点。华侨大学法学院所在的泉州市刺桐港（现泉州港）是宋元时期"东方第一大港"，是古代海上丝绸之路上的重要港口；泉州作为宋元时期的世界商贸中心，是联合国教科文组织唯一认定的海上丝绸之路起点，并被国家列入海丝之路先行区。基于上述原因，我关注海丝之路倡议下中国与沿线国家的能源合作法律问题似乎就顺理成章了。华侨大学于 2014 年 3 月成立国内高校的首家丝绸之路研究机构"海上丝绸之路研究院/21 世纪海上丝绸之路研究中心",为了推动"一带一路"跨学科研究,随后设立"21 世纪海上丝绸之路"专项研究课题,我以"能源海上丝绸之路安全保障法律机制研究"为题申报并获批重点项目。随着研究的逐步深入和具体化,我进一步以"21 世纪海上丝绸之路区域能源合作法律问题研究"为题申报中国法学会 2016 年度部级法学研究课题并获批立项,这些课题均成为我持续关注海丝能源法律问题的契机和动力。

"海丝能源安全法律保障机制研究"是一个全新研究领域,开展此项研究的背景、论域、问题与方案,均对研究资料、方法、路径、框架与内容提出了新的需求。该课题也不属于某一特定的法学二级学科方向,不同于传统的部门法问题研究,而是一个以"问题"为导向的综合性研究,这超出了我既有研究积累的经验范畴,需要摆脱路径依赖。虽然数年来,我同步进行了长期规划的环境法学系列问题研究,难以投入很多时间、精力集中于该项研究,但从该课题立项起,我收集了该领域的大部分文献并坚持阅读和思考,撰写和发表了数篇阶段性研究论文。即使如此,课题研究进展仍较为缓慢。2014 年后,我根据所指导的历届研究生的学习兴趣和偏好,在尊重学生意愿并与他们充分沟通、多次探讨的前提下,鼓励一些对海丝能源安全保障法律问题感兴趣的研究生选择该领域的具体问题作为研习的重点领域和毕业论文选题,我会带着他们一起阅读该领域的研究文献、讨论该领域的具体问题,并鼓励他们多向相关学科方向的老师请教,师生一起学习和提升。经过逐年积累,我们逐步地形成了一个聚焦于海丝之路能源安全保障法律问题研究的科研团队。比如,在本书的作者中,王静律师和吴晓斌法官是我指导的 2015 级硕士研究生,他们分别以海丝能源投资风险法律防范机制研究、中国—东盟自贸区能源货物贸易法律制度研究作为毕业论文选题。华东政法大学博士生吕稣和武汉大学博士生陈梓铭是我指导的 2018 级硕士研究生,他们分别以海丝能源合作中的环境法律风险与防范机制、能源通道安全法律保障机制作为研究选题。邓琼是我指导的 2019 级硕士研究生,她聚焦于海丝能源服务贸易安全法律保障机制。基于该课题的综合性研究需求,我在研究过程中与多个学科方向、多个研究领域的学者进行过多种形式的讨论,也与本院同事进行了频繁的专业交流。其中，王康敏博士阅读广泛、学养深厚，对"一带一路"倡议这一关涉全球治理的合作平台与机制，更多从历史渊源、理论脉络、文化底蕴等维度倾注更多的关注与思考，我们在多次讨论中形成了合作与分工研究的共识与默契。因此，虽然本书是由多位合作者分工撰写完成，但这是一个研究团队的合作研究成果。

2014 年课题立项后，我便在系统研读我国颁布施行的"一带一路"倡议的政策文件、广泛阅读研究文献的基础上，界定研究核心命题、划定研究论域范围、确定亟待研究的具体问题、明确研究的逻辑结构与框架思路、形成研究提纲，并且不断根据我国颁布实施的"一带一路"倡议的最新政策文件、"21 世纪海上丝绸之路"机制运行与实践进展进行调整与修正，以此为基础，甄选合适的团队成员执行研究计划。在研究团队确定后，我们召开了多次研究团队研讨会，就研究计划推进中的分工与协作、具体问题研究重点与内容的确定、研究的整体性与融贯性等问题进行讨论。每章内容完成后，团队成员数次修改，在统稿过程中也反复讨论与斟酌，最终形成了本书。

虽然我们在研究与写作过程中倾注了大量的时间精力，但这是一个全新研究领域，且相关的政策文件、合作机制在不断地发展演进中，我国与"21 世纪海上丝绸之路"沿线国家的合作实践也在动态变化中，这对该领域的规律性研究提出了挑战，为动态发展的"海丝"框架下能源合作安全保障法律机制研究增加了难度，再加上研究能力的制约与研究时间的限制，使得本书的研究框架与内容难免存在滞后性与不周延性，期待同行专家批评指正。

作为"21 世纪海上丝绸之路"专项研究重点课题"能源海上丝绸之路安全保障法律机制研究"的结项成果，本书的研究思路、写作框架、逻辑结构和章节纲目均由课题主持人刘超负责，具体分工如下：

刘超，法学博士，华侨大学法学院教授，撰写导论、第一章，约 6 万字；

王康敏，法学博士，华侨大学法学院讲师，撰写第二章，约 2 万字；

吕稣，华东政法大学经济法学院博士研究生，撰写第三章，约 3 万字；

王静，法学硕士，北京市金杜（南京）律师事务所律师，撰写第四章，约 2 万字；

吴晓斌，法学硕士，泉州市丰泽区人民法院法官助理，撰写第五章，约 4 万字；

邓琼，华侨大学法学院硕士研究生，撰写第六章，约 4 万字；

陈梓铭，武汉大学法学院博士研究生，撰写第七章，约 3 万字。

感谢师友和学界同仁在课题研究和书稿写作中以多种方式给予的指导与帮助！感谢发表本课题研究阶段性成果的期刊编辑部与编辑老师！感谢华侨大学海上丝绸之路研究院对于本书立项予以资助，感谢华侨大学海上丝绸之路研究院许培源院长、朱光兴副院长在课题研究过程中的督促、指导，并将本书纳入"21 世纪海上丝绸之路研究丛书"资助出版。

刘　超

2022 年 6 月 20 日于华侨大学法学院祖杭楼

图书在版编目（CIP）数据

21世纪海上丝绸之路能源安全法律保障机制／刘超
等著 . -- 北京：社会科学文献出版社，2022.12

（21世纪海上丝绸之路研究丛书）

ISBN 978-7-5228-1082-9

Ⅰ . ①2… Ⅱ . ①刘… Ⅲ . ①海上运输-丝绸之路-
能源法-研究-中国 Ⅳ . ①D922.674

中国版本图书馆 CIP 数据核字（2022）第 222715 号

21世纪海上丝绸之路研究丛书

21世纪海上丝绸之路能源安全法律保障机制

著　　者／刘　超 等

出 版 人／王利民
责任编辑／高　媛
责任印制／王京美

出　　版／社会科学文献出版社 · 政法传媒分社　（010）59367156
　　　　　地址：北京市北三环中路甲29号院华龙大厦　邮编：100029
　　　　　网址：www.ssap.com.cn
发　　行／社会科学文献出版社（010）59367028
印　　装／三河市龙林印务有限公司

规　　格／开　本：787mm×1092mm　1/16
　　　　　印　张：15.5　字　数：253千字
版　　次／2022年12月第1版　2022年12月第1次印刷
书　　号／ISBN 978-7-5228-1082-9
定　　价／98.00元

读者服务电话：4008918866